古典文獻研究輯刊

二八編

潘美月・杜潔祥 主編

第 11 冊

《慧琳音義》引《說文》考（下）

李福言 著

國家圖書館出版品預行編目資料

《慧琳音義》引《說文》考（下）／李福言 著 ― 初版 ― 新北市：
花木蘭文化事業有限公司，2019〔民 108〕
目 2+256 面；19×26 公分
（古典文獻研究輯刊 二八編：第 11 冊）
ISBN 978-986-485-688-6（精裝）
1. 說文解字 2. 研究考訂
011.08   108001134

古典文獻研究輯刊
二八編　第十一冊　　　　　　　ISBN：978-986-485-688-6

《慧琳音義》引《說文》考（下）

作　　者　李福言
主　　編　潘美月　杜潔祥
總 編 輯　杜潔祥
副總編輯　楊嘉樂
編　　輯　許郁翎、王筑　美術編輯　陳逸婷
出　　版　花木蘭文化事業有限公司
發 行 人　高小娟
聯絡地址　235 新北市中和區中安街七二號十三樓
　　　　　電話：02-2923-1455／傳眞：02-2923-1452
網　　址　http://www.huamulan.tw 信箱 hml 810518@gmail.com
印　　刷　普羅文化出版廣告事業
初　　版　2019 年 3 月
全書字數　367361 字
定　　價　二八編 12 冊（精裝）新台幣 30,000 元　　版權所有・請勿翻印

《慧琳音義》引《說文》考（下）

李福言　著

目次

四、引《說文》同字條有五次

1. 機譎：《說文》云欺也。（卷九十二）譎對：《說文》云譎，權詐也。從言
   矞聲。（卷九十三）譎怪：《說文》謬也。欺天曰譎。從言矞聲。（卷九
   十七）譎誑：《說文》權詐，孟梁曰謬欺，天下曰譎。從言矞聲。（卷九
   十八）譎怪：《說文》權詐。梁益曰謬，天下曰譎。從言矞聲。（卷一百）
   按，譎，二徐作權詐也。益梁曰謬欺，天下曰譎。慧琳諸卷皆有節引。
   　　卷九十八「孟」當作「益」，形近而訛。

2. 塵黷：《說文》握持垢也。從黑賣聲。（卷九十六）（卷八十八）（卷八十
   四）（卷八十八）再黷：《說文》握持垢也。從黑賣。（卷八十七）
   按，黷，二徐與慧琳卷九十六所引同，黷，《段注》在三部，賣，在十
   　　六部，不當為形聲，當為會意，慧琳卷八十七所引構形可從。

3. 仙驥：《說文》：驥，千里之馬，孫所相者也。從馬冀聲。（卷八十三）
   （卷九十七）（卷九十八）茲驥：《說文》云千里馬也。孫陽所相者也，
   從馬冀聲。（卷九十五）（卷一百）
   按，驥，二徐與慧琳卷九十五所引同，卷八十三所引衍「之」字，脫「陽」
   　　字。

4. 禜獨：《說文》從示從營省聲。（卷八十三）禜嫠：《說文》從示熒省聲。
   （卷八十七）（卷九十二）（卷九十四）（卷一百）
   按，禜，二徐與慧琳卷八十三所引同，卷八十七所引「熒」，古音與
   　　「營」皆在耕部。慧琳卷八十七所引構形亦可。

5. 援緇：《說文》：帛黑色曰緇。從糸甾聲。（卷八十一）（卷八十八）（卷
   九十）（卷九十七）緇其：《說文》：白衣黑色也。從糸甾聲。（卷九十
   八）
   按，緇，二徐作帛黑色也。從糸甾聲。慧琳卷九十八所引不確。

6. 孜孜：《說文》云孜孜，汲汲也。（卷八十一）（卷八十八）孜孜：《說文》
   從攵子靜（聲）也。（卷八十九）（卷九十九）孜汲：《說文》汲汲也。
   從文子聲。（卷九十六）

按，孜，二徐與慧琳卷八十九所引同，卷九十六所引「文」當作「攴」，
形近而訛。

7. 覵縷：《說文》云覵，好視也。（卷八十）覵縷：《說文》：好也。從見鬳
聲。（卷八十三）覵縷：《說文》云覵，好皃也。從見鬳聲。（卷九十二）
（卷九十七）（卷九十八）

按，覵，二徐作好視也，從見鬳聲。慧琳卷八十三、九十二所引脫「視」
字。

8. 櫛比：《說文》：櫛，梳比之總名也。從木節聲。（卷八十五）（卷七十
九）（卷九十五）懸櫛：《說文》云梳之總名。從木節聲也。（卷八十四）
櫛比：《說文》：櫛，梳枇之總名也。（卷九十一）

按，櫛，二徐與慧琳卷八十五所引同。卷八十四有節引，卷九十一「枇」
當作「比」，形近而訛。

9. 平墥：《說文》：高顯處也。（卷七十七）《說文》：墥，高燥也。從土
豈聲。（卷八十五）（卷九十六）（卷九十八）爽墥：《說文》：高燥皃也。
（卷九十九）

按，墥，二徐與慧琳卷八十五所引同，卷九十九所引衍「皃」字，卷七
十七所引乃推衍其說。

10. 摹影：《說文》：規也。從手從莫聲。（卷七十七）（卷九十七）摹寫：《說
文》云規摹也。從手莫聲。（卷八十一）（卷九十）或摹：《說文》從莫從
手。（卷八十五）

按，摹，二徐與慧琳卷七十七所引同，卷八十一乃意引，卷八十五所引
構形不確。

11. 緘之：《說文》云緘，束篋也。從糸咸聲。（卷七十七）（卷九十）（卷九
十五）（卷九十七）封緘：《說文》：束匧也。從糸咸聲。（卷八十）

按，緘，二徐與慧琳卷七十七所引同，卷八十所引「匧」乃異體。

12. 揭鳥：《說文》從手曷聲。（卷七十六）（卷九十三）揭錫：《說文》
云擔負之揭，猶高舉也。（卷八十一）摽揭：《說文》云揭，猶高舉也。
從手曷聲。（卷八十九）揭其：《說文》：以杖高舉也。從手。（卷九
十一）

按，揭，二徐作高舉也，與慧琳卷八十九所引同，卷九十一乃推衍其
說。

13. 搯心：《說文》：搯，捾。從手舀聲。（卷七十二）（卷七十一）（卷七十
五）（卷九十四）搯珠：《說文》從手從爪從臼。會意字也。（卷九十四）
按，搯，二徐與慧琳卷七十二所引同，從手舀聲。不作會意，卷九十四
所引構形不確。

14. 耽嗜：《說文》云嗜欲喜之也，從口耆聲。（卷六十七）（卷八十）耽嗜：
《說文》云嗜欲喜也，從口耆聲。（卷六十八）耽嗜：《說文》：人嗜欲
喜之也。（卷六十九）嗜眠：《說文》：慾也。從口耆聲。（卷七十五）
按，嗜，二徐作嗜欲喜之也。從口耆聲。與慧琳卷六十七所引同，卷六
十八所引脫「之」字，卷六十九所引衍「人」字，卷七十五所引乃
意引。

15. 僅有：《說文》亦云裁能也。從人堇聲。（卷六十二）（卷八十三）（卷九
十四）（卷九十七）僅以：《說文》亦財能也。從人堇聲。（卷八十九）
按，僅，大徐作材能也。小徐作才能也。從人堇聲。慧琳所引「裁」
「財」與「材」「才」音近可通。

16. 把搔：《說文》：括也。從手蚤聲也。（卷六十二）（卷一百）杷搔：《說
文》：刮也，從手蚤聲。（卷七十六）（卷八十四）（卷八十八）
按，搔，二徐與慧琳卷六十二所引同。卷七十六所引與《段注》同，刮
者，掊杷也，掊杷，正搔之訓也。其說可從。蓋古本如是。

17. 內迮：《說文》：迫也。從辵乍聲。（卷六十二）（卷六十七）（卷六十八）
（卷七十九）迮益：《說文》云迮，從竹乍聲。顧野王云隘，猶迫側也。
（卷九十二）
按，迮，二徐作迮迮，起也。從辵，作省聲。迮、乍，《段注》皆在五
部。慧琳卷六十二所引構形亦可從。笮，二徐作迫也，從竹乍聲。
卷九十二所引乃「笮」字。

18. 媒冶：《說文》：冶亦銷也，從冰台，古今文也。（卷五十七）鎔冶：《說
文》云：冶，銷也，從冫從台聲。（卷八十）（卷七十七）（卷九十一）
融冶：《說文》冶，銷金鑄也。從冫台聲。（卷一百）

按，冶，二徐作銷也，從仌台聲。與慧琳卷八十所引同。卷一百乃推衍其說。台，《段注》在五部，台，在一部。不當爲形聲，卷五十七所引構形可從。

19. 佞嬖：《說文》：巧諂也。《說文》從女辟而聲也。（卷五十七）嬖女：《說文》云便嬖，思愛也。從女辟聲。（卷一百）佞嬖：《說文》：巧諂也。（卷五十七）佞歌：《說文》：巧媚高材曰佞。又僞善曰佞，字從女從仁。（卷七十）佞倖：《說文》從女仁聲。（卷九十七）

按，嬖，二徐作便嬖，愛也。從女辟聲。卷一百所引衍「思」字。佞，二徐作巧讇高材也。大徐作從女信省。小徐作從女仁聲。與慧琳卷九十七所引同。慧琳卷五十七所引脫「高材」二字。構形上又衍「而」字。卷七十乃意引。佞、仁、信，《段注》皆在十二部，大小徐構形皆可從。

20. 絆繫：《說文》云馬縶也，從糸半聲也。（卷五十五）（卷五十七）（卷七十八）縲絆：《說文》云絆，縶也，從糸半聲。（卷六十二）（卷七十四）

按，絆，二徐作馬縶也。從糸半聲。縶，絆馬也。《說文段注》與慧琳所引同。蓋古本如是。

21. 土梟鳥：《說文》從鳥頭在木。（卷五十四）（卷五十五）梟鏡：《說文》云不孝鳥也，夏至之日捕梟斬磔。從鳥木，形聲字也。（卷八十六）（卷七十五）梟鳩：《說文》不孝鳥也。夏至之日捕斬梟首懸於木上。從鳥在木上也。（卷九十七）

按，梟，二徐作不孝鳥也，日至，捕梟磔之。從鳥頭在木上。慧琳卷九十七所引較爲完備，蓋古本如是。

22. 珠璣：《說文》：璣，不圓珠也。並從玉，幾朱皆聲也。（卷五十四）（卷八十六）（卷九十六）（卷九十八）璣蚌：《說文》：珠不圓者也。從玉幾聲。（卷七十七）

按，璣，二徐與慧琳卷七十七所引同，卷五十四釋義有倒置。

23. 其徼：《說文》云循也。從彳敫聲。（卷九十五）（卷八十四）（卷八十七）（卷五十四）徼妙：《說文》從敫彳聲。（卷八十八）

按，徼，二徐與慧琳卷九十五所引同，卷八十八所引有倒置。

24. 飄颻：《說文》云風所飛揚也。從風易聲。（卷七十三）（卷五十三）飛
颻：《說文》云風所飛也，從風易聲。（卷六十二）颻枫：《說文》云颻，
所以飛風也。從風易聲。（卷八十）聲颻：《說文》正作颻，風所飛也。
從風易聲。（卷九十四）
　　按，颻，二徐與慧琳卷七十三所引同。卷六十二、九十四有脫文，所引
　　　「易」當作「易」，形近而訛。卷八十所引乃意引。

25. 姝妍：《說文》：忮也，從女开聲也。（卷五十三）（卷六十一）（卷九十
七）妍雅：《說文》；妍，岐也，安也，從女幵聲。（卷六十二）妍醜：
《說文》：忮（技）也，慧（惠）也。從女开聲。（卷八十七）
　　按，妍，二徐作技也，一曰慧也，一曰安也。從女开聲。慧琳所釋乃
　　　「技」之俗體。

26. 瓶甌：《說文》：小盆也。從瓦區省聲也。（卷五十一）（卷六十）內甌：
《考聲》云小瓦盆也。《說文》義同。從瓦區聲。（卷六十四）（卷八十）
（卷九十二）
　　按，甌，二徐作小盆也，從瓦區聲。慧琳卷五十一所引衍「省」字，卷
　　　六十四所引衍「瓦」字。

27. 芟夷：《說文》：刈草也。從艸殳聲。（卷五十一）（卷八十三）芟草：《說
文》：刈也，從艸從殳，會意字也。（卷八十二）（卷八十八）芟足：《說
文》刈草也。從草從殳。（卷九十一）
　　按，芟，二徐與慧琳卷九十一所引同。卷八十二所引脫「艸」字。芟，
　　　《段注》在八部。殳，《段注》在四部。二字韻遠，當為會意，卷五
　　　十一所引構形不確。

28. 閩越：《說文》云東南越蚖種也。從虫門聲。（卷四十九）閩越：《說文》
云東南越地也，亦蛇類也。從虫從門省聲也。（卷八十一）閩越：《說文》
云閩越，蛇種也。從虫從門聲。（卷九十一）閩藪：《說文》南越蛇種也。
從虫門聲。（卷九十六）閩海：《說文》東南越也，從虫門聲。（卷九十
九）
　　按，閩，二徐作東南越蛇種。從虫門聲。與慧琳卷四十九所引同。卷八
　　　十一、九十一乃意引。卷九十六、九十九有節引。卷八十一衍「省」
　　　字。

29. 須鎌：《說文》：鍥也，從金兼聲。（卷六十九）（卷四十七）（卷五十）
（卷七十五）鎌刈：《說文》云鎌，刈穫器也。一名鍥，口結反。（卷七
十五）

> 按，鎌，二徐與慧琳卷六十九所引同。卷七十五所引蓋推衍其說。

30. 斷敵：《說文》云敵，仇也。從攴啻聲。（卷六十三）（卷六十二）（卷四
十七）勍敵：《說文》云：仇也，從攴從滴省聲也。（卷四十九）勍敵：
《說文》云敵，迷也。從攴啻聲。（卷八十九）

> 按，敵，二徐與慧琳卷六十三所引同。敵、啻、滴，《段注》皆在十六
> 部。慧琳所引構形皆可。卷八十九所引「迷」當作「仇」，音近假
> 借。

31. 肪膏：《說文》：肪，肥也。從肉方亦聲也。（卷四十五）（卷五十五）（卷
六十二）（卷六十七）脂肪：《說文》：肪，肥膏也。從肉從方。（卷七
十四）

> 按，肪，二徐作肥也。從肉方聲。肪、肪，《段注》皆在十部。卷七十
> 四所引構形不確，卷七十四所引釋義乃意引。

32. 蚑行：《說文》亦蟲也。從虫支聲。（卷四十四）（卷五十五）（卷五十七）
（卷七十七）蚑行：《說文》：蟲行也，從虫支聲。（卷六十四）

> 按，蚑，二徐作行也，從虫支聲。慧琳卷六十四所引乃意引。卷四十四
> 所引恐脫「行」字。

33. 鞠育：《說文》：掬，撮也。（卷四十二）（卷四十三）掬於：掬，《說
文》從手從匊。（卷四十四）掬取：《說文》在手曰匊。從勹從米。會意
字也。（卷五十三）一掬：《說文》人鞠云兩手撮也。從手從鞠省聲。（卷
一百）

> 按，掬，二徐與慧琳卷五十三所引同，卷四十二、四十四、一百所引乃
> 據俗體意引。

34. 飈火：《說文》：扶搖風也，從風猋聲。（卷四十一）（卷六十三）（卷八
十三）飈舉：《說文》云飈，浮搖也，從風猋聲。（卷九十二）飈爾：《說
文》：飈，颭颮風也。從風猋亦聲。（卷九十八）

> 按，飈，二徐與慧琳卷四十一所引同。卷九十二有脫文。卷九十八所引
> 乃據俗體。

35. 橋隥：《說文》：印也。從𨸏登聲。（卷四十五）（卷四十一）（卷六十二）
二隥：《說文》：隥，仰也。從𠂤登聲。（卷六十八）（卷七十五）
按，隥，二徐作仰也。慧琳卷四十一所引「印」當作「仰」，形近而訛。

36. 不耐：《說文》云罪至不髡。從寸遂（從）而。（卷四十一）（卷八十四）（卷九十七）堪耐：《說文》從彡而聲。古字也。（卷四十五）耐痛：《說文》從寸而聲也。（卷七十五）
按，耐，二徐作罪不至髡也。從而從彡。慧琳卷四十一所引有倒置。而、耐，《段注》皆一部。當爲形聲。卷四十一所引構形不確。

37. 䪎䪐：《說文》：䪎，形聲字。（卷四十一）（卷五十四）䪎鎖：《說文》從糸作繮。（卷四十九）（卷六十二）䪎絆：《說文》作繮，形聲字也。從革畐聲。（卷七十四）
按，䪎，二徐作繮，慧琳卷四十一據俗體爲說。

38. 磧中：《說文》：水渚有石也。從石責聲也。（卷四十一）（卷五十三）（卷九十七）灘磧：《說文》：《說文》從石責聲。（卷六十九）砂磧：《說文》：渚水有石曰磧。（卷七十一）
按，磧，二徐作水陼有石者。從石責聲。《說文校錄》認爲《韻會》引「陼」作「渚」。陼、渚異體。卷七十一所引有倒置。

39. 腴悅：《說文》云腴，腹肥也。從肉臾聲也。（卷三十九）擘腴：《說文》云腴者，腹下肥也。從肉臾聲。（卷七十二）腴旨：《說文》云從肉臾聲。（卷八十三）（卷九十二）肥腴：《說文》：腴，亦肥也。從肉臾聲。（卷九十九）
按，腴，二徐作腹下肥也。從肉臾聲。《說文段注》作「腹下肥者」，考慧琳卷七十二所引，蓋古本不作「者」，卷三十九、卷九十九所引乃節引。

40. 竦竪：《說文》：敬也。從立從束。（卷三十七）竦慄：《說文》從立從束，軟也。自甲束也。恐也。（卷四十一）森竦：《說文》從立從束。（卷六十二）枝竦：《說文》從立從束。束亦聲。（卷六十二）竦密：《說文》從立束聲。（卷六十九）

按，竦，二徐作敬也，從立從束。竦，《段注》在九部，王力屬東部，
與束韻部（王力屬屋部）不同，不宜爲形聲。慧琳卷六十九所引構
形不確。

41. 瞢悶：《說文》：目不明也。從苜從旬。（卷三十六）（卷五十一）（卷六
十七）飛甍：《說文》從瓦從瞢省聲也。（卷五十一）甍瞢：《說文》云不
明也。從苜從旬。（卷六十八）

按，瞢，二徐作目不明也，從苜從旬。卷六十八脫「目」字，甍，二徐
作從瓦夢省聲。甍《段注》在六部。瞢，古音亦在六部。卷五十一
所引構形亦可。

42. 愉喜：《說文》從亼從舟從刂。（卷三十五）憺愉：《說文》從心俞聲也。
（卷七十五）（卷八十三）（卷九十二）（卷九十七）

按，俞，二徐作從亼從舟從巜，不作刂。慧琳據俗體爲說。

43. 茵蓐：《說文》：從艸從辱。（卷四十五）（卷九十七）炎蓐：《說文》蓐，
陳草復生也。從⁺⁺辱聲。籀文從茻。（卷九十二）（卷三十四）（卷九十
四）

按，蓐，二徐作陳艸復生也。從艸辱聲。蓐，《段注》在三部，辱，亦
在三部。當爲形聲，卷四十五所引構形不確。

44. 蛇蚖：《說文》：蛇亦它也。（卷三十三）虵蝎：《說文》：上古草居畏蛇，
故相問無它乎？（卷三十五）蛇螫：《說文》云從虫而長，象宛曲垂尾形
也。古作它。（卷三十八）（卷五十六）蟒蛇：《說文》從虫它聲。（卷四
十一）

按，它，二徐作虫也，从虫而長，象冤曲垂尾形。上古艸居，患它，故
相問無它乎。蛇，或從虫。卷四十一所引形聲蓋慧琳據俗體爲說，
然亦可通。卷三十五乃意引。

45. 樓櫓：《說文》：櫓，楯也。從木魯聲。（卷三十八）（卷三十三）樓櫓：
櫓，大盾也。（卷五十三）（卷六十九）（卷九十二）

按，櫓，二徐作大盾也。據《說文古本考》，卷五十三即二徐所引爲古
本，卷三十八所引非是。

46. 肴膳：《說文》：肴，啖也。從肉爻聲。（卷三十二）（卷三十二）（卷九十七）餚饌：《說文》單作肴，啖也。從肉爻聲。（卷六十四）（卷三十七）

按，肴，二徐與慧琳卷三十二所引同。卷六十四所引「爻」當作「爻」，形近而訛。

47. 蛇虺：《說文》云一名蝮，博三寸，首大如擘指，象其臥形。物之微細，或行，或死，或毛，或蠃，或彳，或鱗。以虫爲象，古作虫。（卷三十二）蛇虺：《說文》石（云）：虺，以注鳴者，從兀虫聲。（卷四十二）虺蛻：《說文》從虫從兀。（卷七十四）一虺：《說文》云蝮虺也。從虫兀聲也。（卷七十五）（卷八十六）

按，虺，二徐作虺以注鳴。從虫兀聲。虺、兀《段注》皆在十五部。慧琳卷四十二、七十四所引構形不確。蛇，二徐作虫也，從虫而長，象冤曲垂尾形。虫，二徐作一名蝮，博三寸，首大如擘指，象其臥形。物之微細，或行，或毛，或蠃，或介，或鱗。以虫爲象，古作虫。二徐無「或死」「或彳」。

48. 讎挍：《說文》：讎，膺也。從言雔聲。（卷七十七）（卷三十二）（卷四十七）報讎：《說文》：從言雔。（卷四十五）怨仇：《說文》：讎，從人九聲。（卷一百）

按，讎，二徐作猶膺也，從言雔聲。讎、雔《段注》皆在三部。慧琳卷四十五所引構形不確。仇，二徐作讎也，從人九聲。與慧琳所引略同。

49. 布娠：《說文》云女任（妊）身動也。從女辰聲。（卷三十二）有娠：《說文》云娠，妊身動也。從女辰聲。（卷六十二）（卷八十六）度娠：《說文》從人作侲。（卷六十四）有娠：《說文》從人從身聲。（卷九十三）

按，娠，二徐作女妊身動也。從女辰聲。卷三十二所引與二徐同。卷六十二所引脫「女」字，侲，二徐作神也，從人身聲。慧琳卷六十四、九十三所引乃釋「侲」字，蓋侲、娠音近義同。

50. 麋鹿：《說文》：鹿屬，以冬至解角。從鹿米聲。（卷三十一）（卷四十）（卷六十二）（卷七十四）麋鹿：《說文》云麋（鹿）屬也，冬至時解角。

從鹿從米省聲。（卷六十）

按，麋，二徐作鹿屬，從鹿米聲。麋冬至解其角。卷六十所引衍「省」字。

51. 膏主：《說文》：從肉高聲。（卷三十一）膏炷：《說文》：從高從肉。（卷五十七）肪膏：《說文》：亦肥也，從肉高聲。（卷六十二）（卷六十七）（卷八十六）

按，膏，二徐作肥也，從肉高聲。膏、高《段注》皆在二部。慧琳卷五十七所引構形不確。

52. 細楔：《說文》云楔，開物具也。從木㓞聲也。（卷三十）以楔出楔：《說文》云楔，攕也，從木契聲。（卷四十九）（卷五十）（卷一百）木楔：《說文》云楔，開木具也。從木契聲也。（卷七十五）

按，楔，二徐作櫼也，從木契聲。慧琳卷七十五所引乃推衍其說。卷四十九「攕」字乃俗寫。

53. 矛盾：《說文》：盾，瞂也，所以杆（扞）身蔽目也。（卷三十）（卷八十三）（卷八十四）（卷九十七）矛盾：《說文》：盾，排（棑）也。並象形字也。（卷九十一）

按，盾，二徐作瞂也，所以扞身蔽目也。卷九十所引乃意引。

54. 斫戳：《說文》戳亦斷也，從戈雀聲。（卷三十）（卷三十九）（卷四十）（卷八十七）戳剝：《說文》：斷也，從戈從雀。（卷五十三）

按，戳，二徐作斷也，從戈雀聲。《段注》在十五部，雀，古音在二部。《段注》認爲二者古音不合，當與雙聲合韻求之。若從慧琳卷五十三所說，釋爲會意亦可。

55. 乞匄：《說文》云從人從亡。（卷三十）匄食：《說文》：匄，乞也。人亡財物則乞匄也。從人從亡也。（卷三十三）（卷四十七）（卷六十）乞匄：《說文》云人亡財物則行乞。匄從人從亾，不從包也。（卷四十一）

按，匄，二徐作气也，逯安說，亡人爲匄。《段注》認爲「气」假借爲「乞」，可從。

56. 驚駭：《說文》從馬亥聲。（卷三十）（卷八十三）（卷八十四）（卷九十七）驚駭：《說文》：馬駭也。從馬亥聲也。（卷三十五）

按，駭，二徐作驚也，從馬亥聲。驚，二徐作馬駭也。慧琳卷三十五所
　乃釋義乃「驚」字。

57. 淨濡：《說文》從水需聲。（卷二十九）（卷三十一）（卷四十三）（卷七
　十八）調濡：《說文》：濕也。從水需聲。易曰雲上於天，需。（卷五十
　一）
　按，濡，二徐作水出涿郡，故安東入漆涷。從水需聲。丁福保據慧琳所
　　引，認爲宜補「濕也」之訓。

58. 目瞤：《說文》云目自動曰瞤。（卷二十九）瞤精：《說文》云瞤，目動也。
　從目閏聲。（卷三十九）（卷四十五）瞤動：《說文》云無故目動曰瞤。（卷
　四十一）瞤動：《說文》：目搖也。（卷七十五）
　按，瞤，二徐作目動也。從目閏聲。慧琳卷三十九所引與二徐同，蓋古
　　本如是，卷二十九、四十一、七十五所引乃意引。

59. 激水：《說文》：激，疾波也。從水敫聲。（卷二十九）搖激：《說文》：
　水礙也。從水敫聲也。（卷三十六）相激：《說文》云疾也。從水敫聲。
　（卷五十三）激論：《說文》云水疾波也。從水敫聲。（卷六十六）漂激：
　《說文》：激，凝邪疾波也。從水，敫皆聲。（卷六十八）
　按，激，大徐作水礙衺疾波也。從水敫聲。一曰半遮也。小徐作水礙
　　也，疾波也。《二徐箋異》認爲小徐「衺」誤作「也」。《段注》
　　認爲當依《玄應音義》作水流礙邪急曰激也。筆者據慧琳所引，
　　認爲大徐所引較爲接近古本，慧琳諸卷多節引。卷六十八所引「凝」
　　當作「礙」，形近而訛。

60. 鹹醋：《說文》：鹹，銜也，北方味也。從鹵咸聲。（卷二十九）（卷三
　十一）（卷五十三）鹹鹻：《說文》北方味也。從鹵咸聲。（卷三十六）（卷
　三十九）
　按，鹹，二徐與慧琳卷二十九所引同，卷三十六所引有節引。

61. 踞草：《說文》：蹲也，屈鯫而却踞坐也。（卷二十九）踞其：《說文》踞
　即蹲也。從足居聲也。（卷三十三）（卷八十九）（卷九十八）蹲踞：《說
　文》云踞即蹲居也，從足居聲。（卷五十四）
　按，踞，二徐作蹲也，從足居聲。卷五十四乃推衍其說。

62. 豐稔：《說文》穀熟曰稔。從禾從念，會意字也。（卷二十九）豐稔：《說文》云穀熟也，從禾念聲。（卷六十二）（卷六十八）（卷八十四）多稌：《說文》牛宜稌（稌），從禾余聲。（卷九十六）

　　按，稔，二徐作穀熟也，從禾念聲。念、稔，《段注》皆在七部，當作形聲。慧琳卷二十九作會意，不確。稌，二徐作稻也，從禾余聲。慧琳卷九十六所引釋義不確。

63. 纖長：《說文》：微也，從糸韱聲。（卷二十九）纖長：《說文》：微細也，從糸韱聲也。（卷三十一）（卷三十四）（卷六十八）傭纖：《說文》從糸從韱。（卷三十五）

　　按，纖，二徐作細也，從糸韱聲。慧琳諸卷所引乃意引其說。韱、纖，《段注》皆在七部，當作形聲，卷三十五作會意，不確。卷三十一所引構形亦不確。

64. 枹擊：《說文》：攴打也。從手毄聲。（卷二十九）揮擊：《說文》：攴（攴）也。從手毄聲也。（卷三十八）（卷九十三）扣擊：《說文》打攴也，從手毄聲。（卷四十一）撞擊：《說文》從手毄。（卷七十二）

　　按，擊，二徐作攴也，從手毄聲。釋義方面，慧琳卷二十九、四十一所引乃推衍其說。毄、擊，《說文段注》皆在十六部，當為形聲，卷七十二作會意，不確。

65. 蠲棄：《說文》捐也。（卷二十八）棄在：《說文》：捐也。從廾推華棄㠯。（卷二十九）（卷三十三）（卷四十一）擯棄：《說文》正作棄，訓云損也。從廾華從㠯。籀文作棄。（卷三十一）

　　按，棄，二徐作捐也，從從廾推華棄之，從㐬。卷三十一、二十九所引構形恐不確，卷三十一所引釋義「損」當作「捐」，形近而訛。

66. 晃曜：《說文》云：明也。從日光聲。《說文》從日翟聲。（卷二十八）（卷五十三）晃曜：《說文》：明也。《說文》從火作燿，火光也。（卷二十九）（卷八十一）炫耀：《說文》曜，照也。（卷九十）

　　按，曜，二徐作燿，照也。從火翟聲。慧琳卷九十、二十八所引乃據俗體為說，卷二十九所引乃意引。

67. 椎鍾：《說文》：椎，擊也。《說文》有從追作槌，俗用，非正。（卷二十七）（卷四十一）（卷六十一）椎撲：《說文》從木隹聲。（卷三十四）椎

𣚊：《說文》云推（椎）：擊也。從木佳聲。（卷六十二）椎拍：《說文》：擊物椎也。從木佳聲。（卷七十九）

按，椎，二徐作擊也。從木佳聲。卷七十九所引釋義乃推衍其說。

68. 肴饌：《說文》：具食也。飲食也。（卷二十七）饌具：《說文》：具食也，從食巽聲也。（卷五十四）（卷七十九）餚饌：《說文》正作籑，古字也，形聲字。（卷六十四）餚饌：《說文》：具食也。從食從篡省聲作籑。（卷六十四）

按，饌，二徐作具食也。從食算聲。慧琳慧琳卷五十四所引乃據俗體。卷六十四所引構形爲省聲。

69. 苗稼：《說文》：苗草生於田。《說文》：禾之秀實爲稼。莖節爲禾。一曰在野曰稼也。（卷二十七）（卷七十）稼穡：《說文》稼，禾之秀實，一云稼，家事也。一云在野曰稼也。穀可收也。二字並從禾，家嗇皆聲。（卷四十二）（卷六十八）稼穡：《說文》云禾可收曰穡。從禾嗇聲。（卷七十二）

按，苗，二徐作艸生於田者。稼，二徐作禾之秀實爲稼。莖節爲禾。從禾家聲。一曰稼，家事也。一曰在野曰稼。穡，二徐作穀可收曰穡。從禾嗇聲。與慧琳所引訓釋略同。

70. 叢林：《說文》：聚也。從丵從取，取亦聲也。（卷二十七）似叢：《說文》：從丵從取爲正。（卷三十七）叢林：《說文》云叢，聚也。從丵取聲。（卷三十八）叢聚：《說文》草木聚生爲叢。從丵取聲。（卷五十七）榛。（叢：《說文》云以草聚生曰叢也。從丵取聲。（卷六十三）

按，叢，二徐作聚也。從丵取聲。慧琳所引構形有作形聲者，有作會意者。釋義方面，卷五十七、六十三所引乃推衍其說。

71. 咄：《說文》：相謂也。（卷二十七）咄哉：《說文》云：咄，舉言相謂也。從口出聲也。（卷七十二）咄咄：《說文》云相謂也，從口出聲也。（卷七十八）（卷九十四）（卷九十六）

按，咄，二徐作相謂也。從口出聲。慧琳卷七十二所引當推衍其說。

72. 悵怏：《說文》：怏怏，不服也。（卷二十五）怏怏：《說文》不服皃也。《說文》從心央聲。（卷八十三）悒怏：《說文》不服懟也。從心央聲。

（卷九十七）（卷一百）帳帙（悵快）：《說文》：不服也。〔註8〕（卷十四）

按，快，二徐作不服懟也。《玉篇》作懟也，不服也。《說文校錄》《玉篇》所引本《說文》。《說文古本考》據玄應所引認爲古本作心不服也。悵，二徐作望恨也。丁福保認爲慧琳所引爲古本。

73. 瑰異：《說文》：從衣瑰聲也。（卷十九）瑰瑋：《說文》：玫瑰也，從玉，形聲字也。（卷七十九）玫瑰：《說文》：上莫回反，下胡魁反。火齊珠也。一曰石之美好曰玫，圓好曰瑰，（卷二十七）玫瑰：《說文》云玫瑰，火齊珠也。二字並從王，攵鬼皆聲。（卷五十四）玫瑰爲地：《說文》云火齊珠也。（卷二十五）

按，玫，二徐作火齊玫瑰也。丁福保據慧琳所引，認爲二徐當改爲火齊珠也，玫瑰也。瑰，二徐作從玉鬼聲。慧琳卷十九構形所引「瑰」當作「鬼」。

74. 毀呰：《說文》：呰，呵也。（卷二十五）毀訾：《說文》從言此聲。或作呰也。（卷三十一）（卷八十一）不訾：《說文》：思稱意也。（卷七十五）難訾：《說文》：思不稱意也。從言此聲也。（卷八十）

按，呰，二徐作苛也。丁福保據慧琳卷四十八所引，認爲古本當作訶也，呵乃訶之別體。訾，二徐作不思稱意也。從言此聲。卷八十所引釋義較爲完備，二徐釋義有倒置。卷三十一所引構形有倒置。

75. 層樓：《說文》：層，屋重也。從尸曾聲也。（卷十二）層樓：《說文》重屋也，從尸曾聲。（卷五十三）（卷五十三）樓櫓：《說文》：屋也。（卷七十四）樓櫓：《說文》云：重屋覆也。（卷二十五）

按，層，二徐作重屋也。與慧琳卷十二所引略同。卷七十四所引乃節引。樓，二徐作重屋也。丁福保認爲慧琳卷二十五所引爲古本。今本奪字。

76. 雙膝：《說文》正作厀，脛頭節也。從卩桼聲也。（卷二十四）髕厀：《說文》：脛頭節也。從卩桼聲。（卷三十五）（卷四十）雙膝：《說文》正作厀，云脛頭卩也。從卩桼聲（卷八十一）（卷九十八）

按，耓，二徐作脛頭卪也。從卪㐱聲。節、卪異體。

77. 倉廩：《說文》：亩，穀所振入也。從入回象屋形，中有戶牖也。（卷十九）倉廩：《說文》云穀所收入宗廟粢盛倉黃朕廩而取之，故謂之廩。《說文》作亩，從ㅅ從回，象屋中有戶牖者形也。（卷四十一）僧廩：《說文》云亩，穀所振，從禾作廩。（卷九十三）倉亩：《說文》從ㅅ回，象屋形中有戶牖也（卷四十四）倉廩：《說文》正作亩，禾穀所振入也。宗廟粢盛倉黃朕亩而取之，故謂之亩。從入回象屋形中有戶牖也，亦從广禾作廩。（卷十九）

　　按，亩，二徐作穀所振入宗廟粢盛，倉黃亩而取之，故謂之亩。廩，二徐作賜穀也。慧琳卷十九、卷九十三所引乃節引。卷四十一所引乃推衍其說。

78. 逃竄：《說文》：竄，匿也。從鼠在穴中。（卷十九）流竄：《說文》：隱也。從鼠穴聲。（卷十九）奔竄：《說文》：匿也，從穴從鼠。（卷六十一）（卷六十二）（卷九十）

　　按，竄，大徐作墜也。從鼠在穴中。小徐與慧琳卷十九所引同。丁福保認爲古本有二訓，「隱也」爲其中一訓。又，竄，《段注》在十五部，穴，在十二部，鼠，在五部，三者韻遠，當爲會意，慧琳卷十九所引構形不確。

79. 瑞應：《說文》：瑞，以玉爲信也。從玉耑聲也。（卷十九）嘉瑞：《說文》以玉爲信也。從玉耑聲。（卷二十四）瑞相：《說文》：瑞，信玉也。從玉耑省聲也。（卷六）斯瑞：《說文》從玉耑聲。（卷四十五）（卷八十三）

　　按，瑞，二徐作以玉爲信也，從玉耑。慧琳多作形聲，丁福保據慧琳所引認爲，二徐脫「聲」字。瑞，《段注》在十五部，耑，在十四部，二者韻近，其說可從。

80. 乳哺：《說文》：咀也，從口甫聲。（卷十八）（卷八十九）（卷五十七）（卷三十四）（卷四十一）

　　按，哺，二徐作哺咀也。《說文古本考》認爲古本當爲口中嚼食也。慧琳諸卷多作咀也，與二徐同。蓋古本亦如是。

81. 旭照：《說文》：旭，明也，日且出皃。從日九聲。（卷十八）旭日：《說文》：旭，日且出皃也。從日九聲。（卷三十三）（卷六十一）（卷九十七）旭日：《說文》云日且出皃也。從日從九。（卷四十一）
按，旭，二徐作日且出皃。無「明也」之訓。

82. 蚊蟓：《說文》：秦謂之蟓。又云：齧人飛虫也。俱從虫、文，芮皆聲也。（卷十七）蚊蟓：《說文》秦謂之蟓。從虫芮聲。（卷三十）蚊蟓：《說文》秦謂之蟓，楚謂之蚊，從虫芮（芮）聲也。（卷六十九）（卷七十六）小蟓：《說文》云秦謂之蟓，楚謂之蟊。從虫芮聲。（卷九十二）
按，蟓，二徐作秦晉謂之蟓。慧琳諸卷所引脫「晉」字。

83. 蠲除：《說文》：從蜀益聲。（卷十七）蠲棄：《說文》從蜀益聲。（卷二十八）（卷五十一）（卷七十二）蠲除：《說文》從益蜀聲也。（卷四十五）
按，蠲，二徐作從虫目益聲。卷四十五所引構形有倒置。

84. 汲引：《說文》：汲亦引水也。從水及聲也。（卷十七）汲水：《說文》亦引水也，從水及聲也。（卷二十八）（卷三十四）（卷四十一）（卷八十六）
按，汲，二徐作引水於井也。從水從及及亦聲。與慧琳所引略異。

85. 貪瞋癡：《說文》：張目恨也。《說文》：不惠也。從广也。（卷十五）癡騃：《說文》：不慧也。從广疑聲。（卷三十一）（卷六十六）騃癡：《說文》癡，不惠也。從广疑聲。（卷三十二）（卷六十七）
按，二徐作張目也。癡，二徐作不慧也。與慧琳所引略異。慧、惠音近假借。

86. 諛讇：《說文》：諫（諛）也。〔註9〕（卷十五）諂曲：《說文》作讇，同。（卷二十七）讇佞：《說文》諂，諛也。從言閻聲。（卷二十九）諛讇：《說文》：從言與聲。《說文》：諂，諛也，從言臽聲也。（卷三十）（卷三十一）
按，讇，二徐作諛也。諂，讇或省。從言閻聲。慧琳乃據俗體釋形。

87. 嬉戲：《說文》：樂也。《說文》作娛。《說文》：逸豫也。從戈虘聲。（卷十五）嬉戲：《說文》：樂也。從女喜聲也。（卷三十二）（卷四十四）（卷

〔註 9〕頻作諛。

七十九）同嬉：《說文》亦作娭（卷八十八）

　　按，嬉，二徐作娛，說樂也。娛，二徐作樂也。戲，二徐作三軍之偏
　　　　也。一曰兵也。《說文古本考》據《御覽》認爲古本當有「弄也」之
　　　　訓。慧琳所引蓋節引。

88. 跛蹇：《說文》從足皮省聲。（卷十五）癖跛：《說文》：行不正也。從足
　　從波省聲。（卷三十三）跛跂：《說文》行不正也，一曰足排之也。從足
　　皮聲。（卷五十三）跛羊：《說文》行不正也。從足皮聲。（卷九十五）（卷
　　一百）

　　按，跛，二徐作從足皮聲，慧琳卷十五所引衍「省」字。跛、波、皮，
　　　　《段注》皆十七部，慧琳卷十五、卷三十三所引構形可從。

89. 刮治：《說文》：刮，去惡創肉也。從刀昏之聲也。《說文》從水台聲也。
　　（卷十五）除刮：《說文》云刮，掊把也。從刀舌聲。（卷六十二）（卷
　　六十三）（卷七十六）刮取：《說文》從刀從适省聲。（卷六十五）

　　按，刮，二徐作掊把也。從刀昏聲。與慧琳卷十五所引釋義不同。構形
　　　　方面，刮，《段注》在十五部，昏、适、舌，皆十五部，慧琳諸卷
　　　　所引構形可從。

90. 謫辠：《說文》：辠也。從言商省聲也。《說文》：罪，辠也。（卷十五）
　　謫罰：《說文》亦罰也，從言商聲。（卷三十）（卷三十八）（卷五十三）
　　（卷七十六）

　　按，謫，二徐作從言商聲，慧琳卷十五所引衍「省」字。罪，二徐作辠，
　　　　犯法也。慧琳乃意引。

91. 雜糅：《說文》：從米柔聲也。（卷十五）糅在：《說文》從丑作粈。雜飯
　　也，形聲字也。（卷六十）（卷四十二）（卷七十四）（卷八十）

　　按，糅，二徐作粈，慧琳卷十五據俗體釋形。

92. 摩挼：《說文》：摧也。又云：兩手切摩也。從手從女禾聲也。（卷十五）
　　挼腹：《說文》云挼，摧也。一云兩手相切摩也。從手委聲。（卷六十三）
　　（卷六十二）（卷三十四）（卷六十四）

　　按，挼，二徐作推也，從手委聲，一曰兩手相切摩也。摧字，《文選》
　　　　注及《玉篇》所引與慧琳同，恐慧琳所引爲古本。

93. 茵蓐：《說文》：車上重席也。從草因聲也。（卷十五）茵蓐：《說文》：席也，從艸因聲。（卷四十五）茵褥：《說文》重席也。從草因聲。（卷七十八）（卷八十三）重茵：《說文》車上重席也。從草因聲。（卷九十）
按，茵，二徐作車重席。丁福保認爲慧琳所引有作車中重席，今卷十五作車上重席，義近。卷七十八、四十五所引乃節引。

94. 穿鑿：《說文》：穿，通也。從牙在穴中，會意字也。《說文》：以穿木也，從金從丵，下從臼從殳金。（卷十五）鑿君荼：《說文》從丵從臼從殳從金，會意字也。（卷三十六）（卷八十九）掘鑿：《說文》：穿木具也。從金𣪠亦聲。（卷六十九）鑿之：《說文》：穿木也。從金𣪠聲。（卷八十）
按，鑿，二徐作穿木也，從金𣫔省聲。《說文段注》補「所以」二字。可通。慧琳卷六十九作「穿木具也」，較爲完備。卷十五所引釋義脫「所」字，卷八十所引與二徐同，蓋節引。鑿，《段注》在二部，𣪠，即鑿字異體，𣫔，在十五部，二者韻遠，不當爲形聲，慧琳卷十五、卷三十六所引構形可從，卷六十九、八十所引構形不確。

95. 穬麮：《說文》：芒穀也。從禾廣聲也。（卷十五）穬麦：《說文》從禾廣聲。正作穬也。（卷三十三）穬麥：《說文》：芒穀，即今之大麥也。（卷三十五）穬麥：《說文》云穬，芒粟也。從禾廣聲也。（卷七十二）（卷八十）
按，穬，二徐作芒粟也。丁福保據慧琳、玄應所引，認爲二徐所引不確。今按，慧琳所引有作芒穀者，亦有作芒粟者，存疑。

96. 掣繩：《說文》：引而縱也。從手制聲也。（卷十四）牽掣：《說文》：引而縱也，從手制聲。（卷五十四）掣縮：《說文》云掣謂引而縱之也。從手制聲。（卷五十五）（卷七十九）（卷七十九）
按，掣，二徐作㨖字，引縱曰㨖。從手瘛省聲。慧琳據俗體釋形。釋義方面，慧琳乃推衍其說。

97. 至跨：《說文》：髀也。從骨果省聲，（卷十四）當跨：《說文》從足從夸聲。（卷三十七）德跨：《說文》云渡也。又云以跨步之跨也。從足夸聲。（卷四十四）（卷四十九）（卷八十三）
按，跨，二徐作渡也。胯，二徐作股也。髀，股也，從骨卑聲。慧琳卷

十四所引釋義乃意引，所引構形不確。

98. 鎚擣：《說文》：以手椎擣也。一云築也。從手壽省聲。（卷十四）擣筵：
《說文》：手椎也。從手壽聲。（卷二十九）擣藥：《說文》：擣，築也。
從手壽聲。或作捯，亦作搗，古文字也。（卷三十三）擣香：《說文》：
擣，手椎也。從手壽聲也。（卷十七）春擣：《說文》云擣，推也。一云
築也。從手壽聲。（卷六十二）

按，擣，大徐作手推也，小徐作手椎也。並從手壽聲。釋義方面，慧琳
有作「築也」者，蓋古本爲手推也，築也。卷二十九、三十三乃節
引。慧琳卷十四所引衍「省」字。

99. 曲檻：《說文》：楯爲欄檻也。（卷十四）囷檻：《說文》云在牆曰牖，在
屋曰囷。象形字。《說文》云檻，楯間子也。從木霝聲。（卷六十二）（卷
九十四）（卷九十六）窻檻：《說文》云檻，窻檻子也。（卷八十一）

按，檻，二徐作楯間子也。楯，二徐爲闌檻也。丁福保據《慧琳音義》
卷四所引認爲古本當爲欄也，檻也。筆者認爲古本當爲「楯間子也」，
卷八十一、卷十四所引乃意引。

100. 險詖：《說文》：辯論。（卷十四）險詖：《說文》辯論，從言皮聲也。（卷
八十二）（卷三十九）昏詖：《說文》從言從彼省聲。（卷九十一）險詖：
《說文》：辯諛。（卷十五）

按，詖，二徐作辯論也。論、諭形近而訛，當作論字。

101. 貧寠：《說文》：貧無財以備禮曰寠，從婁省也。（卷十四）貧寠：《說文》
云無禮居也。從宀婁聲。（卷六十一）（卷八十一）貧寠：《說文》貧無
禮居也。從宀婁聲。（卷六十四）（卷九十七）

按，寠，二徐作無禮居也。從宀婁聲。丁福保認爲慧琳卷十四所引爲古
本，二徐作引脫漏較多。筆者認爲，慧琳諸卷多與二徐同，蓋二徐
所據屬古本，卷十四所引乃推衍其說。構形方面，卷十四所引亦不
確。

102. 咀嚼：《說文》：含味也。從口且。（卷十四）咀嚼：《說文》咀謂含味也。
從口且聲也。（卷六十四）（卷六十八）（卷七十二）（卷七十六）

按，咀，二徐作從口且聲。慧琳諸卷多同於此，蓋古本如是，卷十四所
引構形不確。

103. 牢固：《說文》丹取四面周匝義也。《說文》：閉養牛羊圈也。（卷十二）
牢籠：《說文》閉也，養畜生之圈也。（卷三十）堅牢：《說文》從牛從舟
省聲。（卷四十五）牢籠：《說文》：閑養牛馬圈也。從多省。（八十三）
牢獄：《說文》：閉養牛羊圈也。從牛從舟省，舟取四周匝也。《說文》
從狀，二犬所以吠守也，會意字也。（卷十四）

按，牢，二徐作閑養牛馬圈也。從牛多省，取其四面周帀也。慧琳卷十
二所引「多」訛作「丹」，「閑」訛作「閉」，卷十四所引「閉」
亦當作「閑」。卷三十所引乃意引。牢，《段注》在三部，舟，亦
三部，慧琳卷四十五所引構形可從。

104. 鑄金：《說文》：消金也。從金壽省聲也。（卷十二）鑄一：《說文》云：
鑄，銷。從金壽聲也。（卷四十）（卷三十四）（卷八十四）陶鑄：《說文》：
銷金也。從金壽聲。（卷九十五）

按，鑄，二徐作銷金也。從金壽聲。慧琳卷十二所引衍「省」字，銷，
訛作消。卷四十所引乃節引。

105. 滓濁：《說文》：滓，澱也。從水宰省聲也。（卷十一）滓穢：《說文》：
滓，澱也。（卷二十九）泥滓：《說文》：澱也。從水宰聲。（卷三十五）
（卷八十六）（卷九十二）

按，滓，二徐作從水宰聲，慧琳卷十一所引衍「省」字。

106. 貯聚：《說文》：積財也。從貝宁聲也。《說文》：聚，會也。從乑取省
聲也。（卷十一）貯麴：《說文》云積也。從貝寧聲。（卷六十二）貯聚：
《說文》：積財也。從貝宁聲也。《說文》：聚，會也。從乑取省聲也。
（卷十一）貯麴：《說文》云積也。從貝寧聲。（卷六十二）貯積：《說
文》貯亦積聚也。從貝宁聲。（卷十五）

按，貯，二徐作積也，從貝宁聲也。慧琳卷十一、卷十五所引釋義乃推
衍其說。「寧」當作「宁」，卷六十二所引構形不確。聚，二徐作
從乑取聲，慧琳所引衍「省」字。

107. 槍林：《說文》：槍，距也。從木倉聲也。（卷十一）槍矟：《說文》：拒
也。（卷四十一）刀槍：《說文》：槍，距也。（卷七十）刀槍：《說文》
云槍，銳距也。從木倉聲。（卷七十二）（卷七十六）

按，槍，二徐作距也，與慧琳所引「踞」「拒」乃異體。

108. 麒麟：《說文》亦云：仁狩也。麕身，牛尾，一角。從鹿其聲也。麐者，
牝麒也，從鹿吝聲。（卷十一）麒麐：《說文》仁獸也。從鹿，形聲字也。
（卷八十五）麒麷：《說文》作麠麐，說與《爾雅》同，從鹿，其聲也。
（卷九十五）麒麐：《說文》：仁獸也。麐身牛尾一角。經意比喻一角。
（卷十四）麒麟：《說文》：仁獸也。頭上一角，角端頭有肉，麕身牛尾。
《說文》云馬文如綦文者也。（卷二十六）

按，麒，二徐作仁獸也，慧琳卷十一引作狩，當改爲獸，音近而訛。
麟，二徐作大牝鹿也。麐，二徐作麠，牝麒也。從鹿吝聲。卷十
一所引「麐」爲「麠」俗體。

109. 虧徵：《說文》：氣損也。從虧亏聲也。或從兮作𧥮。《說文》：徵，象
也。從壬從微省聲也。（卷十一）虧於：《說文》：虧，缺也。損也。從
亏從虍聲。（卷四十五）虧損：《說文》：從亏從虍從隹也。（卷七十六）
月虧：《說文》：損也。從虍亏。（卷八十二）所虧：《說文》：氣損也。
從虍從亏，或從兮作𧥮，或從虖作𧁥，皆正也。（卷十五）

按，虧，二徐作氣損也，從亏虍聲。慧琳諸卷所引有節引。卷四十五所
引乃意引。卷十一所引構形有倒置。虧，《段注》在十七部，虍，
在五部，《段注》認爲二者合韻。（慧琳卷七十六、八十二、卷十五
所引構形不確。徵，二徐作召也。從微省壬。徵，《段注》在六部，
微，在十五部，二者韻遠，慧琳卷十一所引構形不確。

110. 金剛拳：《說文》：從手從卷省聲。（卷八）把拳：《說文》從手卷省聲。
（卷四十三）（卷四十七）（卷六十二）（卷七十八）

按，拳，二徐作從手关聲。拳，《段注》在十四部，卷亦十四部，慧琳
諸卷所引構形亦可從。

111. 僉然：《說文》：皆也。從从今（亼）吅並二人，會意。（卷八）僉然：
《說文》：從亼從吅從从。（卷三十四）（卷五十七）僉悟：《說文》亦皆
也，從亼從吅從从。（卷九十六）（卷一百）

按，僉，二徐作從亼從吅從从，與慧琳卷八所引略異。

112. 作模：《說文》：摸（模），法也。從木莫省聲也。（卷八）作模：《說文》
亦法也，從木莫聲。（卷四十二）（卷八十）（卷八十九）模楷：《說文》：

模，規也。從手（木）莫聲。（卷九十二）

按，模，二徐作法也，從木莫聲。慧琳卷八所引衍「省」字。卷九十二或意引其說。

113. 戶牖：《說文》：穿壁以木爲交牕也。從片戶甫聲也。（卷八）戶牖：《說文》：牖，穿壁以木爲交窗也。從片從戶甫聲也。（卷三十二）（卷三十三）（卷四十二）戶牖：《說文》云：穿壁以木爲交日窻。象形字，或從片。牖字，從戶從甫亦從片。（卷三十五）

按，牖，二徐作從片戶甫。與慧琳卷三十五所引同。牖，《段注》在三部，甫，在五部，二者韻遠，不當爲形聲，卷八、卷三十二所引構形不確。卷三十五所引「日」字疑衍文。牕，二徐作窻，異文。

114. 淤泥：《說文》：淤，滓也。（卷八）淤泥：《說文》淤，澱滓也，從水於聲。（卷四十七）（卷五十）淤泥：《說文》：澱滓也。（卷十五）淤泥：《說文》：澱澤也。從水於聲。（卷二十四）

按，淤，二徐作澱滓濁泥。慧琳諸卷乃節引。丁福保認爲古本當爲澱，滓也，濁，泥也。卷二十四所引釋義「澱澤」與「澱滓」音近而訛。

115. 憒恚：《說文》：憒恚，恨也。（卷八）韻恚：《說文》：恨也，從心圭聲也。（卷三十一）（卷四十）（卷四十三）瞋恚：《說文》：恚，憎也。從心圭聲也。（卷七十六）

按，恚，二徐作恨也。卷七十六所引乃意引。

116. 三愆：《說文》：從人心开聲也。《說文》作愆，又作寋，皆古字也。（卷八）小愆：《說文》罪也。從心衍聲。（卷四十一）（卷四十四）（卷九十六）愆咎：《說文》：僭，過也，亦失也，咎，罪也。（卷四十二）

按，愆，二徐作愆，慧琳所釋愆字乃俗字。

117. 谿谷：《說文》：山寶無所通。《說文》：泉出通流爲谷。從水半見出於口。（卷八）谿谷：《說文》云山瀆無所通者曰谿。從谷奚聲。（卷三十一）谿澗：《說文》云川瀆無所通者。從谷奚聲。亦作溪。（卷四十一）檀谿：《說文》云出（山）瀆無者曰谿。從谷奚聲。（卷九十二）谿澗：《說文》：水澍川也。從谷奚聲也。《說文》：山水也。從水間聲也。（卷十一）

按，谿，二徐作山瀆無所通。瀆、寶形近而訛，當作瀆。谷，二徐作泉

出通川爲谷。慧琳所引流，當作川。卷四十一山，當作川。卷十一所引釋義不確。

118. 痔漏：《說文》：後病也。《說文》：以銅器受水刻節，晝夜共爲百刻，從手扇聲。（卷七）痔瘻：《說文》云痔，後病也。從广寺聲。（卷三十九）（卷四十）缺漏：《說文》：屋穿水入也。從雨尸下。（卷四十七）知漏：《說文》從水扇。（卷五十三）

按，漏，二徐作以銅受水刻節，晝夜百刻。從水扇聲。與慧琳卷七所引略異。水，慧琳訛作手。卷五十三所引乃會意。

119. 殄滅：《說文》皆云盡也。從歺㐱聲。（卷六）殄滅：《說文》亦同。從歹㐱聲也。（卷七）消殄：《說文》滅也。（卷二十九）殄彼：《說文》從歹㐱聲也。（卷八十三）勦殄：《說文》：盡也。從歺從㐱。（卷九十一）

按，殄，二徐作從歹㐱聲，殄，《段注》在十二部，㐱，在十三部，二者韻近，卷九十一所引構形不確。

120. 脾膽：《說文》：木藏也。從肉卑聲。（卷五）脾腎：《說文》從肉卑聲。（卷四十一）（卷六十八）膈脾：《說文》：木（土）藏也，從肉卑聲。（卷七十五）脾腎：《說文》：土藏也。從月卑聲。（卷七十七）

按，脾，二徐作土藏也。慧琳卷五、卷七十五所木藏也。

121. 痰膿：《說文》：癰疽潰血也。從肉農聲。（卷五）脂髓膿：《說文》云𧖴，腫血也，從血癑省聲。（卷三十七）膿河：《說文》：膿，癰疽潰血也。從月農聲。（卷五十一）膿血：《說文》：腫血也，從血從農省聲也。（卷七十五）（卷八十一）

按，膿，二徐作𧖴，腫血也，從血農省聲。與慧琳卷五、卷五十一所引釋義不同。膿，《段注》在九部，癑，亦在九部，卷三十七所引構成可從。卷七十五所引構形衍「省」字。

122. 黧黯：《說文》：桑葚之黑色。（卷五）梨黯：下《說文》：杜感反。（卷二十七）黸黯：《說文》如桑椹之黑色也。黸黯，二字並從黑，形聲字。（卷六十五）（卷八十四）（卷九十八）

按，黯，二徐作桑葚之黑也。慧琳諸卷皆有「色」字，《說文古本考》認爲古本有「色」字，可從。

123. 慣習：《說文》作遺，通也。（卷五）慣習：《說文》作遺，從辵貫聲。（卷二十九）（卷三十）（卷四十一）（卷五十一）

按，慣，二徐作習也。慧琳卷五所引乃意引。

124. 虛僞：《說文》：從虍從丘。《說文》：詐也。從人爲聲也。（卷六）虛僞：《說文》從丘虍聲。（卷三十三）飾僞：《說文》云僞，詐也。從人爲聲。（卷三十二）（卷三十三）（卷六十三）

按，虛，二徐作從丘虍聲。慧琳卷六所引構形不確。

125. 蝸蠃：《說文》亦云蠃，蝸牛類而形大，出海中，種種形狀而不一也。（卷六）蝸牛：《說文》云蝸，小蠃也。從虫咼聲。（卷六十六）蝸角：《說文》：蝸，即蝸牛也。（卷八十六）蝸角：《說文》蠃也，從虫咼聲。（卷八十七）井蛙：《說文》：蝸，即蝦蟇也。（卷九十七）

按，蝸，二徐作蜾蠃，蠃，二徐作蜾蠃也。慧琳卷六、卷六十六、卷八十六所引乃意引。卷九十七所引有誤。

126. 比度：《說文》：相與比敘也。從反从也。《說文》：法制也。從又庶省聲也。（卷六）櫛比：《說文》：密也。（卷九十一）度量（量）：《說文》：法制也。從又從庶省聲。（卷三十九）（卷六十六）（卷八十四）

按，比，二徐作密也，慧琳卷六所引乃推衍其說。

127. 蝦蟇：《說文》二字並從虫，叚莫聲。（卷三十二）（卷六十八）（卷七十八）以蝦：《說文》作鰕，云蚧也，從魚叚聲。（卷四十二）蝦蟇：《說文》作蝦蟇，一名田父，一名蟾蜍，一名青蛙，一名黃懷。（卷五十一）

按，鰕，二徐作魵也，從魚叚聲。蝦，二徐作蝦蟆也，從虫叚聲。慧琳卷四十二所釋不確。

五、引《說文》同字條五次以上

1. 毫氂：《說文》毫氂二字並從毛，毫從豪省，氂從犛省，皆形聲字也。（卷一）毫氂：《說文》毫氂二字並從毛。毫從豪省，氂從犛省，皆形聲字也。（卷四十一）毫氂：《說文》氂字，從毛從犛聲也。（卷四十五）毫氂：《說文》從毛從豪省聲也。《說文》從毛從犛省聲也。（卷四十七）（卷五十一）毫氄：《說文》云：氄，強曲毛，可以著起衣也。從氂省來聲。

古文作庥，麤省也。（卷九十五）

　　按，毫，二徐作豪，豕鬣如筆管者出南郡。從希高聲。豪，籀文從豕。
　　　　徐鉉認爲「今俗別作毫，非是」。卷一、卷四十七、卷五十一皆據
　　　　俗體爲說。氂，二徐本從犛省從毛。卷一、卷四十一、卷四十七、
　　　　卷五十一所引構形亦通。麤，《段注》在一部，來，亦在一部，慧
　　　　琳卷四十五所引構形可從。

2. 條析：《說文》：小枝也。從木攸聲也。《說文》：破木也。從木從片，
　　或作析。（卷一）析諸：《說文》破木也。從木從斤。（卷二十九）（卷三
　　十一）（卷五十一）（卷七十二）（卷八十）（卷八十一）析苔：《說文》
　　從木斤聲。（卷二十八）《說文》：析，破也。從木從斤。（卷八十六）
　　分析：《說文》：破木也。從木斤聲也。（卷三十三）（卷四十）（卷六十
　　六）（卷八十三）（卷九十八）（卷一百）（卷二十四）剖析：《說文》：
　　析，叛木也，分也。從木斤聲。（卷八十七）析爲：《說文》從木斤聲。
　　（卷十九）

　　按，二徐析作從木從斤。斤、片，形近而訛。判木即分木、破木，義得
　　　　兩通。慧琳卷二十八、卷三十三、卷四十、卷六十六、卷八十三、
　　　　卷九十八、卷八十七、卷一百所引作從木斤聲。析，《段注》在十
　　　　六部，斤，在十三部。二者韻遠，當爲會意。慧琳諸卷所引作形聲
　　　　者，不確。

3. 撥煙霞：《說文》：治也，從手發聲。《說文》：火氣也。從火㷉聲。
　　〔註10〕（卷一）止撥：《說文》亦治也。從手發聲。（卷六十九）（卷七
　　十二）（卷三十九）（卷四十一）（卷四十七）（卷五十）（卷七十六）（卷
　　八十四）（卷九十）（卷九十一）擺撥：《說文》以手撥物也。從手發聲
　　也。（卷九十三）

　　按，氣，二徐本作气。撥，二徐作治也。慧琳卷九十三乃意引。

4. 探賾：又《說文》：遠取也。從手罙聲。（卷一）（卷二十八）（卷七十
　　二）（卷八十五）探喉：《說文》：手遠取曰探。探，摸也。（卷七十）
　　探賾：《說文》：探，嘗試取其意也。從手罙聲。（卷八十八）探識：《說
　　文》：探，嘗試取其意也。（卷十五）

〔註10〕 獅作雨。

按，探，二徐作「遠取之也」，《說文古本考》認爲慧琳所引「遠取也」
爲古本。卷八十八、卷十五所引乃推衍其說。卷一蓋脫「之」字。

5. 缺而：《說文》：器破也。隓垂從夬，或從缶作缺，亦同。（卷一）盈缺：
《說文》從垂夬聲。（卷三十一）不缺戒：《說文》從缶史（夬）聲。（卷
十七）缺崖：《說文》：缺，從缶夬聲。（卷十九）穿缺：《說文》：缺，
器破也，從缶夬聲。（卷十九）缺減：《說文》：缶，瓦器也。《說文》：
缺字正體從缶作缺。《說文》：器破也。從缶從夬省聲也。《說文》：減，
損也。（卷十一）缺漏：《說文》：器破也。從缶夬聲。（卷四十七）（卷
三十二）（卷三十四）

按，缺，二徐作器破也，從缶決省聲。《段注》認爲「缺」爲俗字。慧
琳多據俗體釋形。缺，《段注》在十五部，夬，亦在十五部，慧琳
卷十九所引構形可從，卷十一所引衍「省」字。

6. 循躬：《說文》：循，行也。從彳盾聲也。（卷一）（卷三十一）（卷四十
一）（卷七十七）循機：《說文》：循，行也。從彳盾聲，象形。（卷十
一）循環：《說文》：循，行也。從彳盾聲也。（卷十二）循環：《說文》：
循，行也。從彳從盾。《說文》：從玉從睘聲也。（卷六）

按，今二徐作循，行順也，從彳盾聲。《說文校錄》《說文校議》遵從慧
琳所引，認爲當無「順」字。《說文古本考》認爲今二徐「行順」當
爲「順行」。筆者認爲慧琳所引當爲古本。循，《段注》在十二部，
盾，在十三部，韻近，可爲形聲，慧琳卷六所引構形不確。

7. 韶齔：《說文》：毀齒也。男八月齒生，八歲而齔。女七月齒生，七歲而
齔。從齒七聲。（卷一）童齔：《說文》：男八月生齒，故八歲齔。女七
月生齒，故七歲毀齒也。（卷四十五）髫齔：《說文》：從齒七聲。（卷
五十七）（卷八十）（卷八十一）（卷八十三）（卷八十八）（卷八十九）
（卷九十二）

按，大徐作從齒從七，小徐與慧琳所引同，《說文古本考》《說文二徐
箋議》認爲當從小徐本。齔，《段注》在十七部，七，在十五部，二
者韻近，可爲形聲。

8. 重擔：《說文》：舉也。從手詹聲。（卷一）蕉擔：考聲云以木荷物也。

《說文》訓同前。（卷六十一）擔輦：從木者，非也。（卷七十四）重擔：《說文》：擔，舉也。從扌詹聲也。（卷十一）重擔：《說文》：負也。從手詹省聲，或作儋。（卷十四）擔重擔：《說文》從手詹聲。（卷十九）重擔：《說文》：舉也。從手詹聲。（卷三）重擔：《說文》從手詹聲。（卷二十九）（卷三十二）（卷六十一）擔輦：《說文》：從手從詹。（卷七十四）重擔：《說文》：手舉物也。從扌詹聲。（卷四）荷擔：《說文》：從手詹聲也。（卷八）

按，擔，二徐作儋，何也，從人詹聲，慧琳諸卷所引釋義乃意引，所引構形乃據俗體「擔」字爲說。

9. 兩跟：《說文》：足踵也。從足從根省聲也。（卷一）足跟：《說文》：踵也。從足艮聲。（卷三十三）（卷六十二）（卷六十九）足跟：《說文》：跟也。從足艮聲也。（卷六十）跳跟：《說文》：躍也。《說文》從足從艮。（卷七十四）

按，跟，今二徐本皆作足踵也，從足艮聲，與慧琳所引卷一有誤。釋義與卷一同，卷三十三、六十二、六十九所引蓋脫「足」字，卷六十、卷七十四所引釋義不確。跟，《段注》在十三部，艮、根，亦在十三部。慧琳卷七十四所引構形不確。

10. 兩腨：《說文》：足跰腸也。（卷一）蹲腸：《說文》：足腓腸也。從足專聲。又《說文》專字從叀寸。或作腨，俗也。（卷十五）雙腨：《說文》雙字從二隹，從又。《說文》：蹲，足跰腸也。從月耑聲。（卷二十四）膝腨：《說文》：足跰腸也，從肉耑省聲。（卷十一）䏶腸：《說文》云腨，足腓腸也。從肉耑聲。（卷二十八）（卷三十八）（卷六十二）腨傭直：《說文》：腨，足腓腸也。從肉耑聲。（卷五十五）腨足：《說文》云足跰腸也。從肉耑聲。（卷六十一）腳腨：《說文》云腨，足腓腸也。從月耑聲也。（卷七十七）髀腨：《說文》：足跰腸也，從內耑省聲也。（卷十二）腨上：《說文》：腨，腓腸也。從肉耑聲。（卷十九）鹿蹲：《說文》：蹲，脚腸也。（卷十五）名蹲：《說文》蹲，謂腓腸也。（卷二十四）腨骨：《說文》：腓腸也。（卷二十六）兩膞：《說文》：腨，腓腸也。（卷四十五）（卷六十二）（卷七十五）腨相：《說文》云腨，腓腸也，從肉耑聲。（卷四十五）光腨：《說文》：腨，腓腸也。從肉從耑。（卷七十

四）腨骨：《說文》云腨，腓腸也，從肉耑聲。（卷七十五）（卷八十一）
（卷八十六）鹿蹲：《說文》：蹲，腓腸也。腓，脛腸也。亦作腨也，從
足專聲。（卷七十五）

　　按，腨，二徐作腓腸也。從肉耑聲。慧琳或衍文作「足腓腸」，跰，二
　　　　徐作朏也。腓，二徐作脛腨也。跰、腓，乃音近假借。膓、腸，蹲、
　　　　腨，皆異體。卷十五所引乃意引。慧琳卷十一、卷十二所引衍「省」
　　　　字。卷十二所引「內」當作「肉」，形近而訛。腨，《段注》在十
　　　　四部，耑，亦在十四部，二者可為形聲，慧琳卷七十四所引構形不
　　　　確。卷七十五所引「腓」字乃意引。

11. 厭食：《說文》：從肉從曰正從犬。（卷一）厭食：《說文》：猒，飽也。
　　《說文》：從甘從肉從犬，會意字也。（卷四）不厭：《說文》：從厂猒
　　聲。（卷十九）（卷二十四）厭禱：《說文》：厭，莋也。從厂猒聲也。（卷
　　二）

　　按，厭，二徐作筓也，從厂猒聲。一曰合也。與慧琳卷十九、二十四所
　　　　引同，卷二所引「莋」當作「筓」，形近而訛。卷一所引構形不確。

12. 猒足：《說文》：如犬甘肉貪而不足，故從甘從肉從犬。（卷十一）無懕：
　　《說文》：犬甘肉，心無足也。從甘從肉犬心，或作厭、猒，皆誤，從
　　心者正。（卷三）猒足：《說文》：犬甘肉無猒足，故從甘從肉從犬。（卷
　　四）無猒：《說文》從犬從甘從肉。（卷四十一）猒餕：《說文》：猒，飽
　　也。從甘從肉從犬。（卷九十四）猒苦：《說文》從甘從肉從犬，會意字
　　也。（卷五十七）

　　按，猒，二徐作飽也，從甘狀。構形方面，慧琳諸卷皆推衍其說。卷三
　　　　認為「從心者正」，不確，「懕」乃俗體，當作猒。

13. 釁心：《說文》：從酉從分從興省。（卷一）釁心：《說文》：象祭竈。從
　　酉從爨省，分聲也。〔註11〕（卷六）殃釁：《說文》：祭也。從爨（釁）
　　省從酉分聲。（卷十五）罪釁：《說文》作釁。從釁省，酉分聲也。（卷
　　十二）殃釁：《說文》從爨省，從酉分聲。（卷三十二）（卷四十五）（卷
　　八十二）釁伐：《說文》從分從酉。（卷八十八）有釁：《說文》：血祭也。
　　象祭竈。從爨省，所以祭也，分聲。（卷九十五）

按，爨，二徐作從鬟省，從酉從分，分亦聲。與卷三十二所引同。慧琳
　卷一所引或不確。卷十二所引爨當改爲爨。卷八十八、九十五所引
　構形有脫文。

14. 充溢：《說文》：充，滿也。從人從育省。《說文》：器滿也。從水益聲
　也。（卷一）盈溢：《說文》：滿器也，從皿及聲也。《說文》：秦以市買
　多得爲及。從乃，乃，益也。從又，又，至也，會意字。《說文》：器滿
　也。橫水於皿中，會意字也。（卷二十九）瀁溢：《說文》：器滿也。從
　水益聲。（卷六十三）（卷六十四）（卷六十八）
　按，充，二徐作長也，高也，從儿育省聲。慧琳所引乃意引。溢，二徐
　　作器滿也，從水益聲。與慧琳所引卷一、卷六十三、卷六十四、卷
　　六十八同，卷二十九所引或有倒置。

15. 稟正：《說文》：從禾㐭聲。（卷一）親稟：《說文》云從㐭從禾。（卷四
　十二）稟性：《說文》：賜穀也。從禾㐭聲也。（卷六）（卷八）（卷十八）
　謂稟：《說文》：稟，賜穀也。從禾㐭聲。（卷四十七）
　按，稟，二徐作從㐭從禾，丁福保據慧琳所引《說文》認爲「從禾㐭聲」
　　當爲古本。稟，《段注》在七部，㐭，亦在七部，慧琳卷一、卷六、
　　卷四十七所引構形可從。

16. 焦惱：《說文》：火所燒也。（卷一）焦然：《說文》焦謂火所燒也。從火
　焦省聲。（卷三十）焦炷：《說文》火所燒也。古文從三隹從火作爨，今
　隸書省，單作焦。（卷五十一）（卷六十六）（卷七十四）炷焦：《說文》
　正作爨，云火所燒也。從火雥聲。（卷六十八）
　按，焦，二徐作爨，火所傷也。從火雥聲。或省作焦。慧琳諸卷皆作火
　　所燒也，蓋古本如是。卷三十所引構形不確。

17. 遺燼：《說文》：燭餘也。從火㶳聲也。（卷二）灰燼：《說文》正作㶳，
　火餘也。一曰薪也。從火聿聲。（卷三十一）（卷三十九）（卷四十三）
　（卷六十）（卷八十三）（卷八十四）（卷九十六）煨燼：《說文》正體作
　㶳，火之餘木也。從火聿省聲也。（卷六十一）煨燼：《說文》從火作㶳，
　從盡省聲也。（卷八十九）灰㶳：《說文》：㶳謂爲火之餘木也。㶳從聿
　從火。（卷十二）燼㶳：《說文》從火聿聲。（卷十九）遺燼：《說文》：
　火之餘木。（卷二十六）

按，今二徐作㶳，火餘也，從火聿聲。徐鉉曰「聿非聲，疑從聿省，今俗別作燼，非是。」慧琳卷二所引構形不確。卷六十一所引衍「省」字。卷十二、卷二十六、卷六十一所引釋義乃推衍其說。㶳，《段注》在十二部，盡，亦在十二部，卷八十九所引構形可從。卷十二所引構形不確。

18. 筋脉：《說文》：肉之力也。從肉從竹。《說文》：血理之分行於體中謂之脉。从血从辰作衇，或作衇，並正體字也。（卷二）筋骨：《說文》云肉之力也。從肉從力竹者，物之多斤，故從竹，會意字也。（卷二十九）（卷三十）（卷三十二）（卷四十三）（卷五十三）（卷六十二）（卷七十八）

按，筋，二徐作肉之力也，從肉從力從竹。卷二所引釋形不確。

19. 骨髓：《說文》從骨從隨省聲。（卷二）䯝腦：《說文》云䯝，骨中脂也。從骨隋省聲。《說文》作𦠄。（卷二十八）（卷三十七）（卷四十一）（卷七十五）骨髓：《說文》作䯝，亦同。（卷二十九）髓髓𦣻：《說文》：骨中脂也。從骨從隨省聲也。《說文》：正體從匕從囟。（卷四）（卷十九）人髓：《說文》：髓字從骨從隨省聲也。（卷四）

按，髓，二徐作從骨隓聲。髓，《段注》在十七部，隋、隨，亦在十七部，慧琳所引構形亦可從。

20. 肺腎：《說文》：從肉宋聲也。《說文》：從肉臤聲。（卷二）肺肝：《說文》從肉市聲。《說文》木藏也。（卷六十四）肝肺：《說文》：金藏也，從肉市聲。（卷六十八）心肺：《說文》從月宋聲。（卷七十七）脾腎：《說文》：水藏也。從月臤聲也。（卷七十七）

按，肺，二徐作從肉市聲。宋，當作市，形近而訛。卷七十七所引肉訛作月。

21. 腦膜：《說文》：肉間胲膜也。（卷二）腦膜：《說文》云肉閒膜，從肉莫聲。（卷四十五）（卷五十一）（卷五十四）（卷六十九）（卷七十二）（卷八十八）（卷九十五）（卷九十八）脬膜：《說文》：肉間膜也。從肉莫聲。（卷十四）

按，二徐本與卷二同，間、閒可通。卷二所引蓋衍「胲」字。

22. 眵矃：《說文》：目傷眥。從目從侈省聲。（卷二）眵涕：《說文》：蕭兜
也。目傷眥也。從目從侈省聲也。（卷三十六）眼眵：《說文》云眵，目
傷眥也。一云蕭兜也。從目多聲。（卷三十九）眵淚：《說文》云眵，蕭
兜也。從目多聲。（卷四十）眵垢：《說文》：蕭兜眵。（卷七十一）中
眵：《說文》：目傷也。（卷七十四）中眵：《說文》：目眥汁凝也。從目
多聲也。（卷七十五）眼眵：《說文》：目汁也。從目從侈省聲也。（卷
十五）眵矃：《說文》：眵字從目從侈省聲。（卷五）

　　按，眵，二徐作目傷眥也，一曰蕭兜也。從目多聲。慧琳卷三十九、卷
　　　　四十、卷七十五所引構形與二徐本同。眵，《段注》在十七部，侈，
　　　　亦在十七部，慧琳卷五所引構形可從。卷七十四所引釋義有脫文。
　　　　卷七十五、卷十五所引釋義乃意引。

23. 獒物：《說文》：禽走而知其跡者，犬也。（卷二）臭穢：《說文》云禽走
臭而知其跡者，犬也。從犬從自。（卷三十三）（卷七十二）臭胜：《說
文》云凡犬逐禽走，以臭知其跡，故從犬從自，會意字也。（卷五十五）
臭穢：《說文》：禽走臭而知其跡者犬也。從犬從自。《說文》：從禾歲
聲也。（卷三）臭穢：《說文》：禽走臭而知其跡者，犬也。從犬從自。
《說文》：從禾歲聲也。（卷八）臭穢：《說文》：禽走鼻而知其跡者，
犬也。從犬從自。《說文》：從禾歲聲。〔註12〕（卷十一）爛臭：《說文》：
禽獸走而知其跡者，犬也，從犬從自。（卷十八）臭爛：《說文》：禽走
臭而知其跡者，犬也。從犬從自。《說文》：爛，熟也。從火蘭聲。（卷
十九）

　　按，獒，二徐作腐氣也。慧琳卷二所引乃臭字，臭，二徐本作禽走臭而
　　　　知其跡者，犬也，與卷三十三所引同。慧琳卷二所引脫「臭」字。
　　　　慧琳卷五十五所引乃推衍之說。卷十一所引「鼻」當作「臭」，形
　　　　近而訛。穢，二徐作薉，從艸歲聲。慧琳乃據俗體為說。爛，二徐
　　　　作孰也，慧琳所引作熟，異體。

24. 虎豹：《說文》：虎者，山獸之君也，足似人足，故下從人，象形，亦形
聲字。（卷二）虎賁：《說文》虎從虍，虎足似人足，象形字也。（卷三
十三）虎豹：《說文》：豹似虎，團文花黑而小於虎。從豸從包省聲也。

〔註12〕獅作惡。

（卷二）豺豹：《說文》：似虎圓文。從豸勺聲也。（卷三十四）虎豹：《說文》：似虎，團文黑花而小於虎。從豸從包省聲。（卷四十一）貘豹：《說文》從豸。《說文》：獸也，似虎，團文，黑花而小於虎。亦從豸。

（卷十五）虎豹：《說文》似虎圓文也。（卷二十五）虎豹：《說文》：虎，山獸之君也。（卷五）虎豹：《說文》獸君也。從虍。（卷四十一）（卷七十七）虎兒：《說文》山獸之君也。從虍，足似人足，故下從人。（卷一百）

按，虎，二徐作山獸之君。豹，二徐作似虎圓文，從豸勺聲。卷三十四所引與二徐本同。卷二、卷四十一、卷十五所引乃推衍其說。豹，《段注》在二部，包，古音在三部。二者韻近，可爲形聲。卷四十一所引構形可從。

25. 狐狼：《說文》：妖獸也。鬼所乘有三德，其色中和，小前大後，死必首丘。從犬從孤省聲也。（卷二）狐狼：《說文》：祆獸也。鬼所乘。從犬從孤省聲。（卷七十六）狐貀：《說文》云狐，祆獸也，鬼所乘也，從犬瓜聲。（卷六十三）狐犺：《說文》：妖獸也。鬼所乘。（卷十四）蠱狐：《說文》：野狐妖獸也。鬼所乘，有三德，其色中和，小前大後，死則首丘，大於野干也。（卷十五）狐狼：《說文》：妖獸也。鬼所乘，有三德。（卷五）

按，狐，二徐本作祆獸也，鬼所乘之。有三德，其色中和，小前大後，死則丘首。從犬瓜聲。釋義與卷二、卷十五相似。慧琳其他諸卷所引釋義有節引。狐，《段注》在五部，孤，亦在五部，慧琳卷二、卷七十六所引構形可從。

26. 狐狼：《說文》：獸名。似犬，銳頭白額，高前廣後，從犬良聲之者也。（卷二）狐狼：《說文》：似犬，頭白，額色白者應祥瑞也。（卷五）豺狼：《說文》：狼似犬，銳頭白額，高前廣後，耳聳竪，口方，尾常垂下，青黃色，或白色，甚有力，驢馬人畜皆遭害。（卷二十九）豺狼：《說文》云狼似犬，銳頭白額，猛獸也。從犬良聲。（卷四十一）狼藉：《說文》上從犬從良，（卷五十四）虎狼：《說文》：狼似犬，銳頭白頰，高前廣後。從犬從良。（卷七十四）

按，狼，二徐作似犬，銳頭白頰，高前廣後。從犬良聲。所釋構形與卷四十一、卷二相同。釋義與卷二、卷七十四相同。卷二十九釋義乃

推衍其說。狼，《段注》在十部，良，亦在十部，慧琳卷七十四所引構形不確。

27. 蟲胆：《說文》：蠅乳肉中蟲也。從肉從沮省聲也。（卷二）蟲蛆：《說文》乳肉中也，從虫且聲。或從肉作胆。（卷六十九）（卷五十三）（卷九十九）蛆蟲：《說文》：蠅乳肉中蟲也。從肉且聲。（卷十四）

　　按，胆，二徐作「蠅乳肉中也，從肉且聲」，丁福保認爲今本奪「蟲」字，釋義宜據慧琳卷二、卷十四補。卷六十九、卷十四所引「蛆」乃俗體，卷六十九等所引釋義乃節引。

28. 慢傲：《說文》：倨，傲也。從人敖聲。（卷二）倨傲：《說文》倨，不遜也。並從人，敖皆聲。（卷三十）倨傲：《說文》亦倨也。從人敖聲也。（卷三十六）（卷六十）（卷六十八）（卷六十九）（卷七十六）（卷八十）（卷九十二）

　　按，倨，二徐作不遜也。傲，二徐作倨也。卷二所引或爲意引。

29. 如瘡：《說文》作創，亦作刀，或作剏，古文作刅。《說文》：傷也。從也從刀倉聲之也。（卷二）創病：《說文》：創，傷也。從刀一，一象內（肉）會意字也。（卷三十）瘡疣：《說文》作創。創，傷也。古文作刅。象刀入形。（卷四十一）創疣：《說文》：瘡，傷也。又刃入肉也。從刃一也。象形也。（卷四十四）有創：《說文》又作刅，云傷也。從刃從一。（卷四十五）創痛：《說文》從刀倉聲也。（卷五十五）瘡疣：《說文》作創，刅傷也。古文作戧，或作刱，古字也。（卷十二）創皰：《說文》作刅，古文作剏。（卷十五）創皰：《說文》：創，傷也。（卷二十五）

　　按，創，二徐作傷也，從刃從一，或從刀倉聲。慧琳卷二所引「刀」當作「刃」，慧琳卷二所引「從也」爲衍文。卷四十四所引「瘡」當作「創」，形近而訛。卷十二所引釋義乃意引。

30. 仙輩：《說文》：軍發車百乘爲一輩。（卷二）此輩：《說文》：軍法發車百兩爲一輩。從車非聲，從北錯也。（卷二十七）（卷四十三）（卷四十四）（卷五十七）老輩：《說文》：車百兩爲一輩。從車從裴省聲也。（卷五十三）

　　按，輩，二徐作若軍發車百兩爲輩，從車非聲。慧琳所引皆無「若」字，二徐「軍」前蓋衍「若」字。慧琳卷五十三所引有脫文。輩，

《段注》在十五部，裴，亦在十五部。慧琳卷五十三所引構形可從。

31. 空隙：《說文》：壁際小孔也。從𨸏從白上下從小。〔註13〕（卷二）孔隙：《說文》壁際孔也，從𨸏從𡭦，𡭦亦聲。（卷三十一）（卷三十二）（卷三十四）（卷六十八）（卷七十）（卷七十二）（卷八十一）（卷九十七）（卷九十九）隙中：《說文》云隙，壁孔也。從阝𡭦聲。（卷六十二）（卷六十七）戶隙：《說文》：隙，壁際也。從𨸏𡭦聲。（卷八十三）隙氣：《說文》云壁際孔也。從𨸏從白上下從小也。（卷九十四）儺隙：《說文》從𠃜𡭦。（卷九十六）孔隙：《說文》從𨸏從白上下小。（卷十四）孔隙：《說文》：壁際小孔也。從𠃜𡭦聲。（卷十九）瑕隟：《說文》：壁際孔也。隟，從阝又從白上下小。（卷四）

按，隙，二徐作壁際孔也。慧琳亦多作「壁際孔也」，蓋古本如是。慧琳卷六十二、八十三所引乃節引。卷十九乃推衍其說。構形方面，大徐皆作從𨸏從𡭦，𡭦亦聲，小徐作從𨸏𡭦聲。隙，《段注》在五部，𡭦，亦在五部，慧琳卷九十四、卷九十六、卷十四、卷四所引構形不確。

32. 譴罰：《說文》：謫問也。從言遣聲也。《說文》：小罪也。從刀從詈。石經從寸。（卷二）召譴：《說文》云譴，謫問也。從言遣聲。（卷三十九）（卷七十七）（卷八十二）譴祟：《說文》：問也。從言遣聲。（卷七十八）（卷九十五）咎譴：《說文》云謫也，從言遣聲。（卷八十三）

按，譴，二徐作謫問，蓋謫、謫異體。卷七十八、八十三乃節引。

33. 屠膾：《說文》：屠，刳也。分割牲肉曰屠。從都省聲也。《說文》：細切肉也。從肉會聲。（卷二）屠膾：《說文》細切肉也。從肉會聲。（卷五十一）（卷五十四）（卷九十）（卷九十七）

按，屠，丁福保引慧琳音義認爲「分割牲肉」乃屠字另一義。屠，二徐作從尸者聲，與慧琳所引不同。屠，《段注》在五部，都，亦在五部，慧琳卷二所引構形可從。

34. 擦拭：《說文》：從手式聲也。（卷二）洗拭：《說文》：洗足也。《說文》從手式聲。（卷五十三）（卷五十六）（卷六十九）鋻拭：《說文》：拭，净也。清也。從手式聲。（卷六十八）

〔註13〕據徐時儀，獅作隟。

按，拭，二徐未見。二徐作飾，刷也。拭，乃俗體，慧琳乃據俗體爲說。

35. 腫皰：《說文》：腫，癰也。從肉。《說文》：面生熱瘡也。《說文》：從皮作皰，亦作皰，並同。（卷二）瘡疱：《說文》從皮作皰，云面上熱氣細瘡也。（卷三十五）瘡皰：《說文》云皰，面生氣也。從皮包聲。（卷三十七）（卷三十九）（卷四十）（卷六十二）（卷六十三）（卷七十）（卷七十二）五皰：《說文》云：身生熱細瘡也。（卷七十五）肉皰：《說文》：皰，肉中熱氣也，形聲字。（卷七十九）創皰：《說文》：皰面生熱創也。從皮包聲。（卷十五）創皰：《說文》：面生氣瘡也。（卷二十五）

　　按，皰，二徐作面生氣也。慧琳卷七十五、卷二、卷七十九、卷三十五、卷十五、二十五所引乃推衍其說。

36. 眩瞖：《說文》：目無常主也。從目玄聲。《說文》：從目殹聲也。（卷二）眩惑：《說文》：目無常主也，從目玄聲。（卷四十）（卷五十一）（卷四十五）（卷四十三）（卷三十二）（卷三十九）（卷五十）（卷六十九）（卷七十四）（卷七十五）（卷七十七）（卷七十八）（卷八十一）（卷八十四）（卷九十四）（卷九十五）眩曜：《說文》：從目從玄。（卷五十三）

　　按，眩，二徐作目無常主也，從目玄聲。慧琳卷五十三所引構形不確。
　　　瞖，二徐皆未見。

37. 箱篋：《說文》：笥也。從竹篋聲也。或從木作柩類。（卷二）香篋：《說文》：械也。從匚夾聲也。（卷二十九）（卷七十三）寶篋：《說文》從匚作匧，匧，笥也。（卷三十七）篋笥：《說文》云械也。從竹匧聲。（卷三十九）箱篋：《說文》：篋，笥也，從竹匧聲。（卷六十）祛篋：《說文》：篋，械也。從竹匧聲。（卷八十五）篋笥：《說文》：篋，械也。從匚夾聲也。（卷十一）箱篋：《說文》：箱類也。（卷十五）箱篋：《說文》：篋，笥也。（卷五）箱篋：《說文》：篋，笥也。從篋聲也。或從木作柩，皆通也。（卷七）

　　按，篋，據二徐，當作匧。匧，二徐作藏也。慧琳所引「笥也」「械也」乃意引。卷十五所引亦有意引。「械」當爲「械」之誤。慧琳諸卷所引「從竹匧聲」乃據俗體「篋」字釋形。卷七所引構形不確，篋，當作夾。

38. 莖稈:《說文》:枝主也。從草巠聲也。《說文》:禾莖也。從禾旱聲也。（卷二）樹莖:《說文》從草巠聲。（卷三十二）（卷三十三）（卷三十四）（卷九十九）莖稈:《說文》:斡,董荣名也。（卷三十三）《說文》:稈,禾莖也。從禾旱聲也。（卷三十三）（卷三十）莖幹:《說文》:枝主也。從⁺⁺巠聲也。《說文》:樹枝也。從干倝聲。或從木從干。（卷十二）莖幹:《說文》:本也。（卷二十五）牙莖:《說文》:草本曰莖,從草巠聲也。（卷四）莖稈:《說文》:枝生也。從草巠聲也。《說文》:亦禾莖也。從禾旱聲。（卷五）莖榦:《說文》:枝主也。《說文》:樹枝也。從木倝聲也。（卷八）莖榦:《說文》:枝主也。從草巠聲也。《說文》:樹枝也。從木倝。（卷八）

按,莖,丁福保據慧琳認爲二徐所引「柱」當作「主」,二者形近而訛,其說可從。卷五所引「枝生」當作「枝主」,生、主形近而訛。幹,二徐作築牆耑木也,一曰本也。從木倝聲。倝、幹異體。稈,二徐作禾莖也,從禾旱聲。卷八所引釋義乃意引,所引構形不確。

39. 險惡:《說文》:險,阻難也。從阜僉聲也。《說文》:不善也。從亞。（卷二）凶險:《說文》云阻難也。從阝僉聲。（卷三十二）（卷四十四）（卷一百）險壞:《說文》:險,阻難也。從阝僉聲。（卷十一）峻險:《說文》:險,難也。從自僉聲。（卷十九）峻險:《說文》:阻難也。從自僉聲。（卷二十四）

按,惡,二徐作過也。慧琳乃意引。險,二徐作阻難也,從阜僉聲,卷十九所引釋義乃節引。

40. 虛羸:《說文》:瘦也,弱也。從羊羸聲也。（卷二）怯羸:《說文》:瘦也,從羊羸聲也。（卷二十八）羸憊:《說文》:疲也,從羊羸聲。轉注字也。（卷二十九）羸劣:《說文》亦瘦也。從羊羸聲。（卷三十）（卷三十二）（卷四十）（卷四十四）（卷四十七）（卷五十一）（卷六十二）（卷六十三）（卷六十六）（卷六十七）（卷六十八）（卷七十二）（卷九十二）羸苦:《說文》:瘦也。從羊羸。（卷三十九）（卷四十一）（卷五十一）（卷八十九）能羸:《說文》:瘓也。從芉(羊)羸聲。（卷四十二）羸弱:《說文》:瘦也,從羊羸,羸亦聲。（卷六十四）羸老:《說文》瘐也。從羊從羸。（卷六十四）羸劣:《說文》:疲也。從羊羸聲也。（卷十七）羸憊:《韻英》云疲極也。《說文》:憊也,從心葡聲。或從广作癗。（卷

二十九）羸瘠：《說文》云：瘠，瘦也。（卷二十五）瘦極：《說文》：瘦，臞也。《說文》：瘠，少肉也，從广脊聲。（卷七）瘠病：《說文》從广脊聲。（卷八十六）羸瘠：《說文》從肉作膌，古字也。（卷二十九）羸劣：《說文》：瘻也。從羊羸聲。劣，弱也。從少力，會意字也。（卷四）羸頓：《說文》：疾也。從羊羸聲也。（卷十二）

按，羸，二徐作瘦也，從羊羸聲。無「弱也」一訓，丁福保據慧琳卷二所引認爲古本當有「弱也」一訓，「弱也」之訓僅見卷二，慧琳所引其他諸卷皆無，恐古本無「弱也」。又二徐釋「羸」爲形聲，從羊羸聲。羸，《段注》在十六部，羸，在十七部，二者韻近，可爲形聲，卷三十九、六十四所引構形不確。《說文古本考》據《太平御覽》所引「瘻也」，認爲此乃古本。慧琳所引恐因「瘦」形近而訛作「疾」。卷四十二所引釋義不確。

41. 猥雜：《說文》：眾犬吠也。從犬畏聲也。《說文》：五采相合也。從衣集聲也。（卷二）猥鬧：《說文》云犬吠聲也。故從犬畏聲。（卷六十三）（卷五十四）（卷八十三）（卷九十）（卷九十六）（卷九十七）（卷一百）詣猥：《說文》：吠聲。從犬從畏省聲。（卷十五）凡猥：《說文》：從犬畏省聲也。（卷十八）

按，猥，二徐作犬吠聲。從犬畏聲。慧琳卷十八、卷十五所引衍「省」字。《說文古本考》認爲慧琳卷二所引當爲古本。「眾犬吠」僅見卷二，不可定其爲古本，恐慧琳意引。五采，二徐作五彩。《說文校錄》認爲當作采。

42. 背傴：《說文》：尫也。從僂省聲也。（卷二）傴曲：《說文》云尫也，從人從婁聲。（卷三十）（卷三十二）（卷五十三）（卷六十八）（卷六十九）（卷七十三）（卷七十五）（卷八十三）（卷九十三）（卷九十五）傴者：《說文》：尫也，從人婁省聲。（卷四十一）傴曲：《說文》：尫也，從人婁省聲。（卷七十四）

按，傴，大徐作尫也，從人婁聲。小徐作尩也，從人婁聲。《說文校錄》認爲小徐尩字乃譌字。《說文段注》認爲大徐本作尫也非是。厄與傴雙聲。慧琳諸卷所引皆作「尫也」，蓋古本如是。卷四十一所引衍「省」字。傴，《段注》在四部，婁，亦在四部，慧琳卷七十四所引構形可從。

43. 沈溺：《說文》：從水尤聲也。《說文》：沒水中。《說文》：水名也。（卷二）沈溺：《說文》渴也。從尤。（卷四十一）滌沈蔽：《說文》云沈，一曰濁黕昏也。從水尤聲。（卷四十九）（卷五十七）悢沈：《說文》：從水從尤。（卷五十一）能溺：《說文》正作冰，云沒水也。從水從人也。（卷四十）沈溺：《說文》從人從水作休，人沒水也，從水弱聲。（卷四十一）

按，溺，二徐作水自張掖刪丹西至酒泉，合黎餘波入于流沙，從水弱聲。慧琳所引沒水，乃「休」字之訓，二徐作沒也，從水從人。沈，二徐作陵上滈水也，從水尤聲，一曰濁黕也。卷五十一所引構形不確。

44. 懷孕：《說文》：念思也。從心裹聲也。或從女作懷。《說文》：稟（裹）子也。從子乃聲也。（卷二）懷孕：《說文》：懷子也。從乃子聲也。（卷七）懷孕：《說文》正作裹。（卷七十一）胎孕：《說文》云孕，懷子也。從子乃聲。（卷四十三）（卷三十）（卷七十六）孕王：《說文》：孕，包裹子也，含寶曰孕。（卷四十三）

按，孕，二徐作裹子也，從子從几。卷四十三乃意引。《說文校錄》認爲「從乃聲，與聲正合，後人疑聲不近，改爲會意。」《說文段注》作從子乃聲。卷七所引構形倒置。則慧琳卷二、卷四十三、卷三十、卷七十六所引乃古本。

45. 嬈惱：《說文》：嬈，苛也。一曰擾弄也。從女堯聲也。（卷三）來嬈：《說文》：擾，弄也。從女堯聲。（卷六）觸嬈：《說文》：嬈，相戲弄也。（卷十五）來嬈：《說文》：戲弄也。形聲字。（卷一）嬈害：《說文》：嬈，苛也。一云擾，戲弄也。從女堯聲。（卷二十四）觸嬈：《說文》：乃了反，擾戲也。（卷二十七）嬈害：《說文》嬈，煩也。苛也。一曰擾弄也。從女堯聲。（卷二十八）（卷三十二）嬈亂：《說文》：嬈，戲弄也。從女堯聲。（卷三十）（卷七十八）嬈我：《說文》：嬈，擾戲弄也。從女堯聲。（卷三十三）嬈我：《說文》：嬈，苛也。一曰擾戲弄也。從堯女聲。或作嬲。（卷四十三）無嬈：《說文》：嬈，弄也。一曰擾戲弄也。從女堯聲。（卷四十三）（卷七十二）嬈固：《說文》嬈，苛也。一云相擾戲弄也。從女堯聲。（卷一百）

按，嬈，二徐作苟也，一曰擾戲弄也，從女堯聲。卷二十七所引脫「弄」字，卷二十八、卷三十二所引脫「戲」字，卷三十、卷七十八所引脫「擾」字。卷一百所引衍「相」字。

46. 睡眠：《說文》：從目垂聲也。《說文》作瞑，音眠也。從目冥聲。（卷三）睡瘧：《說文》：坐寐也。形聲字也。（卷十四）睡眠：《說文》從目民聲。（卷五十七）睡瘳：《說文》坐寐也，從目垂聲。（卷二十九）（卷五十七）如睡：《說文》寐也。從目垂聲。（卷五十一）

按，睡，二徐作坐寐也，從目垂。卷五十一脫「坐」字。睡，《段注》在十七部，垂，亦在十七部，慧琳所引構形可從。

47. 蚊蝱：《說文》作蟁，齧人飛蟲子也。《說文》：山澤草花中化生也，亦生鹿身中。形大者曰蝱，形小者而斑文曰蟦。（卷三）蚊蝱：《說文》：嚙人飛蟲子也。或從蟲作蟊。或從昏作蟁。《說文》形聲字也。（卷二十九）蚊蝱：《說文》云蚊，齧人飛蟲子也。從虫文聲。（卷三十）（卷三十二）（卷五十一）蚊蟪：《說文》作蟁，齧人飛蟲也。昏時而出也，明旦而藏。從蚰民聲。（卷六十三）（卷六十九）蚊蝱：《說文》：嚙人飛蟲也。從民從蚰。或從昏作蟁，以昏時而出，故從昏。（卷十二）蚊蝱：《說文》作蟁，《說文》：齧人飛蟲子也。《說文》：嚙人飛蟲也。（卷六）蚊蝱：亦作蟁，從蚰民聲。（卷三十二）蟁蝱：《說文》：嚙人飛蟲子也。昏時而出也。（卷七十九）蚊蝱：《說文》亦齧人飛蟲大者。從蚰亡聲。（卷三十二）蟁蝱：《說文》：齧人飛蟲，大於蠅。（卷七十九）

按，蟁，二徐作蟁，齧人飛蟲，從蚰民聲。或從昏。俗從虫從文。慧琳諸卷皆有「子」字，疑古本如是。嚙、齧異體。卷七十九所引釋義乃意引。卷十二、卷三十、卷三十二、卷五十一所引構形乃釋俗體。

48. 無陝：《說文》：隘也。從阜㚒聲也。（卷三）陜劣：《說文》正體從阝從入夾聲也。《說文》：劣，弱也。（卷七）窄陝：《說文》陝，從自㚒聲。（卷三十）（卷六十一）（卷九十三）陝劣：《說文》：隘，從昌從夾作陜，雖正體，為與陝州字相亂，故不取，且依經文從㚒作陜。（卷三十三）闊陝：《說文》：從阜從㚒亦聲也。（卷三十七）隘陝：《說文》隘也。從阜㚒聲。（卷四十一）（卷六十八）陝劣：《說文》：從阜從夾從入。（卷四十一）褊陝：從昌從㚒，陝隘也。（卷八十九）

按，陜，二徐作陝，隘也，從𨸏夾聲。卷三、卷三十、卷三十七、卷四
十一乃據俗體釋形。陝，《段注》在八部，夾，亦在八部，慧琳卷
四十一「陜劣」條、卷八十九所引構形不確。

49. 不憚：《說文》：忌疾也。從心單聲也。（卷三）不憚：《說文》：疾也。
從心單聲也。（卷四）不憚：《說文》：憚，忘疾也。從心單聲也。（卷
六）憚其：《說文》：畏也。（卷十一）不憚：《說文》忌惡也。從心單聲
也。（卷二十九）（卷五十七）（卷九十二）（卷六十二）畏憚：《說文》
忌也。從心單聲也。（卷六十三）（卷六十八）無憚：《說文》忌嫉也。
從心單聲。（卷八十四）

按，憚，二徐作忌難也，從心單聲，一曰難也。丁福保據慧琳卷三所
引，認爲二徐誤作「忌難也」，宜改。慧琳諸卷或作忌嫉、忌惡，
或省作忌，無作「忌難」者。卷十一所引或爲意引。卷六「忘疾」
宜作「忌疾」，形近而訛。疾、嫉義近可通。

50. 泛大海：《說文》：泛，浮也。從水乏聲也。《說文》：從水每聲。（卷三）
泛漲：《說文》：從凡作汎。（卷八）泛流：《說文》：氾，濫也。從水乏
聲。（卷十九）泛長：《說文》：泛，浮也。（卷二十五）泛爾：《說文》
從水乏聲。（卷七十二）（卷八十四）

按，泛，二徐皆作浮皃，從水乏聲。《說文古本考》認爲「浮也」乃古
本。氾，二徐作濫也，從水巳聲。慧琳將泛、氾混用。

51. 方牽：《說文》：引前也。從一，象牛之縻也。從牛玄聲也。（卷三）牽
拽：《說文》引前也。從牛象牛之縻，玄聲也。（卷三十一）筋牽：《說
文》從牛從一玄聲。象牛之牽也。（卷三十三）牽亐：《說文》：引前也。
從牛從一玄聲也。（卷四十一）（卷四十七）牽撽：《說文》云引前也，
從牛玄聲，轉注字也。（卷五十五）牽拽：《說文》：引前也。從牛從一。
（卷六十一）上牽：《說文》從玄從一牛也。（卷七十五）牽挽：《說文》
云牽，引前也。從冂。（卷八十一）牽掣：《說文》：引前也。從牛從宀
玄聲也。（卷八）牽瘲：《說文》：牽，引也。從玄，下從牛。《說文》：
引而縱也。（卷十四）牽挽：《說文》：從宀從牛玄聲。（卷十五）牽扺：
《說文》：引前也。從宀從牛玄聲。（卷十五）牽引：《說文》：牽，引
前也。從牛從宀玄聲也。《說文》：引，開弓也。從弓厂聲也。（卷六）

牽挽：《說文》：牽，引也，從手。（卷四十七）

　按，牽，二徐作引前也，從牛，象引牛之縻也，玄聲。慧琳所引多做從
　　牛玄聲，惟卷六十一、卷七十五所引為會意，不確。釋義方面，卷
　　十四、四十七為節引。卷六為意引。引，二徐作從弓丨，引，在十
　　二部，厂，在十四部，二者韻遠，慧琳卷六所引構形不確。瘈，二
　　徐作引縱曰瘈。與慧琳所引略異。

52. 老耄：《說文》：耄，老也。從毛從人從匕。《說文》作薹，年九十也。
　　從老從蒿省聲也。（卷三）西耄：《說文》作薹，從老從蒿省。（卷七
　　十八）應耄：《說文》作薹，古字。（卷九十）耄耋：《說文》作薹，
　　年九十也。從老蒿省聲。耋，年八十也，從老省聲。（卷九十六）伊耆：
　　《說文》從老至聲也。（卷九十九）昏耄：《說文》：耄，老也。（卷
　　十五）老耄：《說文》從老毛聲。（卷十五）老耄：《說文》從老從蒿
　　省聲。（卷十七）

　按，耄，今本《說文》未見。薹，二徐作薹，從老從蒿省。與卷七十八
　　所引相同，薹，《段注》在二部，蒿，亦在二部，慧琳卷三、卷九
　　十六、卷十七所引構形可從。

53. 有翅：《說文》：鳥翼也。從羽支聲也。（卷三）金翅鳥：《說文》：鳥翼
　　也。從羽支聲。（卷五十三）（卷九十）拘翄：《說文》云翄，鳥翼也。從
　　羽支聲。（卷三十二）（卷三十八）鷹翄：《說文》：翼也，從羽支聲。（卷
　　四十）（卷六十六）翅翄：《說文》作翄，翼也。從羽支。（卷六十九）

　按，翅，二徐作翼也。丁福保認為二徐脫「鳥」字。從羽支聲，諸卷皆
　　是，惟卷六十九作從羽支，為會意，不確。

54. 垢膩：《說文》：濁也。《說文》：膩，肥也。（卷三）䵴膩：《說文》：
　　肥也，從肉貳聲。（卷二十九）（卷七十五）無膩：《說文》云上肥也。
　　從肉貳聲。（卷三十一）（卷八十二）若膩：《說文》云肥膩也，從肉貳
　　聲。（卷七十二）津膩：《說文》亦肥。從肉貳聲也。（卷八）垢膩：《說
　　文》：肉上肥也。從肉貳聲也。（卷十二）叟膩：《說文》：肉上肥也。
　　從肉貳聲也。（卷十二）脂膩：《說文》：肥也。從肉貳聲。（卷十五）
　　及膩：《說文》：肥也。從肉貳聲。（卷十七）

　按，膩，二徐作上肥也。蓋古本作肉上肥也，慧琳諸卷或節引作肥也，

或節引作上肥，或意引作肥膩。

55. 蟣蝨：《說文》：蝨字從卂從蚰。（卷三）蝨蝨：《說文》云齧人跳蟲也。從蚰卂聲也。（卷四十）蟣蝨：《說文》：齧人蟲也。從卂從蚰。（卷四十一）（卷四十五）蚤蝨：《說文》云：蝨，齧人蟲也。從蚰卂聲。（卷六十二）（卷六十三）（卷七十二）（卷七十五）蚤蝨：《說文》：齧人跳蟲也。從蚰叉。《說文》：衣中齧人蟲也。從蚰從卂。（卷十四）蠅蚤：《說文》云齧人跳蟲也。（卷五十一）蠅蚤：《說文》：從虫從叉。（卷五十三）

按，蝨，二徐作齧人蟲也，從蚰卂聲。蝨，《段注》在十二部，卂，亦在十二部，當為形聲，慧琳卷三、卷十四、卷四十一所引構形不確。卷四十所引訓釋或衍「跳」字。蚤，二徐作齧人跳蟲，從蚰叉聲。蚤，《段注》在三部，叉，亦在三部，當為形聲，慧琳卷十四、卷五十三所引構形不確。

56. 交徹：《說文》：從彳攴育聲也。（卷三）暎徹：《說文》亦通也。從彳從攴育聲也。（卷三十二）（卷四十五）穿徹：《說文》：通也。從彳從攴离聲也。离音育。（卷十二）穿沙礫：《說文》：穿，通也。從牙在穴中。（卷五十一）（卷九十）透徹：《說文》：通也。從彳從歊。（卷十五）

徹枕：《說文》：通也。從彳從攴育聲也。（卷八）

按，徹，二徐作從彳從攴從育。徹，《段注》在十五部，育，在三部，二者韻遠，不當為形聲，慧琳卷三、卷三十熱、卷十二、卷八所引構形不確。

57. 垍阜：《說文》作自，小阜也。《說文》：隗，京也。從阜佳聲也。《說文》亦云大陸也。山無石也。（卷三）土堆：《說文》正體作自，云小阜也。象形字也。（卷三十七）（卷一百）堆阜：《說文》：小阜也。從土佳聲也。（卷四十一）（卷八十三）隗磊：《說文》：隗磊，高兒。（卷七十四）大隗：《說文》云隗，高也。從卩鬼聲也。（卷九十五）隗隗：《說文》高兒也。從自鬼聲。（卷九十九）

按，隗，二徐作隥隗也。隥，大徐作隥隗也。小徐作隥隗高也。丁福保據慧琳卷三所引，認為古本作京。但慧琳其他所引，或作高也、高兒，若古本作「京」，不應只見於一卷，丁福保所論不可從。

58. 荊棘：《說文》：楚木也。從草刑聲也。《說文》：酸束（棗）也，而藂

生有刺木也。從二束相並。（卷三）荊棘：《說文》小棗也，叢生者。並從二束。（卷二十九）荊棘：《說文》似棗叢生。（卷三十）棘束：《說文》：似棗叢生也，從二束也。（卷三十二）（卷四十一）（卷四十三）（卷五十一）（卷八十四）（卷八十九）荊棘：《說文》：似棗而瘦，藂生也。（卷十一）棘刺：《說文》從並二束。（卷十四）欒棘：《說文》：欒，木似欄。從木從欒省聲也。《說文》：似棗藂生。從二束。（卷八）檀欒：《說文》欒似欄也。從木。（卷九十九）棘束：《說文》：木芒。棘從並束，束，象形也。（卷三十二）棘（棘）莿（莿）：《說文》：木芒也。從艸刺聲。（卷四十三）（卷五十一）

按，棘，二徐作小棗叢生者。慧琳卷三、卷十一所引釋義乃推衍其說。卷二十九所引與二徐相近。欒，二徐作從木欒聲。棘，二徐作小棗叢生者。與慧琳卷八所引略異。莿，二徐作茦也，從艸刺聲。束，二徐作木芒也。慧琳卷四十三、五十一所釋乃「束」字。

59. 拘礙：《說文》：止也。從手句聲也。（卷三）所拘：《說文》：拘，止也。執也。從手句聲。（卷二十九）（卷三十九）（卷七十五）拘羑：《說文》：執也。從手句聲。（卷八十五）

按，拘，二徐作止也，從句從手，句亦聲。《說文校錄》認為慧琳卷八十五所引乃二徐所奪，宜補。

60. 射術：《說文》：弓遠。從身從矢。小篆從寸作射。《說文》：寸，法度也。（卷三）射師：《說文》云弓弩發於身而中於遠。從身從矢作躲，會意字也。古文從寸，寸，法度也。（卷三十一）箭躲：《說文》以弓弩發於身而中於遠也。從身從矢。（卷四十五）（卷六十九）射術：《說文》：弓弩發於身而中於遠。從身從寸。（卷十五）

按，二徐作弓弩發於身而中於遠也。慧琳卷三所引乃節引。慧琳卷四十五所引構形為俗體。

61. 遲鈍：《說文》：徐徐也。從辵犀聲也。《說文》：從屯聲也。（卷三）闇鈍：《說文》：不利也。從金屯聲也。（卷三十一）（卷三十三）（卷三十）（卷六十九）（卷七十八）遲鈍：《說文》：鈍亦頑也。意不利也。從金屯聲也。（卷七十二）

按，遲，二徐作徐行也。慧琳卷三所引或誤徐爲行。鈍，二徐作鋼也，從金屯聲。鋼，二徐作鈍也。慧琳諸卷所引乃意引。

62. 憒𢘻：《說文》亦亂也。從心從潰省聲也。《說文》從市從人，會意字也。（卷三）憒𢘻：《說文》從市從人也。（卷三十一）（卷九十二）憒𢘻：《說文》：亂也，煩也。（卷二十七）瞢憒：《說文》云憒亦亂也。從心從貴聲也。（卷二十八）（卷七十二）（卷八十三）憒擾：《說文》：亂也。從心從貴。（卷三十）（卷五十五）憒𢘻：《說文》：憒，心煩亂也。從心貴聲。（卷三十一）憒𢘻：《說文》云憒，亂也。（卷五十一）（卷六十一）頑憒：《說文》從心貴聲。（卷五十七）（卷七十七）（卷七十九）（卷九十二）

按，憒，二徐作亂也，從心貴聲。憒，《段注》在十五部，潰，亦在十五部，慧琳卷三所引構形可從，卷三十所引構形不確。卷三十一所引乃推衍其說。𢘻，二徐未見。

63. 如僕：《說文》：給事之者。從人業聲。（卷三）僮僕：《說文》給使也。從人業聲。或作㒋，古字也。（卷二十九）僮僕：《說文》給使者也。（卷三十六）如僕：《說文》：給事之者。從人業聲也。（卷七）僮僕：《說文》：僕，徒從也。（卷十九）僕隸：《說文》：給事之者。從人從業業亦聲。（卷六）

按，僕，二徐作給事者，無「之」字。且作從人從業，業亦聲。卷二十九、卷三十六所引「給使」之「使」，與「事」音近假借。卷十九所引乃意引。

64. 履踐：《說文》：足所依也。從尸從彳從舟從夊。《說文》：履也。從足從戔亦聲也。（卷三）履踐：《說文》：足所依也。從尸從彳從夊從舟。（卷二十九）（卷九十三）履踐：《說文》從尸彳夊舟象形，尸聲。（卷三十二）（卷六十二）履踐：《說文》從足從戔。（卷三十二）（卷七十四）踐踏：《說文》從足戔聲。（卷七十五）

按，踐，二徐作從足戔聲。踐，《段注》在十四部，戔，亦在十四部，慧琳卷三、卷三十二所引構形不確。履，二徐作會意字，履，《段注》在十五部，尸，亦在十五部，慧琳卷三十二所引構形可從。卷二十九、卷三所引構形不確。

65. 聬聾：《說文》：耳不通也。從耳龍也。（卷三）聾劗：《說文》云無聞也。從耳龍聲。（卷二十八）（卷三十）（卷三十三）（卷八十）聾駿：《說文》無聞也。從龍耳聲。（卷六十三）導嚘聾：《說文》並云，耳無聞也。從耳龍聲。（卷八十六）

按，聾，二徐作無聞也，從耳龍聲，慧琳卷三所引構形不確。卷六十三所引構形有倒置，當爲從耳龍聲。卷三所引釋義乃推衍其說，卷八十六所引釋義衍「耳」字。

66. 摽瓦礫：《說文》：擊也。從手票聲。《說文》：從石也，從樂省聲也。（卷一）（卷八十九）磧礫：從石樂聲。（卷九十七）礫石：《說文》：從石從樂省聲。（卷十二）瓦礫：《說文》：碎石也。亦小石也（卷三）瓦礫：《說文》：小石也。（卷二十七）瓦礫：《說文》云礫，小石也。從石樂聲。（卷三十）（卷三十三）（卷三十七）（卷四十二）（卷四十三）（卷四十五）（卷五十）（卷五十一）（卷六十二）（卷七十八）（卷八十一）（卷九十二）（卷九十七）

按，礫，二徐作小石也，從石樂聲。慧琳諸卷所釋「碎石」乃意引。卷一、卷十二所引衍「省」字。

67. 法蠃：《說文》：蝸牛類而形大。（卷三）法蠃：《說文》：水介蟲也，從虫羸聲也。（卷二十九）（卷三十）（卷五十六）（卷八十三）

按，二徐作螺蠃，慧琳諸卷乃推衍其說。

68. 滴數：《說文》：水㶃注也。從水啇省聲也。（卷三）滴數：《說文》：水㶃注也。㶃，漏流也。（卷七）滴數：《說文》從水從適省聲也。（卷二十九）滴海：《說文》云水㶃注也。從水商聲。（卷二十九）（卷三十）（卷八十九）滴如：《說文》云水滴注也。從水適省聲。（卷四十一）乳滴滴：《說文》水落霤著物也，從水啇聲也。（卷五十四）一滴：《說文》：水滴也。從水商聲。（卷七十八）涓滴：《說文》水注也。（卷八十四）一㵠：《說文》云：水注也。從水啇聲，或作適。（卷六十八）涓㵠：《說文》水㶃注也。從水商聲。（卷八十）滴數：《說文》：水㶃注也。㶃，漏流也。（卷七）一滴：《說文》：水㶃注也。從水從商省聲也。〔註14〕（卷八）一滴：《說文》：水㶃注也。從水商聲。（卷十九）水滴：《說

〔註14〕 獅作㶃。

文》：從水從嫡省聲也。（卷十二）凝滴：《說文》：水堅也。從冫疑聲也。《說文》：水灓（灤）注。從水商聲也。（卷十二）滴數：《說文》：水滴也。（卷五）

> 按，滴，二徐作水注也，從水啻聲。丁福保認爲慧琳所引「水灓注」爲古本，可從。筆者認爲慧琳卷三所引「省」字衍。卷四十一、五十四、卷七十八、八十四所引釋義乃意引。卷五所引乃意引。滴，《段注》在十六部，適，亦在十六部，卷四十一所引構形可從。

69. 不齅：《說文》：從鼻臭聲也。（卷一）不齅：《說文》：以鼻取氣曰齅。（卷四）不齅：《說文》：以鼻就殠曰齅也。（卷五）鼻齅：《說文》：以鼻就殠曰齅。從鼻臭聲也。（卷六）齅香：《說文》云：以鼻就臭曰齅。從鼻臭聲。（卷三）（卷三十）（卷三十二）（卷四十三）（卷五十四）（卷五十五）（卷六十二）（卷六十六）（卷六十七）（卷七十二）（卷七十六）（卷七十九）（卷八十一）（卷一百）貪齅：《說文》以鼻就臭也。從鼻從臭，臭亦聲也。（卷四十五）（卷五十一）（卷六十九）（卷七十三）所齅：《說文》云以鼻就臭也。故從鼻，鼻亦聲也。（卷六十七）

> 按，齅，二徐作以鼻就臭也，從鼻從臭，臭亦聲。慧琳諸卷所引多作從鼻臭聲，疑古本如是。卷四所引釋義不確，卷五、卷六所引「殠」乃俗體。

70. 或擲：《說文》：投也。從手鄭聲也。（卷三）一擲：《說文》：正從適從手作擿。《說文》：投也。並形聲字。（卷三十七）火擿：《考聲》：摘，撥也。（卷四十七）跳擲：《說文》：投也。正從手適聲也。《說文》正體從適從手作擿。（卷四十九）（卷五十三）（卷七十四）擲杖處：《說文》作擿，投也。從手鄭聲。（卷十七）塊擲：《說文》：捉也。（卷八）擲著：《說文》云擲，投也。從手鄭聲。（卷四十）擲汝：《說文》云投也，從手適聲。（卷五十四）

> 按，擲，二徐作擿，搔也。一曰投也。《說文段注》：今字作擲。擲，俗體。慧琳卷三據「擲」字釋形。卷五十四所引當爲擿字。卷八所引釋義「捉」字或與「投」字形近而訛。

71. 危脆：《說文》：肉耎易斷也。從肉從絕省聲也。（卷三）危脆：《說文》云脆，肉易斷也。從肉從絕省聲也。（卷三十）（卷三十四）危脆：《說

文》云肉臾易斷也，從月絕省聲字也。（卷四十七）（卷七十八）危脆：《說文》從肉從危省。（卷七十四）脆想：《說文》：肉臾易斷也。從肉從絕省。（卷十五）脆危：《說文》：小臾易斷也。從肉從絕省聲也。（卷十四）危脆：《說文》脆，少肉臾易斷也。從肉從絕省聲。（卷三十二）脆危：《說文》：少臾易斷也。從肉從絕省聲。《說文》從卩厃聲。（卷六十二）危脆：《說文》：少臾易斷也。從肉從色。（卷十五）危脆：《說文》：肉臾易斷也。從肉從絕省聲也。（卷七）

按，脆，二徐本作脆，小臾易斷也。從肉從絕省。構形方面，慧琳諸卷所引皆作「從肉從絕省聲」，脆，《段注》在十五部，絕，亦在十五部，慧琳卷十四、卷三十二、卷六十二、卷七、卷四十七、卷三十、卷三所引構形可從。卷七十四、卷十五所引構形不確。釋義方面，可能慧琳所引「肉臾易斷也」爲古本。卷三十、三十四脫「臾」字。卷三十二所引釋義衍「少」字。卷十五所引構形不確。

72. 溉灌：《說文》：灌也。從水既聲。《說文》：從水蓲聲。（卷四）溉灌：《說文》並從水。（卷三十六）溉灌：《說文》溉猶灌也。從水既聲也。（卷六十六）（卷六十八）（卷六十九）（卷七十八）灌溉：《說文》云溉灌，今種植以水潤其根莖也。（卷八十一）

按，溉，二徐作灌注也。《說文古本考》認爲古本無「注」字。卷四、卷六十六乃節引，卷八十一乃推衍其說。

73. 嘲誚：《說文》：從周作啁。《說文》：嬈也。（卷四）（卷六）（卷七）輕誚：《說文》：嬈也，從言肖聲。（卷十八）嘲之：《說文》從口從周作啁。（卷八十）解嘲：《說文》作啁，從口周聲。（卷八十一）啁嘮：《說文》：嘹也，從口周聲。（卷九十五）（卷七十四）

按，誚，二徐作嬈譊也。《說文句讀》認爲當作譊也，與慧琳諸卷所引不同。慧琳卷四、卷十八所引乃節引。啁，二徐作啁嘮也。從口周聲。卷九十五所引乃節引。

74. 饕餮：《說文》：貪食作餮。（卷四）饕飻：《說文》從食從號。《說文》從食從彡。（卷七十四）饕餮：《說文》從食號聲也。（卷七十六）饕亂：《說文》俗作叨字，非。（卷四十二）貪餮：《說文》：從食殄聲。（卷四十五）（卷七十六）

按，饕，二徐作餤，貪也，從食殄省聲。餤，《段注》在十二部，殄，亦在十二部，卷七十四引為構形不確，卷四十五所引構形可從。「饕」乃「餤」俗字。饕，二徐作貪也，從食號聲。卷七十四所引構形不確。

75. 輞轂：《說文》：輻之所湊也。（卷四）轂輞：《說文》輻所湊也。從車從殼省聲也。（卷二十九）轂輞：《說文》：輻之所湊也。從車從殼省聲。（卷三十三）轂輞：《說文》：輻之所湊也。從車從殼聲。（卷三十七）車轂：《說文》：轂，輻之所湊者也。從車殼聲。（卷六十八）（卷七十八）

按，轂，二徐作輻所湊也，從車殼聲。慧琳諸卷所引多作「輻之所湊也」。構形上，卷二十九、三十三衍「省」字，卷六十八、七十八「殼」訛作「殼」。

76. 紺青：《說文》：帛染青而揚赤色。（卷四）紫紺：《說文》云帛染青而揚赤色也。從糸甘聲。（卷五十五）（卷二十七）天紺：《說文》云紺，帛深青而揚赤色也。從糸甘聲也。（卷二十九）（卷三十二）（卷四十）（卷七十七）（卷八十五）紺黛：《說文》：深青色也。從糸從甘聲。（卷三十四）青紺：《說文》：紺，染帛青而楊（揚）赤色也。從糸甘聲。（卷六十九）紺睫：《說文》：深青而楊赤色也。從糸甘聲。（卷九十八）紺青：《說文》：帛染青而揚赤色。從糸甘聲也。（卷十二）

按，紺，二徐作帛深青揚赤色。《說文校議》認為慧琳卷四所引與《文選·藉田賦》注同。慧琳諸卷所引有作「帛染青而揚赤色」者，亦有作「帛深青而揚赤色」者。《段注》作深青，認為「以繒入深青，而赤見於表是為紺」，蓋古本作深青。卷三十四、卷九十八有脫文，卷六十九有倒文。

77. 怯弱：《說文》：從犬作㹧，多畏也，以犬多怖，故從犬去聲也。或從心作怯，並通。《說文》：弱，撓也。上象撓曲，弱即撓也。夫物弱則并力，故從二弓及彡，象毛釐細弱也。（卷四）怯憚：《說文》：多畏也。從心去聲也。（卷十二）怯懼：《說文》從犬作㹧，畏劣也。犬多畏，故從犬去聲，從心作怯。（卷四十一）怯憚：《說文》作㹧，云多畏也。從犬去聲。（卷六十二）怯劣：《說文》從心去聲。（卷六十八）

按，狤，二徐作多畏也，從犬去聲。卷四十一所引乃意引。

78. 黶點：《說文》：肉中黑也。從黑厭聲也。《說文》：小黑也。從黑占聲
也。（卷四）黶記：《說文》云黶，黑子也。從黑厭聲。（卷三十八）（卷
五十三）月黶：《說文》云中黑也。從黑厭聲也。（卷四十）黑黶：《說
文》：肉黑也。從黑厭聲。（卷五十四）黶黑：《說文》：黶，深黑皃也。
（卷六十八）

　　按，黶，二徐作中黑也，《玄應音義》引作面中黑也，慧琳卷四所引作
　　「肉中黑也」，當爲古本，其他諸卷所引或有脫文。卷六十八所引
　　乃意引。

79. 頟廣：《說文》：從頁從格省聲也。（卷四）頟，《說文》作額。（卷二十
七）安頟：《說文》：額，顙也。從頁從各省聲也。（卷三十六）頟上：
《說文》從頁各聲。（卷四十五）（卷五十三）（卷九十四）裹頟：《說文》
云額，顙也。從頁各聲。（卷八十三）

　　按，額，二徐作從頁各聲。頟，《段注》在五部，格，亦在五部，慧琳
　　卷四所引構形可從。卷三十六所引衍「省」字。

80. 諸竅：《說文》：空也。從穴從𣤩省聲也。（卷四）竅隙：《說文》空也，
從穴敫聲。（卷三十一）（卷三十一）（卷三十四）（卷三十六）（卷四十
二）（卷六十八）（卷七十）（卷七十二）（卷九十六）（卷一百）竅穴：
《說文》：竅，空也。（卷七十）

　　按，竅，二徐作空也，從穴敫聲。竅，《段注》在二部，𣤩，亦在二部，
　　慧琳卷四所引構形可從。

81. 柔偄：《說文》：木曲直曰柔。從木矛聲。《說文》：偄，弱也。從大而
聲也。（卷四）柔偄：《說文》從大而聲。（卷三十二）（卷三十三）（卷
三十七）偄草：《說文》從而大聲。（卷三十二）柔偄：《說文》從而從大。
（卷四十一）偄几：《說文》從而犬聲。（卷九十二）柔偄：《說文》：前
稍韋（大）也。偄，弱也。從大而聲也。（卷七）濕偄：《說文》從而火
聲。（卷五十一）偄膩：《說文》：弱也。從而從火。（卷十二）

　　按，偄，二徐作稍前大也，從大而聲。《玉篇》：偄，弱也。慧琳所引
　　與《玉篇》同，蓋誤將《玉篇》作《說文》。構形方面，卷九十二所
　　引「大」訛作「犬」。卷四十一所引構形爲會意，亦不確。卷三十

二、卷九十二所引構形有倒置，卷五十一、卷十二所引構形大，訛作火。

82. 欻然：《說文》：吹起也。會意字也。（卷四）欻然：《說文》：有所吹起也。從欠炎聲。（卷二十八）（卷三十九）（卷六十二）（卷六十八）（卷七十二）（卷七十七）（卷八十）（卷九十九）欻然：《說文》：吹起也。（卷二十九）欻然：《說文》：從炎從欠。（卷五十）欻爾：《說文》：吹起也。從炎欠聲也。（卷七十六）（卷九十五）欻然：《說文》云欻，忽也。從欠炎聲。（卷八十九）

按，欻，二徐作有所吹起，從欠炎聲。卷四、卷二十九、卷七十六、卷九十五、卷七十六、卷九十五所引爲節引，卷八十九所引釋義不確。構形方面，卷五十所引爲會意，不確，卷七十六、九十五所引構形倒置，宜改。

83. 垣牆：《說文》：垣，牆蔽（蔽）也。從嗇爿聲也。（卷四）牆壁：《說文》云牆，垣也，蔽也。從嗇爿聲也。（卷四十一）（卷三十三）牆栅：《說文》：垣蔽也。從爿從嗇。（卷六十一）牆塹：《說文》云垣蔽也。從爿嗇聲。（卷六十七）（卷七十二）

按，垣，二徐作牆也，從土亙聲。牆，二徐作垣蔽也，從嗇爿聲。慧琳卷四十一所引「垣」後衍「也」字。卷六十一所引構形爲會意，不確，卷六十七所引構形倒置，宜改。

84. 欄楯：《說文》：欄也，檻也。（卷四）欄：《說文》云門遮也。（卷二十七）楯：《說文》云楯，欄檻也。（卷二十七）闌楯：《說文》闌，從門柬聲。（卷三十）欄楯：《說文》：門遮也，從門柬聲。《說文》：檻也。從木盾聲。（卷三十一）欄楯：《說文》云：闌者，閑也。字從門柬聲。（卷三十二）闌楯：《說文》楯亦闌檻也。從門柬，楯，從木盾聲。（卷三十二）欄楯：《說文》：闌檻也。縱曰欄，橫曰檻。（卷五十三）闌楯：《說文》：以木遮止人妄行也。從門從柬。《說文》從木從盾。（卷七十四）欄楯：《說文》：欄檻也。從木從盾。（卷七十八）欄楯：《說文》：楯，欄檻也。從木盾聲。（卷八十一）矛楯：《說文》云楯，瞂也。（卷八十九）欄楯：《說文》：欄檻也。縱曰欄，橫曰楯。（卷十五）

按，楯，二徐作闌檻也，從木盾聲。欄，二徐未見，蓋爲俗字。卷二

十七所引或衍「也」字。卷三十一所引脫「闌」字，卷五十三所引「闌」訛作「蘭」。闌，二徐作門遮也。從門柬聲。卷三十二、卷七十四所引釋義乃推衍其說，卷七十四、卷七十八所引構形亦不確。

85. 寶塹：《說文》：塹，坑也。從土斬聲也。（卷四）度漸：《說文》亦坑也。從土漸聲也。（卷三十一）（卷四十七）（卷八十六）陲塹：《說文》塹，坑也。從土斬聲。（卷三十二）深塹：《說文》：塹，坑也。從土斬聲也。（卷十一）城塹：《說文》：坑也。從土斬聲。或從漸作漸，同。（卷八）安塹：《說文》：坑也，從土斬聲。（卷六十二）（卷六十六）（卷九十三）城塹：《說文》圿也。從土斬聲。（卷一百）

　　按，塹，二徐作阬也，一曰大也。從土斬聲。俗作坑。卷三十一、卷四十七、卷八十六據俗體釋形。

86. 綴以：《說文》：綴，合著也。（卷四）鈔綴：《說文》綴，令著也。從糸叕聲。（卷五十七）（卷九十七）綴比：《說文》合著也。從糸叕聲。（卷九十一）（卷九十七）鉤綴：《說文》：合著也。從糸叕聲也。（卷十四）

　　按，綴，二徐作合箸也，從叕從糸。箸、著異體。卷五十七「合」訛作「令」，構形方面，綴，《段注》在十五部，叕，亦在十五部，慧琳卷五十七、九十一、十四所引構形可從。

87. 暎蔽：《說文》：小草兒。從草敝聲。（卷四）覆蔽：《說文》從艸敝聲。（卷三十四）（卷四十一）（卷四十三）（卷四十五）（卷八十六）（卷九十七）滌沈蔽：《說文》：蔽，艸小兒，從⁺⁺敝聲。（卷四十九）蔽諸：《說文》：小草兒。從草敝聲。（卷十四）暎蔽：《說文》：小草兒。從草敝聲。（卷一）（卷二）

　　按，蔽，今二徐本作蔽蔽小艸也。丁福保認爲二徐所引「蔽蔽」爲衍文，宜改同「小草兒」。卷四十九所引「艸小兒」有倒文。

88. 逮得：《說文》正作逮。逮，及也。《說文》：行有所得。從彳尋聲也。（卷四）逮得：《說文》從辵隶聲。（卷二十九）（卷三十四）（卷四十一）（卷四十五）（卷六十九）逮得：《說文》：行及前也。從辵從隶。（卷十一）逮得：《說文》：又音力足反。行謹逮，亦人姓，皆非及義。（卷二十七）

按，逮，大徐作徒耐切，小徐作徒再反。《説文校錄》作唐逮及也。《説文古本考》認爲古本無「唐逮」二字，古本當作及也。《説文段注》認爲唐逮乃古語。

89. 稱機：《説文》：稱，詮也。從禾爯聲也。《説文》：主發謂之機，從木幾聲也。（卷四）並稱：《説文》詮也，從禾爯聲。（卷七十八）（卷三十四）（卷五十一）根機：《説文》主發動者謂之機。從木幾聲。（卷二十九）（卷三十三）（卷六十六）（卷六十六）（卷八十四）逗機：《説文》：發也。從木幾聲。（卷八十三）扣玄機：《説文》生（主）發也。從木幾聲。（卷九十一）

按，稱，二徐作銓。銓，二徐作衡也。詮，二徐作具也。當作銓。慧琳諸卷所引「詮」字當爲俗字。機，二徐作主發謂之機。慧琳卷二十九等所引乃推衍其説。卷八十三、卷十一所引乃節引。

90. 牀榻：《説文》：身所安也。從木從爿也。（卷四）杙牀：《説文》：身所安。從木，形聲字，爿聲。（卷六十一）牀數：《説文》：從木從爿。《説文》從攴專聲也。（卷十四）施牀：《説文》：安身具也。經作床，非也。（卷十五）牀榻：《説文》從爿從木。《説文》從木舄聲也。（卷十五）牀座：《説文》：身所安也。從木爿聲也。（卷七）

按，牀，大徐作安身之坐者。從木爿聲。小徐作安身之几坐也。從木從爿也。牀，《段注》在十部，根據同諧聲者必同部，則當爲形聲，慧琳卷四、卷十四、卷十五所引構形不確。

91. 盲冥：《説文》：冥字從日從冖從六。（卷四）盲冥：《説文》：冥，幽也。從日，日數十。從六，凡月十六日始虧，漸幽暗也。從冖，會意字也。（卷三十三）（卷五十七）（卷六十七）（卷七十）（卷七十）（卷七十七）（卷七十八）（卷八十八）諸冥：《説文》：幽也。從冖從日從六。（卷十二）暗冥：《説文》云日無光也。《説文》幽也。從月（日）六。（卷四十一）諸冥：《説文》：幽，闇也。冥，夜也。（卷七十）消冥：《説文》：從冖從日從六。（卷十五）盲冥：《説文》：冥，幽也。從冖從日從六。（卷十九）

按，冥，二徐作幽也，從日從六冖聲。日數十，十六日而月始虧幽也。冥，《段注》在十一部，冖，亦在十一部，慧琳所引構形不確。

92. 山崖：《說文》：高邊也。從屵從圭省聲。（卷一）山崖：《說文》：高山
有崖，是也。（卷四）山崖：《說文》：高邊處也。從屵從佳省聲也。（卷
六）崖岸：《說文》：山高邊也。從戶（屵）圭聲也。（卷十八）缺崖：
《說文》：崖，從屵圭聲。（卷十九）崖底：《說文》云崖，高邊也。從
屵圭聲。（卷二十八）（卷三十五）山崖：《說文》：高邊也。從屵從佳
省聲。（卷三十二）崖岸：《說文》云山高邊也。從屵圭聲。（卷六十六）
川崖：《說文》高邊也。從山厓聲。（卷八十三）厓底：《說文》從厂圭聲。
（卷三十八）

　　按，崖，二徐作高邊也，從屵圭聲。慧琳卷一所引衍「省」字。慧琳卷
　　四、卷六、卷十八所引乃推衍之說。卷三十八所引構形乃據俗體爲
　　說。崖，《段注》在十六部，佳、厓，亦在十六部，慧琳卷三十二、
　　八十三所引構形亦可從。

93. 標幟：《說文》：木末也。從木票聲也。《說文》：從巾戠聲也。（卷四）
標別：《說文》從木票聲。（卷四十七）（卷五十七）（卷七十六）（卷八
十四）（卷九十九）詣摽（標）：《說文》亦表也。從木票聲。（卷九十
六）標舉：《說文》從木票，票亦聲。（卷九十七）

　　按，標，二徐作木杪末也。從木票聲。《玉篇》作標，木末也。《說文古
　　本考》認爲古本當作木末也。卷九十六所釋「表也」不確。

94. 功德鎧：《說文》：鎧，甲也。從金從愷省聲也。（卷五）德鎧：《說文》：
甲也。從金從愷省聲也。（卷十七）罜礙鎧：《說文》：甲也，從金從愷
省聲。（卷二十八）（卷三十三）慈鎧：《說文》云甲也，從金豈聲也。（卷
三十）（卷三十二）（卷四十三）（卷六十四）（卷七十四）（卷七十八）
（卷八十八）

　　按，鎧，二徐作從金豈聲。鎧，《段注》在一部，愷，在十五部，二者
　　韻遠，慧琳卷五、卷十七、卷二十八所引構形不確。

95. 寤寐：《說文》從寢省，從爿吾聲也。《說文》：臥也。從宀從寢省，未
聲也。（卷五）寤時：《說文》同。從宀從爿從寢省，吾聲也。（卷八）
睡寤：《說文》：寐覺而有言曰寤。從寢吾省聲。（卷十四）寤後：《說
文》云從寢省，吾聲。（卷三十一）（卷四十一）覺寤：《說文》從吾從寢
省聲。（卷四十五）寤寐：《說文》云寐覺而有言曰寤。並從寢省，吾皆

聲。（卷七十七）夢寐：《說文》從未寢省聲也。（卷四十一）寤寐：《說文》：寐臥也。從寢省，吾聲。（卷七十七）

　　按，寤，二徐作從寢省，吾聲，與慧琳諸卷所引同，蓋古本如是。卷五卷八所引構形衍「從爿」字，卷十四所引當改爲「從寢省，吾聲」，卷四十五所引構形亦不確。寐，二徐作從寢省，未聲。寐，《段注》在十五部，吾，在五部，慧琳卷四十一所引構形不確。

96. 剖爲：《說文》：從刀音。（卷五）剖判：《說文》亦判也。從刀音聲。（卷三十）（卷三十四）（卷三十七）（卷三十九）（卷四十三）（卷六十三）（卷七十七）（卷八十一）（卷八十三）（卷九十）（卷九十八）剖腹：《說文》：叛也。從刀音聲。（卷七十八）剖析：《說文》：判木也。從刀音聲。（卷八十一）（卷八十七）剖析：《說文》云剖，割也。從刀音聲。（卷八十六）剖腋：《說文》判也。從刀音。（卷九十六）

　　按，剖，二徐作從刀音聲。慧琳卷五、卷九十六所引構形不確，卷七十八所引釋義「判」爲俗字，卷八十一所引釋義乃推衍其說。

97. 縲（纏）裹：《說文》：縲（纏），約也。從糸厘聲。《說文》：裹，縲（纏）也。從衣果聲。〔註15〕（卷五）縲裹：《說文》：纏，約也。從糸厘聲。（卷三十二）（卷六十六）（卷六十九）縲裹：《說文》：裹亦縲也。從衣果聲。（卷三十二）（卷五十一）（卷六十二）

　　按，纏，二徐作繞也，從糸厘聲。卷五、卷三十二乃據俗體爲說。丁福保認爲慧琳所引當爲古本之一訓。

98. 筋脉：《說文》：肉之力也。從肉從竹。《說文》：血理之分行於體中謂之脉。從血從辰作衇。衇，二徐本未見。（卷五）血脈：《說文》云血理之分耶行體中名之爲脉，從肉從辰作脈，即反書永字也。今時不知，便從永作脉也。（卷二十九）（卷三十）（卷四十三）筋脈：《說文》作衇，云血理通流，行於體中也。從血辰聲。（卷六十二）（卷三十二）

　　按，筋，二徐作從力從肉從竹。當是。衇，二徐作血理分衺行體者。從辰此血。衇，《段注》在十六部，辰，亦在十六部，慧琳卷六十二所引構形可從。卷五、卷二十九所引構形不確。釋義方面，慧琳諸卷所引與二徐略同。

〔註15〕據徐時儀，獅作纏。

99. 洟唾：《說文》：鼻液也。《說文》：口液也。從口從垂省聲也。（卷五）
　　洟淚：《說文》從水弟聲。（卷二十九）（卷八十）洟淚：《說文》洟，鼻
　　液也。從水弟聲。（卷三十）洟唾：《說文》：《說文》云洟，泣也。（卷
　　三十三）洟唾：《說文》：自口（目）而出曰洟。《說文》：口液也。從
　　垂省也。（卷十二）洟唾：《說文》：口液也。從口從㨨省聲，或作涶。
　　（卷二）

　　按，洟，二徐作泣也。《說文古本考》認爲慧琳所引「鼻」乃「目」之
　　　　訛。唾，二徐作從口垂聲。唾，《段注》在十七部，垂，亦在十七
　　　　部，慧琳卷五所引構形可從。卷十二、卷二所引構形不確。

100. 涎淚：《說文》：亦口液也。《說文》：淚，洟也。（卷五）吐涎：《說文》
　　云口中津也。從水從欠。（卷四十九）唾涎：《說文》從水欠聲。（卷七
　　十五）涎流：《說文》作次，口液也，形聲字。（卷十二）涎唾：《說文》：
　　口液也。（卷十四）唌唾：《說文》：口液也。或從水作涎，俗字也。（卷
　　十五）涎唾：《說文》：正體作次，口液也。從水從欠。《說文》：口液
　　也。從口從垂省聲也。（卷十一）次唾：《說文》云口液也。從水欠聲。
　　（卷三十六）（卷三十八）（卷六十八）（卷八十一）愛涎：《說文》作次，
　　云口液也。從水欠。（卷四十二）（卷五十七）（卷六十二）（卷七十四）
　　（卷一百）次出：《說文》云次，口液也。又慕欲也。從水欠聲。（卷
　　四十七）次唾：《說文》云慕欲口液也，從夊（欠）從水。（卷六十三）
　　次涎：《說文》：天計反。（卷七十五）

　　按，涎，二徐本作次，慕欲口液也。丁福保認爲當作慕也，欲也，口液
　　　　也。蓋古本如是。慧琳卷十一所引脫「慕也欲也」。慧琳卷五、卷
　　　　十二、卷十四、卷十五乃節引。卷四十九乃意引。淚，二徐未見。

101. 脇骨：《說文》：肋兩傍也。字從三力也。（卷五）髀脇：《說文》脇，兩
　　傍也。從肉劦聲也。（卷三十一）右脅：《說文》：脇，肋兩傍也。從肉
　　劦聲。（卷三十三）左脇：《說文》：肋兩旁肋也。從肉劦聲。（卷四十
　　一）脇不親物：《說文》云脇，即肋兩膀也。從肉從劦聲。（卷九十四）
　　右脇：《說文》：脇，肋也。從三力。（卷十二）

　　按，脇，二徐作兩膀也，從肉劦聲。慧琳諸卷所引皆作肋兩膀也，丁
　　　　福保認爲慧琳所引當爲古本。其說可從。膀，卷三十一、卷三十
　　　　三訛作傍。卷十二所引釋義不確。

102. 縹等：《說文》：縹者，帛作青黃色也。（卷五）綠縹：《說文》：帛青黃色也。從糸彔聲。《說文》：帛作青白色也。（卷六）紅縹：《說文》縹，帛青白色也，從糸票聲。古字也。（卷三十二）（卷四十五）（卷九十九）縹眇：《說文》縹，青白色。（卷九十八）

　　按，縹，二徐作帛青白色，與慧琳卷三十二所引同，卷五所引及卷九十八所引不確，卷六所引衍「作」字。

103. 漂溺：《說文》：漂，浮也。《說文》：溺，沉也。（卷五）漂憻：《說文》：漂，浮也。（卷二十七）（卷三十七）（卷五十四）漂溺：《說文》：浮也。從水票聲。（卷二十九）（卷三十一）（卷三十二）（卷四十三）（卷五十一）（卷六十三）（卷六十四）（卷六十八）（卷七十二）（卷七十八）焚漂：《說文》云漂，流也。從水票聲。（卷四十）

　　按，漂，二徐作浮也，從水票聲。卷四十所引釋義乃意引。溺，二徐為水名。慧琳所引乃意引。

104. 勃惡：《說文》：勃，亂也。《說文》：惡，過也。從心亞聲。（卷五）勃勃：《說文》云勃，排也。從力孛聲。（卷三十二）（卷三十一）（卷四十三）（卷六十六）（卷七十二）（卷七十八）

　　按，勃，二徐作排也。慧琳卷五所引乃意引。

105. 芬馥：《說文》：從屮分聲。（卷五）芬馥：《說文》：草初生香氣分布。從屮分聲也。（卷八）芬馥：《說文》：草初生香氣分布也。（卷十二）芬馥：《說文》：草初生香氣分布。從屮分聲也。（卷十二）芬馥：《說文》：草初生香氣分布也。從草分聲也。（卷十五）芬葩：《說文》：芬，芳也。（卷十九）芬葩：《說文》從草分聲。（卷二十八）（卷二十九）（卷三十二）（卷三十四）芬馥：《說文》草初生其香分布。從草。形聲字也。或從屮作芬。（卷三十七）芬馥：《說文》：土草初生，香氣分布也。（卷六）芬馥：《說文》香皃。從香從復省聲也。（卷二十九）芬馥：《說文》從香复聲。（卷三十二）

　　按，芬，二徐作艸初生，其香分布，從屮從分分亦聲。慧琳諸卷構形多作從草分聲，疑古本如是。釋義方面，卷八、卷十二、卷十五、卷十九、卷二十九所引多節引。

106. 躁擾：《說文》：擾，煩也。《說文》：擾字從手作憂，夒聲也（卷五）

侵擾：《說文》：煩也。從手夒聲也。《說文》又解夒字，貪獸也，一曰
母猴也，從頁從止匕從夂。（卷二十九）（卷三十）（卷四十一）（卷六十
二）（卷六十九）（卷八十四）（卷九十五）擾亂：《說文》擾，煩也，從
手從夒。（卷三十一）（卷三十七）（卷七十六）躁擾：《說文》：擾，煩
也。從扌夒聲也。（卷七）无擾：《說文》：亂也。從手憂聲也。（卷十
二）擾惱：《說文》：煩也。從手憂聲。（卷一）擾亂：《說文》：從手從
夒聲也。（卷二）擾亂：《說文》：煩也，從手夒聲也。（卷三）

按，擾，二徐作從手夒聲，慧琳卷五所引衍「作憂」。擾，《段注》在
三部，夒，亦在三部，當爲形聲。慧琳卷三十一、三十七、七十六
所引構形爲會意，不確。卷十二所引釋義爲意引。

107. 不憿：《說文》：輕傷也。從心蔑聲。（卷二）輕憿：《說文》：憿，輕傷
也。（卷五）輕蔑：《說文》：憿，輕傷也。從心蔑聲。（卷六）凌憿：《說
文》又說蔑字從戍苗聲。（卷十四）輕憿：《說文》：輕傷也，從心蔑聲。
（卷十五）輕蔑：《說文》：相輕侮。（卷二十七）輕憿：《說文》云輕易
也。從心蔑聲。（卷三十一）（卷四十）（卷四十五）輕憿：《說文》：輕
傷也，從心蔑聲。（卷四十一）輕蔑：《說文》：蔑，輕傷（傷）也。（卷
五十）凌憿：《說文》：憿，相輕傷（傷）也。（卷七十）傲憿：《說文》：
輕傷也。從心篾聲。（卷八十）

按，憿，二徐作輕易也，慧琳諸卷所引多作「輕傷也」，《說文古本考》
認爲古本當作傷，當是。慧琳卷二十七乃意引。卷八十所引「篾」
乃「蔑」之訛。

108. 躭染：《說文》：從身從躭省聲也。《說文》：從水杂聲也。（卷五）妉湎：
《說文》：亦樂也。《說文》：妉於酒。（卷二十七）躭樂：《說文》作媅，
云樂也，從女甚聲，亦作妉。（卷五十三）媅嗜：《說文》：媅，樂也。
從女從甚，會意字也。（卷六十六）（卷八十三）

按，躭，二徐作耽，從耳尤聲。《段注》在八部，慧琳卷五所引構形不
確。媅，二徐作樂也，從女甚聲。慧琳卷六十六、八十三所引構形
爲會意。慧琳卷二十七所引據俗體說解。

109. 聰敏：《說文》：聰，察也。從耳忽聲。《說文》：敏，疾也。從攴從每
每亦聲。（卷五）聰叡：《說文》：察也，從耳忽聲。《說文》：深明也。

從目叡從谷省聲。（卷二十九）（卷六十）（卷六十七）（卷六十八）（卷七十二）聰慢：《說文》：明察也。從耳怱省聲。（卷六十八）叡喆：《說文》深明也。從叔從目從谷省。（卷三十）（卷三十二）（卷七十七）（卷八十九）（卷九十）聰叡：《說文》云深明也。從叔從目從谷省聲也。（卷六十六）（卷八十八）叡通：《說文》從叔從谷省，目聲。（卷七十六）安叡：《說文》：叡，智也。從目從叔從谷省也。（卷九十三）聰叡：《說文》：深明也。從叔從目從谷省聲。（卷十二）叡唐：《說文》從叔目從谷省聲也。（卷二十四）叡聖：《說文》：叡，深明也。從叔從目從谷省聲也。（卷十一）

按，聰，二徐作察也，從耳悤聲。慧琳卷五所引構形為俗體。卷六十八所引乃意引。敏，二徐作從攴每聲。與慧琳卷五所引略異。叡，二徐作深明也。通也。從奴從目從谷省。慧琳卷九十三所引釋義乃意引。卷六十六所引構形衍「省」字。叡，《段注》在十五部，谷，在五部，卷十一、卷十二、卷二十四所引構形不確。

110. 劓鼻：《說文》：劓，決鼻也。（卷七）劓鼻：《說文》：劓，決鼻也。（卷五）劓其：鄭注周禮：截其鼻也。《說文》義同，從刀臬聲。（卷七十六）聾劓：《說文》云決鼻者也。從刀鼻聲。或作劓也。（卷二十八）（卷九十八）劓刵：《說文》云劓，朕鼻也。從刀臬聲。（卷九十四）劓鼻：《說文》作劓，刖鼻也。從刀鼻聲。（卷四十一）（卷七十九）割劓：《說文》次鼻也。並從刀。（卷六十九）劓鼻：《說文》：從刀鼻聲也。（卷八）黥劓：《說文》作劓，刖鼻也。（卷八十六）

按，劓，大徐作刑鼻也。小徐作刖鼻也，慧琳卷五、卷二十八作決鼻，卷九十四作朕鼻，卷四十一卷八十六與小徐本同，蓋古本作刖鼻，卷五、卷二十八、卷九十四音近可通。卷六十九作次鼻，恐不確。

111. 推究：《說文》：推，究也。從手隹聲。《說文》：窮也，從穴九聲。（卷六）推排：《說文》：推，排。排，盪。（卷二十七）推攘：《說文》：從手隹聲。（卷四十五）（卷五十一）牽推：《說文》云推，排也。從手隹聲。（卷六十四）（卷六十五）（卷六十六）

按，推，二徐作排也。從手隹聲。慧琳卷六所引乃推衍其說。

112. 譏嫌：《說文》：嫌也。從言幾聲也。《說文》：不平於心也。從女兼聲

也。（卷六）譏訶：《說文》：誹也。從言幾聲。（卷四十五）（卷四十七）（卷五十四）（卷六十一）（卷六十二）譏刺（刺）：《說文》：譏，誹謗也。（卷七十一）

> 按，譏，二徐作誹也，從言幾聲。慧琳卷六所引恐將經文「嫌」誤入。卷七十一所引乃推衍其說。

113. 敗壞：《說文》：敗，毀也。從攴貝聲。《說文》：自破曰壞。從土裹聲。（卷六）沮壞：《說文》：從半肉，非此義。《說文》：自敗也。從土裹聲也。（卷三十五）（卷六十一）沮壞：《說文》從衣從眔。（卷三十七）隤壞：《說文》云壞，敗也。從土裹聲。籀文作數，古文作𡓨（卷六十二）（卷六十六）

> 按，敗，二徐作從攴貝。壞，二徐作敗也。與慧琳卷六、卷三十五所引略異。

114. 齺動：《說文》：齺，動不安靜也，氣出頭也。從頁從器省聲也。（卷六）齺動：《說文》：齺，氣出頭也。從品從頁，會意字也。（卷五十一）（卷六十）齺聲：《說文》：聲氣出頭上也。從品從頁。（卷六十二）（卷六十七）（卷六十八）讙齺：《說文》：氣出頭上也。從品從頁。（卷八十一）齺撓：《說文》云囂，氣出頭，從品頁聲。（卷九十三）歊赫：《說文》囂齺，氣出皃也。（卷九十九）讙齺：《說文》：氣出頭也。從頁品聲。（卷十七）

> 按，齺，二徐作聲也，氣出頭也。從品從頁。齺，《段注》在二部，器、頁，在十五部，品，在七部，慧琳卷十七、卷六、卷九十三所引構形皆不確。慧琳卷六十二所引「聲」後脫「也」字。慧琳卷六十二、卷八十一所引「頭」後衍「上」字。

115. 香囊：《說文》：從㯻，從彙，㯻亦聲也。（卷六）囊裝：《說文》囊，橐也。從彙，襄省聲也。（卷八十五）（卷四十一）（卷一百）種種囊：《說文》從襄從㯻省，襄亦聲也。（卷五十四）浮囊：《說文》有底曰囊。（卷六十四）

> 按，囊，二徐作從㯻省，襄省聲。與慧琳諸卷所引不同，二徐所引較接近古本，慧琳諸卷所引不確。

116. 迷謬：《說文》：狂者之妄言也。從言從翏，翏亦聲也。（卷六）謬忘：

《說文》狂者之忘言也。從言翏聲也。(卷四十)(卷三十四)過謬:《說文》云狂者之妄言也。從言翏聲。(卷四十三)(卷六十九)訛謬:《說文》云謬,狂者之志言也。從言翏聲。(卷八十一)紕謬:《說文》妄語也,從言翏聲。(卷九十一)

> 按,二徐作狂者之妄言也,從言翏聲,與慧琳卷六所引略異。蓋古本當作狂者之妄言,卷四十妄,音近訛作忘,卷八十一忘,又形近訛作志。卷九十一乃意引。

117. 胞胎:《說文》:兒生衣也。《說文》:婦孕二月也。(卷二)胞胎:《說文》:婦女懷姙兒生衣也。從勹從巳在勹中,象子未成爲形字也。《說文》:女人懷姙未生也。從肉台聲也。(卷六)胞初生:《說文》:婦人懷妊兒生衣也。(卷八)胞胎:《說文》:生兒裹衣也。從肉包聲。《說文》:婦孕三月也。從肉台聲。(卷十五)胞胎:《說文》:胞,兒生裹也。(卷七十)胞胎:《說文》婦孕三月也。從肉台聲。(卷三十)(卷六十六)(卷六十九)(卷七十六)

> 按,胞,二徐作兒生裹也。從肉從包,與慧琳卷七十所引同。卷二卷六卷八所引乃推衍其說。卷十五所引釋義有倒置。胎,二徐作婦孕三月也。卷二所引釋義不確。

118. 恃怙:《說文》:恃,賴也。從心寺聲也。《說文》:怙,恃也。從忄從祜省聲。(卷六)依怙:《說文》云祜,恃也。從心古聲。(卷五十四)(卷三十)(卷四十一)(卷六十八)(卷七十八)

> 按,怙,二徐作從心古聲。怙,《段注》在五部,祜,亦在五部,慧琳卷六所引構形可從。

119. 溝坑:《說文》:水瀆也。廣四尺深四尺。從水冓聲也。(卷六)溝壑:《說文》:溝,水瀆也。廣深四尺曰溝。(卷二十七)溝坑:《說文》:水瀆廣四尺深四尺謂之溝也。從水冓聲也。(卷三十三)(卷八十六)溝港:《說文》:溝,瀆也。從水冓。(卷五十七)溝壑:《說文》:溝,水瀆也,從水冓聲也。(卷九十一)

> 按,溝,二徐作水瀆也。從水冓聲。瀆、瀆異體。卷五十七所引釋義乃節引,所引構形不確。

120. 螫噉:《說文》:蟲行毒也。從虫赦聲也。(卷七)螫物:《說文》:蟲行

毒也。從虫赦聲。（卷三十一）（卷三十二）（卷三十三）（卷三十七）（卷四十五）（卷六十六）（卷七十八）蛇螫：《說文》云毒蟲螫蜇也，蟲行毒也。從虵赦聲。（卷六十五）所螫：《說文》云：蟲行刺（刺）也，從虫赦聲。（卷八十六）

　　按，螫，二徐作蟲行毒也，從虫赦聲。與慧琳諸卷所引同，與卷八十六、六十五所引釋義略異。

121. 躁擾：《說文》：從足㬜聲也。（卷七）躁動：《說文》：從忐作趥，趥，疾也，形聲字也。（卷二十九）（卷三十一）（卷四十七）（卷五十一）（卷五十七）（卷一百）躁動：《說文》從足杲聲。（卷四十一）（卷五十七）（卷七十八）輕躁：《說文》從足從杲。（卷四十四）（卷七十九）形躁：《說文》從虫杲聲。（卷九十七）躁動：《說文》：性急也。從足杲聲也。（卷十二）躁擾：《說文》作趥。（卷十五）躁動：《說文》從足杲聲也。（卷十九）

　　按，躁，二徐作疾也，從忐杲聲。躁，乃俗字。慧琳卷七、卷十五、卷四十一、卷五十七、卷七十八所引乃據俗字為說。卷七杲，誤作㬜。卷四十四釋為會意，卷九十七足，訛作虫。

122. 機關：《說文》：以木橫持門。絭聲也。（卷七）關閈：《說文》以木橫持門戶。所以闔閉扇，謂之關擔者也。從門絭聲。（卷三十二）（卷三十）（卷四十一）關鍵：《說文》：以木持門戶也。從門絭聲也。《說文》：鍵，鉉。從金建聲也。（卷十二）關閈：《說文》：以木橫持門也。從門從絭聲也。《說文》又說絭字從絲從卝。《說文》：關也，牡也。從門龠聲。（卷十二）

　　按，關，二徐作以木橫持門戶也。慧琳諸卷所引有脫文。

123. 宜澍：《說文》：時雨所以澍生萬物也。從水從尌省聲。（卷七）等澍：《說文》上古時雨所以生澍萬物也。（卷二十七）流澍：《說文》云時雨所以澍生萬物者也。從水尌聲。（卷三十二）（卷三十四）（卷四十五）澍雨：《說文》從水尌。《說文》雨字象形。（卷三十八）驟澍：《說文》：時雨澍生萬物。從水尌聲。（卷三十八）澍雨：《說文》：時雨也。澍生萬物也。從水尌聲。（卷三十九）洪澍：《說文》云時雨所澍生万物也。從水尌聲。（卷四十一）降澍：《說文》與爾雅同。從阜夆聲也。《說文》：

時雨澍生萬物。從水從樹省聲也。（卷十一）欲澍：《說文》：時雨所以澍生萬物者也。從水尌聲。（卷十九）

按，澍，二徐作時雨澍生萬物。從水尌聲。丁福保認爲慧琳所引釋義爲古本。但慧琳卷七衍「省」字。卷二十七衍「上古」二字，卷三十八所引爲會意，卷三十九所引「時雨」後衍「也」字，脫「所以」二字。卷四十一所引脫「以」字。澍，《段注》在四部，樹，亦在四部，慧琳卷十一所引構形可從。

124. 孌飾：《說文》：刷也。從食從人從巾。（卷八）鈿飾：《說文》云飾，刷也。從巾飤聲。（卷三十九）（卷四十一）（卷五十）（卷六十三）黶飾：《說文》云飾，猶刷也，從巾食聲。（卷九十四）藻飾：《說文》：刷也。從巾飤聲也。（卷十五）瓔飾：《說文》：厰也。從巾飤聲也。（卷十七）綺飾：《說文》：刷也。從巾飤聲也。（卷一）

按，飾，二徐作厰也，從巾從人食聲。厰、刷異體。飾，《段注》在一部，飤、食，亦在一部，慧琳卷三十九、十五、十七、卷一所引構形可從，卷九十四所引構形蓋缺「從人」，卷八所引構形不確。

125. 邀憒：《說文》：瀆也，從心貴聲。（卷五十四）（卷四十一）（卷六十六）（卷七十）憒瀆：《說文》云煩也。從心滿聲。（卷八十七）（卷九十八）瀆瀆：《說文》：煩也。從心滿聲也。（卷五十七）（卷六十六）

按，憒，二徐作瀆也。瀆，二徐作煩也，從心從滿。瀆、滿，《段注》皆在十四部，慧琳所引構形可從。

126. 赫奕：《說文》：大赤皃也。從二赤。《說文》：亦同，從火赤聲也。（卷八）赫弈（奕）：《說文》：從並二赤。（卷二十九）（卷九十九）赫奕：《說文》：大赤皃也。從二赤也。（卷三十）赫弈：《說文》：大赤也。從二赤。《說文》：赤字，南方火色也。從大從火。今隸書作赤，變體字也。（卷三十七）赫弈（奕）：《說文》：大也。從大亦聲也。（卷六十八）

按，赫，二徐作火赤皃。丁福保認爲二徐大字誤作火。奕，二徐作從大亦聲，與慧琳卷八所引不同。卷六十八所引脫「赤皃」字。卷三十七所引脫「皃」字。

127. 盥洗：《說文》：澡手也。從臼從水皿。《說文》：濯足也。（卷八）盥

盥：《說文》：澡手也。從臼從水從皿。會意字。（卷三十六）（卷四十）
（卷六十四）（卷七十五）（卷七十七）（卷八十）（卷八十二）（卷八十
三）（卷八十八）（卷八十九）（卷九十二）（卷九十九）

按，洗，二徐作澡手也。《說文校議》認爲當作盥，《說文段注》亦作
盥，作濯，乃俗字。

128. 轡勒：《說文》：馬轡也。從叀從絲。（卷八）轡勒：《說文》：從絲從裏，
從車寇，象車軸頭鐵也。（卷六十）轡勒：《說文》：馬轡也。從絲叀聲。
（卷六十四）（卷五十三）（卷八十四）奮宏轡：《說文》云轡，馬轡也。
從絲從叀。會意字也。（卷八十九）（卷九十五）

按，轡，二徐作馬轡也，從絲從叀。轡，古音在脂部，叀，古音在祭
部，二者韻近，可爲形聲，慧琳卷八、卷六十、卷八十九所引構
形不確。

129. 鬚髮：《說文》作須，髭須也。《說文》：髮，根也。從髟犮聲也。（卷
八）鬚須：《說文》亦面毛也。從彡從頁，象形字也。（卷三十四）（卷
三十三）（卷六十四）（卷六十九）（卷八十八）須慣：《說文》正體從立
從須作竢，猶待也。（卷四十九）竢乘：《說文》：須，待也。從立從彡
從頁。（卷十四）

按，須，二徐作面毛也。竢，二徐作待也。從立須聲。慧琳卷八所引乃
意引。卷十四所引「須」當作「竢」。

130. 善軨：《說文》：車軨也。從車㐌聲也。（卷八）善軨：車轅端橫木也。
從車㐌聲。（卷五十一）（卷五十七）（卷六十八）四軨：《說文》云軨者，
車轅前木也。從車㐌聲。（卷六十六）無明軨：《說文》云轅前也。從車
㐌聲。（卷六十六）

按，軨，二徐作轅前也。蓋慧琳卷五十一所引爲古本，慧琳其他諸卷皆
爲節引。

131. 鍛金：《說文》：小治也。（卷八）鍛（鍛）師：《說文》：小冶也。從金
叚（段）聲也。（卷五十）（卷五十五）（卷六十一）（卷十五）鍛鐵：《說
文》：小治（冶）也。從金段聲。〔註16〕（卷十一）鍛師：《說文》云小
冶也，從金段聲。（卷六十二）（卷六十八）（卷七十五）未鍛（鍛）：

〔註16〕 獅作冶。

《說文》小治也。（卷九十八）

按，鍛，二徐作小冶也。冶，銷也。治，冶，形近。慧琳卷八所引恐形訛。

132. 燒鍊：《說文》：治金也。（卷八）治鍊：《說文》：治金也。從金束聲。《說文》又云束字從八從朿，若從東，非也。（卷二十九）（卷五十）如鍊：《說文》：冶金也。從束，從二人也。（卷三十）融鍊：《說文》：鍊，冶金也。從金束聲。或作煉。（卷三十一）（卷三十五）

按，鍊，二徐作冶金也，《說文校錄》、《說文段注》認爲當作治金。慧琳諸卷所引有作冶金者，亦有作治金者，結合「鍛」字訓釋，筆者認爲當作冶金。

133. 坴壞：《說文》：弁，掃除也。從土弁聲也。《說文》：柔土也。從土從襄聲也。（卷八）坴穢：《說文》云棄除也。從丌推苹棄米，會意字也。坴，古文也。（卷三十二）（卷四十四）坴堆：《說文》云棄除坴掃也。從土弁聲。（卷七十八）糞屎：《說文》作坴。棄除糞掃也。（卷十四）燥牛糞：《說文》：燥，乾也。從火臬聲。糞，俗字也，正從，《說文》作垂（坴）。棄除糞掃也。（卷十五）

按，弁，二徐作捐也。坴，二徐作埽除也。埽、掃異文。蓋古本爲掃除也。卷十四、卷十五、卷三十二、四十四、七十八所引爲意引。

134. 捫淚：《說文》：捫，摸也。從手門聲也。《說文》作涕泣也。從水戾聲也。（卷八）捫摸：《說文》：捫即撫持也，循即摩也。從手門聲。（卷三十三）（卷三十八）（卷四十一）（卷七十五）（卷八十八）（卷九十六）

按，捫，二徐作撫持也。丁福保認爲慧琳所引乃古本之一訓。淚，二徐未見。

135. 鎔鍊：《說文》：冶金器法也。從金容聲也。（卷八）鎔銷：《說文》云冶之器法也。鐵形模也，從金容聲也。（卷二十九）鎔流：《說文》：鑄金法也。（卷四十一）鎔銅：鎔，冶器也。二字並從金，形聲字也。（卷四十四）鎔銅：《說文》冶器法也。從金容聲也。（卷六十二）（卷六十九）（卷七十六）（卷九十）（卷九十一）（卷九十二）鎔斮：《說文》云銅屑爲鎔冶，冶器法也。從從金容聲。（卷八十一）

按，鎔，二徐作冶器法也。蓋古本如是。卷八所引衍「金」字，卷二十

九所引衍「之」字，卷四十一所引乃意引，卷四十四所引脫「法」字。

136. 出礦：《說文》：銅鐵石璞。（卷八）銷礦：《說文》：銅鐵石璞也。（卷八）金礦：《說文》：銅鐵等璞（樸）也。從石黃聲。（卷八）金礦：《說文》：銅鐵樸也。（卷十五）金礦：《說文》：銅鐵璞石也。從石黃聲，（卷二十五）在礦：《說文》銅鐵璞也。或從石黃聲，經作鑛，亦通也。（卷三十一）（卷四十九）銀礦：《說文》作礦，云銅鐵石也。從石黃聲也。（卷三十九）金礦：《說文》：礦，銅璞也。（卷七十）銀礦：《說文》云銅鐵金等璞也。從石廣聲也。（卷八十三）金礦：《說文》：銅鐵樸謂之礦也。從石黃聲。（卷十二）寶鉚：《說文》從金卝聲。（卷十四）鐵礦：《說文》銅鐵璞也。從石黃聲。（卷九十二）（卷七十二）（卷六十九）（卷六十八）鐵礦：《說文》云銅樸也。從石黃聲。（卷九十四）

按，礦，大徐作礦，銅鐵樸石也。從石黃聲。小徐作銅鐵朴石也。《玉篇》《文選》李善注無石字，與慧琳卷八、卷十五、卷三十一、卷四十九、卷十二所引同。蓋古本如是。據《說文段注》，銅鐵樸者，在石與銅鐵之間。當以二徐爲是。慧琳諸卷所引有節引或意引。鉚，二徐作礦，古文礦爲卝。慧琳卷十四所引乃俗字。

137. 高梯：《說文》：木階也。從木弟省聲也。（卷八）梯蹬：《說文》：木階也。從木弟聲。（卷二十九）（卷四十一）（卷四十五）（卷六十八）（卷七十九）（卷八十四）（卷一百）階梯：《說文》亦階也。從木弟聲也。（卷七十五）

按，梯，二徐作木階也，從木弟聲，慧琳卷八所引衍「省」字。卷七十五所引脫「木」字。

138. 衒賣：《說文》：行且賣也。從行玄聲也。（卷八）衒賣：《說文》從玄作衒，行且賣也，詃也。（卷二十七）（卷七十一）衒身：《說文》作衒，重重行而且賣也。從行從言，或從玄作衒。（卷二十八）（卷六十二）衒賣：《說文》：行且賣。從行玄聲。（卷三十六）衒賣：《說文》衒，行且賣也。從行言聲。（卷四十一）衒色：《說文》云行而且賣曰衒賣。（卷六十）衒才：《說文》：行賣也，從行玄聲。（卷九十三）衒賣：《說文》：行且賣也。從行玄聲，或從玄，行，衒亦聲也。《說文》：出物也。從

出買聲也。買字，《說文》從冈也。（卷十四）

> 按，衕，二徐作行且賣也，從行言，或從玄。衕，《段注》在十二部，玄，亦在十二部，慧琳卷八、卷三十六、卷四十一、卷九十三、卷十四所引構形可從。卷二十八所引釋義乃推衍其說。

139. 索縷：《說文》：縷，綫也。從糸從婁省聲也。（卷八）縷氄：《說文》縷，線也。從糸婁聲。（卷三十一）（卷四十）氄縷：《說文》：縷，綫也。從糸婁聲。（卷三十五）（卷三十七）（卷五十五）（卷六十）（卷六十二）（卷六十四）繿縷：《說文》：縷，綾也。從糸婁聲。（卷八十九）金縷：《說文》：縷，綫也。從糸從婁省聲。（卷十五）

> 按，縷，二徐作綫也，從糸婁聲。慧琳卷八、卷十五所引衍「省」字。卷三十一所引「線」爲俗體，卷八十九所引「綾也」乃意引。

140. 底泓：《說文》：下深大也。（卷八）泓然：《說文》：深大皃。從水弘聲。（卷五十六）（卷九十七）（卷九十九）淵泓：《說文》云亦下深大也。從水弘聲。（卷五十七）（卷八十）姚泓：《說文》云泓，深大也。（卷八十）太子泓：《說文》：水下深也。從水弘聲也。（卷八十九）

> 按，泓，二徐作下深皃。《說文古本考》認爲古本當作下深大皃。慧琳諸卷所引有節引。

141. 矛盾：《說文》：長二丈，建於兵車。象形。《說文》：瞂也。從厂從十從目，象形字也。（卷八）排（棑）盾：《說文》：盾，瞂也。（卷六十八）矛戟：《說文》：矛長二丈，建於兵車之前也。或作鉾。《說文》矛字象形，戟字從幹省從戈。（卷十七）鉾矟：《說文》：矛長一丈二尺，建於兵車也。（卷十九）矛矟：《說文》：矛也。建於兵車，長二丈，象形字也。（卷十四）矛矟：《說文》矛長二丈，建於兵車，象形也。（卷三十四）（卷三十）（卷六十九）（卷七十六）（卷八十九）矛矟：《說文》：酋矛也，戈類也。（卷五十一）（卷六十二）矛盾：《說文》：矛，搶（槍）也。戟也。（卷九十一）鉾矟：《說文》：長二丈，建於兵車也。（卷十四）釨斧：《說文》作矛，云酋矛也。建於兵車，長二丈，象形字也。古文作戎，亦作鉾。（卷四十三）

> 按，盾，大徐作象形，小徐作厂聲。盾，《段注》在十三部，厂，在十六部。二者韻遠，不當爲形聲。卷八所引構形可從。鉾，二徐作矛，

酋矛也，建於兵車，長二丈。卷十九所引釋義不確。卷十七所引乃推衍其說。卷九十一乃意引。

142. 緡尋：《說文》：微絲也。從糸昏聲。（卷八）緡惟：《說文》從糸面聲。（卷八十二）（卷八十三）（卷八十八）（卷九十六）（卷一百）

按，緡，二徐作從糸面聲，慧琳卷八作昏，形近而訛。

143. 淫生：《說文》：幽溼也。從水從一。一覆也，覆土而有水故溼。從絲從土。（卷八）溼木：《說文》：幽溼也。從水一覆土而有水，故溼也。（卷四十一）溼生：《說文》從水從絲土，一覆之而有溼。（卷四十一）居溼：《說文》云幽溼也，從水從一。（卷五十五）溼皮：《說文》：從一從絲從土，正也。（卷七十六）濡溼：《說文》：幽溼也。從水一。（卷七十八）霑溼：《說文》幽溼也，從水溼聲。（卷九十）鑽溼木：《說文》幽溼也。從一。從㬎省。（卷一百）溼以：《說文》：幽溼也。從水從絲從土一覆也。（卷十四）

按，溼，二徐作幽溼也，從水，一所以覆也，覆而有土，故溼也，㬎省聲。慧琳諸卷釋義與二徐同。溼，《段注》在七部，㬎，亦七部，慧琳諸卷所引構形不確。卷九十所引構形亦不確。

144. 戲論：《說文》：從戊虖聲。（卷八）象戲：《說文》從戈虖也。（卷三十一）嬉戲：《說文》：從戈虖聲也。（卷三十二）（卷三十五）（卷四十一）（卷四十四）（卷六十四）（卷七十九）（卷八十）（卷九十四）（卷一百）戲弄：《說文》：三軍之偏也。兵也。從戈虖聲。（卷四十九）

按，戲，二徐作從戈虖聲。慧琳卷八所引從戊有誤。卷三十一所引爲會意，亦不確。

145. 熊羆：《說文》：狩名也。似豕而大，黑色，山居多蟄，其掌似人。從能灬聲也。（卷十一）熊羆：《說文》云獸也。似豕，山居，多蟄。從能從灬。（卷三十一）熊羆：《說文》：似豕，山居，多蟄。舐其掌，掌似人掌也。（卷三十三）熊羆：《說文》：熊似豕，山居多蟄之獸。從能灬聲。（卷三十四）羆熊：《說文》：獸，似豕，山居，多蟄。蟄用舐掌，似人掌，內名蹯，味中最美，煮之難熟。（卷三十五）熊羆：《說文》：獸也。似豕，山居多蟄，舐足掌。其掌似人，名掌曰蹯。（卷四十一）熊羆：《說文》：熊，獸。似豕，山居也。從能炎省聲。（卷四十七）熊羆：《說文》：

熊，似豕，黑色，山居，多蟄而舐其足掌以存命，不食，二月方出。從能從火省聲也。（卷六十一）熊馬：《說文》：熊，如豕，山居，多蟄。其掌似人掌，名曰蹯。（卷七十）

　　按，熊，二徐作獸，似豕，山居，多蟄，從能炎省聲。釋義方面，諸卷所引或有意引，或有節引。二徐構形與慧琳卷四十七所引構形相同。熊，《段注》在八部，炎，在八部，火，在十五部，卷十一、三十、三十四、六十一所引構形不確。

146. 馳騁：《說文》：直驅也。從馬甹聲也。《說文》又說甹字從由從丂。（卷十一）馳騁：《說文》：騁，大驅也。亦直驅也。騁字從馬甹聲。（卷三十三）騁壯恩：《說文》：直驅也。從馬甹聲。（卷四十九）（卷五十六）（卷七十六）（卷九十六）（卷一百）騁棘：《說文》駈也，從馬甹聲。（卷一百）馳駝：《說文》作駝。《說文》：大駝也。從馬它聲也。（卷十一）驦駝：《說文》並從馬，橐它皆聲。（卷八十三）馳騁：《說文》：馳字從馬也聲。（卷三十三）馳動：《說文》：大驅也。（卷七十）馳騁：《說文》作騁，非也。（卷十五）馳騁：《說文》：直驅也，從馬甹聲。（卷十五）馳騁：《說文》：並從馬，馳，從也省聲也。（卷十七）

　　按，騁，二徐作直馳也，從馬甹聲。卷三十三、卷一百所引釋義有意引。
　　按，駝，二徐作佗，負何也。慧琳所釋構形乃俗體，釋義與二徐義近。馳，二徐作大驅也。從馬也聲。卷十一所引駝當作驅，形近而訛。卷三十三所引大馳也乃「馳」字義，非「騁」義。慧琳卷十七所引衍「省」字。

147. 峻險：《說文》作陖，陗高也，從阜夋聲。（卷二十四）峻險：《說文》作嶔，云高險兒也，從山夋聲。（卷十九）險峻：《說文》從山夋聲。（卷四十一）峻峙：《說文》云峻，高也。（卷四十九）峻峭：《說文》從皀作陖。（卷八十一）峭峻：《說文》陗也。從山夋聲。（卷八十二）

　　按，按，陖，二徐作陖，高也。從山陵聲。《說文段注》認為當作峻高也。慧琳卷二十四、卷十九、卷八十二所引乃意引。卷四十一、卷八十一、卷八十二、卷二十四所引構形乃據俗體為說。

148. 勇躍：《說文》：勇，氣也。從力甬聲也。或從戈從用作戜，古字也。或從足作踊。《說文》：行兒也。從足翟聲。（卷十一）騰躍：《說文》從

足翟聲也。（卷三十一）（卷三十二）（卷四十一）（卷四十七）（卷六十
九）

按，躍，二徐作迅也，慧琳卷十一乃意引。

149. 號咷：《說文》：痛聲也。（卷十一）號咷：《說文》：痛聲也。從虎號聲。
（卷二十九）號哭：《說文》從号虎聲。（卷四十五）號歎：《說文》：痛
聲也。從号從虎。（卷七十四）號唬：《說文》云呼也。從号虎聲也。（卷
七十六）（卷九十四）啼泣：《說文》：號也。從口虎聲。（卷十四）號
訴（訴）：《說文》：呼也，從号虎聲。《說文》作謼，告也。從言庶聲。
〔註17〕（卷十二）號唬：《說文》：號也。從口虎聲也。（卷七十六）號
訽：《說文》：大呼也。從虎号聲。（卷十八）

按，號，二徐作呼也，從号從虎。慧琳諸卷或作呼也，或作痛聲也，或
作大呼也，蓋意引。卷二十九所引構形不確，當作從虎号聲。卷四
十五、卷七十六、九十四所引構形有倒置。啼，二徐作唬，號也，
從口虒聲。慧琳卷十四所引「虎」字當作「虒」。號，《段注》在
二部，卷十二所引構形不確。

150. 跛蹇：《說文》：蹇，跛也。從足從謇省聲。（卷十一）跛蹇：《說文》作
㿹。從尢皮聲。《說文》蹇，亦跛也。從足蹇省聲。（卷三十一）謇訥：
《說文》從言蹇省聲也。（卷四十一）蹇鈍：《說文》：蹇，跛也。從足
寒省聲。（卷六十九）跛蹇：《說文》：蹇，跛也。從足寒蹇省聲也。（卷
七十六）跛蹇：《說文》：蹇亦跛也。從足從謇省聲也。（卷十五）

按，蹇，二徐作從足寒省聲。構形方面，慧琳或作謇省聲，或作寒省
聲。蹇，《段注》在十四部，寒，亦在十四部，慧琳卷六十九所
引構形可從，蹇、謇，古音皆在元部，卷十一、卷十五所引構形
可從。慧琳卷三十一所引「蹇省聲」有誤。卷七十六所作「從足
寒蹇省聲」亦不確，蓋衍「蹇」字。

151. 棄捐：《說文》：棄也。從手肙省聲也。（卷十一）捐捨：《說文》：捐，
棄也。（卷二十七）（卷二十九）棄捐：《說文》從手肙聲。（卷三十三）
（卷七十）捐捨：《說文》：從手肙省聲也。（卷十二）

按，捐，二徐作從手肙聲，慧琳卷十一、卷十二所引衍「省」字。

152. 裸形：《說文》：肉袒也。露形體也。（卷十二）裸者：《說文》云裸，露肉袒也，從衣果聲。（卷二十九）（卷四十一）（卷四十二）（卷六十九）裸露：《說文》作臝，云袒（袒）也。（卷四十）牽裸：《說文》云裸即袒也。從衣果聲。（卷八十）裸者：《說文》從衣果聲。或從人作倮，或從身作躶，並同也。（卷十五）

按，裸，二徐作袒也。慧琳所引亦作「肉袒也」。

153. 髆髆：《說文》：從骨卑聲也。《說文》：從骨從博省聲也。（卷十二）一髆：《說文》：肩胛也。從骨從博省聲。（卷三十）肩髆：《說文》：肩甲也。從骨專聲。（卷三十四）（卷三十九）（卷四十）（卷六十二）（卷七十六）（卷八十一）一髆：《說文》：肩甲也。從骨從博省聲。（卷四十九）右髆：《說文》從骨從博省聲也。（卷十五）肩髆：《說文》：肩甲間也。從骨專省聲也。（卷十七）髆有：《說文》：肩甲也。從骨從專省聲也。（卷十二）絡髆：《考聲》：肩也。（卷三十七）

按，髆，大徐作肩甲也，從骨專聲。小徐作從骨專聲。髆，《段注》在五部，博，亦在五部，慧琳卷三十、四十九、十五所引構形可從。胛、甲音近假借。慧琳卷十七所引衍「省」「間」字。慧琳卷十二所引衍「省」字。卷三十七所引《考聲》或爲《說文》。

154. 惛耄：《說文》：惛，忘也。（卷十二）惛沈：《說文》惛，恛也，從心昏聲。（卷五十一）（卷五十一）（卷五十七）（卷八十六）惛沈：《說文》：不明憭也。從心昏聲。（卷六十六）（卷八十九）惛憒：《說文》從心昏聲。（卷九十二）（卷九十）（卷九十七）

按，惛，二徐作不憭也。恛，二徐作亂也。慧琳諸卷所引或爲意引。

155. 洟唾：《說文》亦誤也，爲篆書夷字與弟字相亂，有此誤也，遂相效用之。《說文》：口液也。或從水作唾（涶）。（卷十二）洟唾：《說文》：鼻液也。（卷二十九）洟唾：《說文》：洟，鼻液也。從水夷聲也。《說文》：口液也。從口從垂聲也。（卷三十三）（卷五十三）（卷六十四）食洟：《說文》云洟，鼻液也，從水夷聲也。（卷三十八）謦唾：《說文》：口液也。形聲字也。（卷三十五）（卷四十）次唾：《說文》云唾，口律（津）液也。從口垂聲。（卷六十三）（卷七十五）（卷九十）

按，洟，二徐作鼻液也，從水夷聲。徐鍇曰今人多誤以洟爲涕，以涕爲洟。與慧琳所引略異。

156. 犛牛：《說文》：西南夷長犛牛也。從牛從犛省聲也。（卷十二）犛：《說文》：西南夷長髦牛也。今隴西有此牛。（卷二十七）犛牛：《說文》西南夷長髦牛也。從牛犛聲。（卷四十一）（卷六十二）（卷六十四）（卷九十八）

　　按，犛，二徐作從牛犛聲，慧琳卷十二所引衍「省」字。

157. 流涌：《說文》：水行也。從水從㐬。《說文》：從林，二水並從㐬作㵑，今俗作流，訛也。《說文》：涌，滕也。從水甬聲。（卷十二）涌沸：《說文》云涌，水騰上也。從水甬聲。（卷四十）（卷三十一）（卷三十二）（卷四十四）（卷五十三）

　　按，涌，二徐作滕也。滕、滕正俗字。慧琳諸卷所引釋義乃推衍其說。

158. 搏逐：《說文》：索持也。從手博省聲也。《說文》：逐，走也，從辵豕聲也。又說豕（豖）字，豕絆也，於豕（豖）字上加一畫。（卷十二）搏取：《說文》：索持也，從手尃聲也。（卷七十九）（卷七十五）（卷六十二）（卷五十三）（卷三十）搏逐：《說文》云搏，持也。從手從博省聲也。（卷三十八）攡搏：《說文》：索持也。從手尃省聲。（卷十五）

　　按，搏，二徐作索持也，一曰至也。從手尃聲。卷十二、卷三十八、卷十五所引構形衍「省」字。逐，二徐作追也。從辵從豚省。豕，二徐作豕絆足行豕豕。從豕繫二足。

159. 挑眼：《說文》：從手兆省聲也。（卷十二）挑出：《說文》：抉謂挑出物也。從手兆聲。（卷三十）（卷四十五）（卷四十七）（卷六十）（卷六十九）（卷七十三）（卷七十七）挑火：《說文》云抉也。從手兆聲。（卷四十三）

　　按，挑，二徐作撓也，從手兆聲，一曰操也。慧琳所引衍「省」字。釋義方面，慧琳作引與二徐不同。

160. 洗濯：《說文》：浣也。從水翟聲也。（卷十二）濯衆：《說文》：浣也。從水翟聲。（卷二十八）（卷七十七）（卷九十二）洗濯：《說文》濯，瀚也。從水翟聲。（卷五十五）水濯：《說文》：濯，滌也。洒也。（卷七十一）瀚濯：《說文》從水從翟。（卷七十四）濯瀚：《說文》：濯，浣也。從水翟。（卷八十二）

　　按，濯，二徐作瀚也，從水翟聲。瀚、浣異體。濯，《段注》在二部，

翟，亦二部，卷七十一所引釋義乃意引。卷七十四、卷八十二所引構形不確。

161. 坏成：《說文》：瓦器未燒曰坏。從土從丕省聲也。（卷十二）坏器：《說文》云未燒瓦也。（卷五十六）坏幻：《說文》云坏，瓦不燒也。從土不聲。（卷八十八）坏器：《說文》云未燒瓦也。（卷五十六）坏幻：《說文》云坏，瓦不燒也。從土不聲。（卷八十八）陶坏器：《說文》：瓦器未燒曰坏。從土從盃省聲。（卷十八）

按，坏，二徐作瓦未燒。從土不聲。釋義方面，慧琳諸卷所引或有意引，或推衍其說。坏，《段注》在一部，丕、盃，亦一部，構形方面，卷十二、十八所引構形可從。

162. 一鑊：《說文》：鐫也。從金蒦省聲也。（卷十二）鑊湯：《說文》：鼎屬。從金蒦聲。（卷三十八）釜鑊：《說文》作䰝，從鬲甫聲。《說文》從金蒦聲也。（卷四十五）血鑊：《說文》：鐫也。從金蒦聲。（卷五十六）（卷六十四）（卷八十二）（卷九十六）鑊內：《說文》：雋也。（卷六十）鎗鑊：《說文》云鐫也。鼎也。從金蒦聲。（卷六十三）

按，鑊，二徐作鐫也。從金蒦聲。慧琳卷十二所引衍「省」字。卷三十八、六十三所引乃意引，卷六十所引釋義乃俗體。

163. 鋸解：《說文》：槍糖也，從金居聲也。（卷十二）以鋸：《說文》：鋸，槍唐也，從金居聲也。（卷六十二）（卷七十九）（卷八十三）鋸解：《說文》云搶唐也。從金居聲也。（卷六十六）（卷六十八）

按，鋸，二徐作槍唐也。卷十二、卷六十六、六十八所引釋義乃俗體。

164. 鞭杖：《說文》：驅遲也。從革便聲也。（卷十二）鞭撻：《說文》：馬策也。（卷四十一）鞭笞：《說文》：驅馳也。從革便聲。（卷七十五）（卷六十九）（卷九十七）鞭打：《說文》：驅馳也。從革便聲也。（卷十五）鞭撻：《說文》：鞭，擊也。《說文》：達字從辵㚏聲（卷十八）

按，鞭，二徐作驅也，《說文古本考》認爲慧琳所引「驅馳也」爲古本，其說可從。慧琳諸卷所引多作驅馳也，亦有作驅遲者，乃音近假借。卷四十一、卷十八所引乃意引。

165. 或齩：《說文》：齧也。（卷十二）齩者：《說文》云從齒交聲也。或從堯作齩也。（卷三十七）（卷五十七）（卷六十）齩食：《說文》云齧骨也。

從齒交聲。（卷五十三）齩足：《說文》云齩亦齧也。從齒交聲。（卷七十二）

按，齝，二徐未見。齩，二徐作齧骨也，從齒交聲。慧琳卷十二、卷七十二或爲節引。

166. 或齧：《說文》：齧，噬也，從齒從刧省聲也。（卷十二）齒齧：《說文》齧猶噬也。從齒刧聲。（卷二十八）（卷三十二）（卷三十五）（卷三十七）（卷三十八）（卷四十三）（卷六十）（卷七十二）（卷七十四）（卷七十八）

按，齧，二徐作從齒刧聲，慧琳卷十二所引衍「省」字。

167. 恬怕：《說文》：從心從甜省聲也。《說文》：無爲也。從心白聲。（卷十二）恬怕：《說文》從心從甜省聲也。《說文》：無爲也。從心白聲。（卷十四）恬默：《說文》亦安也。從心甛聲。（卷三十九）恬憺：《說文》：從心舌省聲也。（卷四十三）恬憺：《說文》從心從甛省聲也。（卷七十七）（卷七十八）恬愉：《說文》亦安也。從心甜省聲。（卷九十二）

按，恬，二徐作安也，從心甛省聲，慧琳諸卷構形多與二徐同，卷三十九所引構形脫「聲」字，卷四十三所引構形「甛」訛作「舌」。

168. 甛膩：《說文》：美也。從甘舌。（卷二十九）（卷七十五）甛物：《說文》：美也，從甘舌聲。（卷五十一）甛美：《說文》：美也。從舌甘，會意字也。或作甜，一也。《說文》：味甘也。從羊從大，在音之中。（卷十四）或甜：《說文》：美也。從舌甘聲也。（卷十七）三甜：《說文》：美也。從甘從舌。（卷四十）

按，甛，二徐作美也，從甘從舌。甛，古音在談部，甘，亦在談部，舌，古音在月部，卷五十一所引構形不確。卷十七所引構形可從。美，二徐作甘也，在六畜。慧琳卷十四所引「在音之中」乃「在六畜」之訛，所引釋義乃推衍其說。

169. 譏刺：《說文》：誹也。從言幾聲。《說文》：君殺大夫曰刺。從刀束聲也。（卷十二）鍼刺：《說文》：直傷也。（卷二十九）刺（刺）木：《說文》：木芒也。從刀束（束）聲。（卷三十五）劖刺：《說文》云刺，道傷也。從刀束聲。（卷五十三）鑱身：《說文》：刺，直傷也。從刀束聲。（卷六十二）（卷六十三）（卷七十二）（卷七十四）（卷七十七）棘刺：

《說文》從刀從束。（卷十四）刺刺：《說文》：木芒也。（卷二十五）

    按，刺，二徐作君殺大夫曰刺，刺，直傷也。從刀從束，束亦聲。釋
      義方面，慧琳諸卷或節引其說。卷五十三所引釋義「迶」或當作
      「直」。刺，《段注》在十六部，束，亦十六部，慧琳卷十四所
      引構形不確。

170. 忩遽：《說文》：傳也，窘也。從辵豦聲也。（卷十二）悒遽：《說文》：
    窘也。從辵豦聲。（卷三十三）（卷四十五）（卷五十六）（卷七十七）（卷
    九十一）遽告：《說文》從虍從豕從辵。（卷十五）

    按，遽，二徐作傳也，一曰窘也。從辵豦聲。慧琳卷十二所引脫「一曰」
      二字。慧琳其他諸卷所引乃節引。卷十五所引構形不確。

171. 枝派：《說文》：水之邪流別，從辰水字也，象分流也。（卷十二）支派：
    《說文》：水分也，從反永字也。（卷六十一）（卷九十三）派演：《說
    文》云派，水之邪流別也。從反水。（卷七十二）（卷六十四）（卷九十
    一）支派：《說文》：水之派別也。（卷七十）支派：《說文》云水邪流分
    散別也。從水從反永字。象形字也。（卷七十七）

    按，派，二徐作別水也。慧琳諸卷多作水之邪流別也，蓋古本如是。卷
      六十一、九十三所引乃意引。

172. 插在： 《說文》：從手臿聲。《說文》：在，存也，從土從才，才亦聲
    也。（卷十四）上插：《說文》：刺入肉也。從干從臼。（卷三十七）口
    插：《說文》刺內也。從手臿聲。（卷三十九）（卷六十二）（卷六十九）
    （卷七十六）插口：《說文》云刺內入也。從手臿聲。（卷八十一）

    按，插，二徐作刺肉也，從手從臿。慧琳卷三十九、卷八十一等所引
      「內」當作「肉」，形近而訛。卷三十七、卷八十一所引當屬意
      引。在，二徐作從土才聲，與慧琳所引略異。

173. 掉戲：《說文》：從手卓省聲也。《說文》：從戈虖聲也。（卷十四）戰
    掉：《說文》從手從悼省聲。（卷二十九）戰掉：《說文》從手卓聲。（卷
    三十一）（卷六十九）（卷五十一）掉舉：《說文》：從手從卓。（卷五十
    一）掉悸：《說文》云搖也。從手卓聲。（卷七十八）（卷一百）

    按，掉，二徐作從手卓聲。慧琳卷十四所引衍「省」字。卷二十九、卷
      五十一所引或不確。

174. 黿鼉：《說文》：大鼈也。從黽元聲。《說文》：水介蟲也。似蜥蜴而大。從黽單聲。《說文》：單字從吅從里。（卷十四）黿鼉：《說文》：黿，大鼈也。從黽元聲。（卷三十四）（卷三十一）（卷四十）（卷四十一）（卷五十三）（卷六十）（卷八十四）（卷九十六）黿鼉：《說文》云：鼈也。（卷三十九）脽染指之黿：《說文》：水介蟲。大鼈也，從黽元聲。（卷八十五）

按，黿，二徐作大鼈也，從龜元聲。卷三十九所引釋義乃節引。鼉，二徐作水蟲，似蜥易，長大，從龜單聲。與慧琳卷十四所引構形略異。卷八十五所引釋義恐混合「黿」「鼉」單字釋義而成。

175. 如犀：《說文》從牛從尾省。（卷十四）如犀：《說文》南徼外一角鼻上，似豕，從牛尾省聲也。（卷三十一）犀首：《說文》：犀牛出南海徼外。從牛從尾省。（卷八十六）（卷三十）犀枕：《說文》云犀，從牛尾聲。（卷九十四）犀牛：《說文》從牛從尾也。（卷十五）

按，犀，二徐作從牛尾聲。犀，《段注》在十五部，尾，亦十五部，慧琳卷十四、卷八十六、卷十五所引構形不確，卷三十一、卷九十四所引構形可從。

176. 櫨栱：《說文》：薄櫨，柱上枅。（卷十四）攢（欑）栱櫨：《說文》：欂櫨，柱上枅也。（卷十五）舍櫨：《說文》云櫨，柱上斗栱也。從木盧也。（卷七十九）重櫨：《說文》：薄櫨，柱上枅也，從木盧聲。（卷八十一）（卷八十三）（卷九十一）承櫨：《說文》：櫨，柱上斞也，從木盧聲。（卷一百）

按，櫨，二徐作柱上柎也。丁福保認為慧琳所引「柱上枅也」為古本，今二徐本有誤。卷一百所引「斞」不確。

177. 駿疾：《說文》：馬之良材者。從馬從峻省。（卷十四）駿疾：《說文》：馬之良者也。從馬夋聲。（卷四十四）駿足：《說文》馬之良才也。從馬夋聲。（卷七十五）郵駿：《說文》：馬良才也。從馬夋聲也。（卷八十三）駿逸：《說文》云馬之良材者也。從夋聲。（卷八十九）駿捷：《說文》良馬也。從馬夋聲。（卷八十九）驥駿馬：《說文》：馬之良才也，形聲字也。（卷十五）駿馬：《說文》云：駿馬為馬之才良者也。（卷二十六）

按，駿，二徐作馬之良材者，從馬夋聲。釋義方面，慧琳諸卷所引或爲節引，卷七十五、卷十五、卷二十六所引「才」乃「材」之異體。構形方面，慧琳諸卷多與二徐同，只有卷十四所引爲省形，不確。

178. 蹉蹹：《說文》：踐也。（卷十四）蹋蓮：《說文》云蹋，踐也，從足𦐇聲。（卷二十九）（卷三十七）（卷四十四）（卷五十一）（卷五十五）（卷五十五）（卷六十三）（卷六十九）（卷七十五）（卷九十九）牴蹋：《說文》：牴，觸也。從牛從氐，氐亦聲也。《說文》：踐，蹋也。從足𦐇聲。（卷三十三）（卷七十八）蹴蹋：《說文》蹴亦蹋也。從足就聲。（卷五十一）（卷七十八）足右指蹴：《說文》：逆蹋也，從足𦐇聲。（卷六十二）蹋之：《說文》踐也，足躡也。從足𦐇聲。（卷九十）

按，蹹，二徐作蹋，踐也，從足𦐇聲。慧琳卷十四據俗體釋義。牴，二徐作觸也，從牛氐聲。慧琳卷三十三所引爲亦聲。蹴，二徐作躡也，從足就聲。慧琳諸卷引作蹋也，蓋古本如是。卷九十所引釋義有推衍其說。

179. 膠黏：《說文》：昵也，作之以皮。從肉謬聲也。（卷十四）木膠：《說文》：胒也。（卷二十九）膠漆：《說文》從肉翏聲。（卷三十一）（卷七十三）（卷八十五）黐膠：《說文》從肉從翏省聲也。（卷六十）樹膠：《說文》：𦙶也，作之以皮。從肉翏聲。（卷六十三）（卷六十八）

按，膠，二徐作昵也，作之以皮。從肉翏聲。慧琳卷十四所引翏，訛作謬。卷十四、卷二十九、卷六十三所引「昵」「胒」，當作「昵」，形近而訛。卷六十所引衍「省」字。

180. 挾怨：《說文》：持也。從手夾聲也。（卷十四）（卷三十四）（卷六十二）（卷八十二）（卷九十三）（卷九十七）（卷九十八）懷挾：《說文》云埤（俾）持也，從手夾聲。（卷七十八）

按，挾，二徐作俾持也。慧琳諸卷皆作持也，蓋古本如是。

181. 糠檜：《說文》：穀皮也。從禾康聲也。《說文》：糠也。從禾會聲也。（卷十四）糠和：《說文》云穀皮也。從禾從庚從米。（卷三十五）（卷五十三）糠秕：《說文》云糠，穀皮也。從禾采庚聲也。（卷六十六）（卷八十）糠檜：《說文》：從米康聲。（卷七十七）

按，糠，二徐作從禾從米庚聲。糠，《段注》在十部，庚，在十部，

卷十四、卷六十六、卷七十七所引構形可從，卷三十五所引構形不確。

182. 蠶繭：《說文》：姙絲蟲也。從䖵朁聲也。（卷十四）蠶繭：《說文》：蠶，吐絲蟲也。從䖵朁聲。（卷三十一）蛹蠶：《說文》：蠶，姙絲也。從䖵朁聲。（卷八十一）蠶衣：《說文》蠶，吐絲也。從䖵朁。（卷九十九）作繭：《說文》：蠶衣也。從糸從虫從芇省。（卷十五）作繭：《說文》：蠶衣也，從糸從虫從芇。（卷十七）作繭：《說文》：蠶衣也。從糸從虫從繭省。（卷十五）蠶繭：《說文》蠶衣也。從糸從虫芇聲。（卷三十一）（卷六十）（卷八十五）作繭：《說文》蠶衣也。從糸從虫從芇。（卷四十五）（卷九十九）生繭：《說文》云蠶衣也。從系從虫從芇省聲。古文作䌴。（卷八十一）蠶繭：《說文》：繭，蠶衣也。從糸從虫從繭（芇）者。（卷十四）

按，蠶，二徐作任絲也。從䖵朁聲。慧琳卷十四所引較爲完備。卷三十一、卷九十九所引乃意引。卷八十一所引乃節引。卷八十一所引衍「省」字。蠶，《段注》在七部，朁，亦七部，卷九十九所引構形不確。繭，二徐作從糸從虫，芇省。繭，《段注》在十四部，芇，在十二部，二者韻遠，慧琳卷三十一、卷八十一所引構形不確。

183. 綜習：《說文》：機縷持絲交者曰綜。從糸宗聲也。（卷十四）綜攝：《說文》機縷交者也。從糸宗聲也。（卷三十四）錯綜：《說文》：機縷持絲交者曰綜。從糸宗聲也。（卷四十七）（卷五十四）（卷六十二）（卷六十五）（卷九十三）（卷九十七）錯綜：《說文》：綜，縷持絲交者也。從糸宗聲。（卷八十三）博綜：《說文》云綜，機縷持絲交織者也。從糸宗聲。（卷八十九）

按，綜，二徐作機縷也。從糸宗聲。丁福保認爲慧琳卷十四所引「機縷持絲交者曰綜」蓋爲古本。其說可從。卷八十三所引乃節引。

184. 躡金屣：《說文》：踏也。（卷十四）足躡：《說文》陷也，從足聶聲也。（卷二十八）（卷九十四）躡畫：《說文》云躡，蹈也。從足聶聲。（卷三十九）（卷五十一）（卷五十四）（卷六十三）（卷六十三）（卷六十九）（卷七十四）（卷七十五）（卷八十三）（卷九十二）

按，躡，二徐作蹈也。蓋古本如是。卷十四、卷二十八所引乃意引。

185. 若舐：《說文》：以舌取物也。或作𧮾𦧈，並通，皆古文舐字也。（卷十五）舐血：《說文》正作𧮾，從舌易聲。（卷二十九）（卷三十九）（卷四十二）舐菩薩足：《說文》從舌氏聲。古文作𧮾也。（卷七十八）𧮾足：《說文》云以舌𧮾食也。從舌易聲。（卷八十六）𧮾脣：《說文》云𧮾，以舌取物也。從舌易聲。（卷八十九）舌舐：《說文》：舐者，以舌取物也。從舌氏聲。（卷十五）（卷二十九）（卷七十五）舐吻：《說文》以舌取食也。（卷四十二）（卷五十七）（卷七十五）（卷七十八）

    按，舐，二徐作以舌取食也。慧琳所引多作以舌取物，蓋古本如是。卷八十六所引乃意引。

186. 匍匐：《說文》：手行也，伏也。並從勹，形聲字也。（卷十五）匍匐：《說文》匍，手行也。匐，伏也。二字並從勹，甫畐聲。（卷九十六）（卷四十）（卷四十七）（卷一百）匍匐：匐，伏地也，從勹畐聲。（卷六十九）匍匐：《說文》：匍匐者，肘膝伏地行。二字並從包。（卷七十九）

    按，匐，二徐作伏地也。從勹畐聲。慧琳卷九十六、卷十五所引乃節引。卷七十九所引乃意引。

187. 申縮：《說文》：亂也，從糸宿聲也。（卷十五）縮向：《說文》：縮，蹙也。從糸宿聲也。（卷三十六）（卷四十五）（卷五十四）漸縮：《說文》：縱也，亂也。從糸宿聲也。（卷三十六）縮眉：《說文》：亂也，從糸宿聲。（卷四十）卷縮：《說文》正作搋，云蹙也。亦抽也。從手宿聲。（卷六十七）

    按，縮，二徐作亂也。一曰蹴也。亂、蹴、蹙異體。卷三十六所引「縱也」乃意引。卷六十七所引乃俗體。

188. 鯨鯢：《說文》：海中大魚也。《說文》：刺魚也。（卷十五）鯨鱗：《說文》云海中大魚也。從魚京聲。（卷六十一）（卷八十一）（卷八十三）（卷八十六）鯨鯢：《說文》云鯨，海大魚也，從魚畺聲。（卷九十二）鯨海：《說文》：從魚畺聲。（卷八十一）

    按，鯨，二徐作海大魚也。慧琳所引較爲完備。卷九十二與二徐同，蓋節引。卷九十二、八十一所引構形乃爲俗體。

189. 銜啄：《說文》從口從豕。（卷十五）啄噉：《說文》：鳥喰也。從口豕聲。
（卷四十一）觜啄：《說文》云鳥食也。從口豕聲。（卷六十二）（卷六
十七）（卷七十二）（卷七十五）（卷七十六）

　　按，啄，二徐作從口豕聲。啄，《段注》在三部，豕，亦在三部，二者
　　可為形聲，慧琳卷十五所引構形不確。

190. 巢窟：《說文》從穴屈聲。（卷十五）（卷三十）（卷三十二）（卷六十）
（卷七十九）仙窟：《說文》：窠也。從穴屈聲。（卷三十七）

　　按，窟，二徐作堀，突也。從土屈省聲。慧琳據俗體釋形。卷三十七所
　　引釋義乃意引。

191. 鎚鈷：《說文》：鈷，鐵鍬來（夾）取物也。從金占省聲。（卷十五）鈷
鉗：《說文》：鐵鍬夾取物也。從金占聲。（卷四十一）鈷磔：《說文》云
鈷，鐵鍬也。從金占聲。（卷四十一）（卷四十七）鈷鈕：《說文》鈕亦
鈷也。攝也，從金耴聲。（卷四十一）鈕子：《說文》：鈷也。從金耴聲。
（卷四十五）（卷五十三）（卷五十七）鐵鈷：《說文》：鈷，鍬也。從
金占聲。（卷五十三）鈷拔：《說文》云鈷，鐵鈕也。可以夾取物也。從
金占聲。（卷六十二）鈷子：《說文》云鈷，鐵鈕也。又云持也。從金占
聲。（卷六十三）鐵鈷：《說文》：鈷，鐵鈕也。從金占聲。（卷六十九）
（卷八十）鈷椎：《說文》：鐵鍬也。（卷十一）鐵鈷：《說文》：鐵鈕也。
（卷七十）

　　按，鈷，二徐作鐵鈕也。從金占聲。蓋古本如是。慧琳卷十五所引衍
　　「省」字。卷十五、卷四十一、卷六十二所引乃推衍其說。卷十
　　一所引釋義與二徐近似。

192. 如窯：《說文》：窯，燒瓦竈也。從宀（穴）從羔，或作陶。〔註18〕（卷
十五）窯中：《說文》云燒瓦竈也，從穴羔聲。（卷四十三）（卷五十五）
（卷六十八）（卷九十三）窯家：《說文》：燒瓦窯竈也。從穴從羔，羔
亦聲也。（卷七十九）

　　按，窯，二徐作燒瓦竈也。從穴羔聲。與慧琳所引不同。慧琳卷七十九
　　所引乃推衍其說。

〔註18〕獅作穴。

193. 尪絀：《說文》：跛曲脛也。從大（尢），象偏曲之形，古文作尫，今隸
書從省。《說文》：微也。從糸凶聲。（卷十五）尪羸：《說文》：曲脛
也。從尢，象偏曲一脚，王聲也。（卷四十一）弊尪：《說文》：尪，跛
曲脛也。字從大（尢），象偏曲直形也，從尤從王也。（卷五十三）（卷
五十三）（卷五十七）尫疾：《說文》：正作尫，謂跛曲脛也。從尢，象
偏曲直形。（卷六十八）

　　按，尪，二徐作尫曲脛也。尫、跛異體。卷四十一所引乃節引。

194. 謦欬：《說文》：謦亦欬聲也。從言從殸。（卷十五）謦欬：《說文》：亦
欬也。（卷二十七）謦欬：《說文》謦亦欬也。從言殸聲。（卷三十）（卷
三十五）（卷三十七）謦欬：《說文》：謦亦欬也。從言從聲省聲。（卷
三十六）謦欬：《說文》謦亦欬也。從言殸聲。（卷四十七）（卷六十二）
謦欬：《說文》云謦欬，逆氣通而兼有聲也。（卷六十一）謦瘶：《說文》：
欬也。從言殸。（卷七十八）

　　按，謦，二徐作欬也，從言殸聲，慧琳所引有作「逆氣也」者，蓋《說
　　文》古本「一曰」之訓。

195. 遞共：《說文》從辵從虒。（卷十五）遞相：《說文》從辵遞（虒）聲。（卷
三十一）（卷四十七）（卷四十九）（卷九十二）遞更：《說文》：更也。
從辵虒聲也。（卷七十七）

　　按，遞，二徐作從辵虒聲，慧琳所引多與二徐同，卷十五所引會意恐不
　　確。

196. 憺怕：《說文》：安也，從心詹聲。《說文》：無思也。從心白聲。（卷
十七）憺怕：《說文》：憺，安也，靜也。怕，《說文》匹白反，無爲也。
（卷二十七）（卷二十八）憺怕：《說文》亦安也。從心詹聲。《說文》
無爲也。從心白聲。（卷三十二）（卷七十五）（卷三十）（卷四十三）（卷
四十五）（卷六十六）（卷六十九）（卷七十）（卷七十四）（卷七十六）
（卷七十七）憺怕：《說文》：憺，安也。怕，靜也。（卷七十一）

　　按，怕，二徐作無爲也，從心白聲。卷十七、七十一所引「怕」字釋義
　　爲意引。

197. 蟻飛：《說文》：從虫義聲。或作螘也。（卷十七）螻蟻：《說文》從豈作
螘。（卷三十七）蟲螘：《說文》螘，蚍蜉也。從虫豈聲也。（卷四十）（卷

四十一）（卷四十四）（卷六十四）（卷六十七）

按，螘，二徐作蚍蜉也，從虫豈聲。慧琳所引乃據俗體「蟻」釋形。

198. 沈痼：《說文》：久病曰痼。從广固聲也。（卷十八）痼疾：《說文》：痼，
病也。（卷七十）沈痼：《說文》作痦，病也。從广古聲。（卷八十七）（卷
九十）（卷九十二）昏痼：《說文》痼，久病也。（卷九十九）

按，痼，二徐作痦，久病也。慧琳據俗體釋形。

199. 操紙：《說文》：操，持也。（卷十八）操筆：《說文》：操，把持也，從
手喿聲也。（卷八十）（卷八十六）（卷八十九）（卷九十四）（卷九十八）
操翰：《說文》：操，抱把持也。從手喿聲。（卷八十三）異操：《說文》
云操，抱持也。從手喿聲。（卷八十九）

按，操，二徐作把持也。持，二徐作握也。把，二徐作握也。慧琳卷十
八所引乃節引。卷八十三、八十九所引乃意引。

200. 吸精氣：《說文》：吸，內入息也。（卷十八）吸欲：《說文》：內息也。
從口及聲。（卷四十）（卷三十一）（卷四十三）（卷五十四）（卷五十七）
（卷八十三）（卷八十四）（卷八十七）吸欶：《說文》息也。從口及聲。
（卷九十四）

按，吸，二徐作內息也。丁福保認爲古本當爲氣息入也，亦引也。慧琳
諸卷多作內息也。蓋古本如是。卷十八所引乃推衍其說。卷九十四
所引乃節引。

201. 粗獷：《說文》：獷犬不可附近也。（卷十八）獷強：《說文》云犬獷獷不
可附也。從犬從廣也。（卷二十八）（卷三十）粗獷：《說文》：犬獷也。
從犬廣聲也。（卷三十二）（卷七十四）麁獷：《說文》云犬獷惡不可附
也。從犬廣聲。（卷四十一）不獷：《說文》：犬性獷，不可附也。從犬
廣聲。（卷六十六）粗獷：《說文》云從犬從礦省聲。（卷七十八）獷暴：
《說文》：獷，惡犬不可附近也。從犬廣聲。（卷八十二）愚獷：《說文》
云獷不可附也。從犬廣聲也。（卷八十七）凶獷：《說文》云犬獷獷不可
附也。從犬廣聲。（卷九十六）麁獷：《說文》謂犬獷惡不可附近也。從
犬廣聲。（卷十九）麁獷：《說文》：獷猶惡也。從犬廣聲也。（卷二十
四）粗獷：《說文》：惡不可附也。（卷二十六）

按，獷，二徐作犬獷獷不可附也。慧琳卷二十八、卷九十六作此訓，蓋

古本如是。慧琳卷十八、卷三十二、卷四十一、卷六十六、卷八十二、卷八十七、卷十九、卷二十四、卷二十六所引有節引。構形方面，獷，《段注》在十部，廣、礦，亦十部，慧琳卷二十八所引構形不確，卷七十八所引構形可從。

202. 鬱蒸：《說文》：芳草也。從臼從冖從缶從鬯從彡。《說文》：火氣上行也。從草烝聲。（卷十八）蓊欝：《說文》：木蕞生。案《說文》：欝字正體從林缶從勹從鬯從彡作鬱。（卷十一）萎蔫：《說文》：蔫，菸也。鬱，歾也。（卷十七）鬱茂：《說文》亦木蕞生也。（卷二十八）鬱峙：《說文》云鬱，木叢生也。從臼冖缶㞢，其飾也。（卷八十）蓊鬱：《說文》：草木叢生也。從林。古文從臼從缶從冂從鬯從彡。（卷八十二）

　　按，鬱，二徐作木叢生者。慧琳卷十七所引不確。卷八十二所引乃推衍其說。欝，二徐作從林鬱省聲。慧琳據俗體釋形。鬱，二徐作芳艸也。從臼從冖缶鬯彡。蒸，二徐作折麻中榦也。烝，二徐作火氣上行也。從火丞聲。慧琳所引丞，訛作烝。

203. 瀑流：《說文》：㴍，疾雨皃也。從水暴，暴亦聲也。（卷十九）瀑流：《說文》云疾雨也。從水暴聲。（卷六十六）（卷三十一）（卷六十七）（卷六十八）（卷七十二）（卷八十九）

　　按，瀑，二徐作疾雨也。從水暴聲。慧琳卷十九所引瀑，訛作㴍，構形與二徐本略異。

204. 嬰諸疾病：《說文》從女賏聲。（卷十九）（卷二）（卷三十）（卷五十一）（卷八十一）嬰疹：《說文》：從女從賏。（卷五十一）

　　按，嬰，二徐作從女賏。慧琳諸卷多作從女賏聲。

205. 嬾惰：《說文》：嬾，懈怠也。從女賴聲。惰，不敬也，從心隋聲。（卷十九）（卷二十四）懶惰：《說文》：不敬也。從心隋聲也。（卷六）瘝惰：《說文》從心隋聲。（卷四十一）嬾惰：《說文》不敬也，從心墮省聲也。古文從女作媠。（卷二十九）今惰：《說文》正作惰，云不敬也。從心隋聲。（卷八十七）惰瘝：《說文》云惰，不敬也。從心從隋省。（卷九十四）懶惰：《說文》：懈怠也。從心賴聲也。或從女作嬾。一云臥食曰嬾。《說文》：惰，不敬也。從心隋聲也。（卷七）嬾惰：《說文》懈怠也。從女賴聲。（卷二十九）（卷三十一）（卷四十一）懶惰：《說文》：

懈怠也。從心賴聲也。《說文》：不敬也。從心隋聲也。（卷十一）（卷十二）

按，懶，二徐作孏，大徐作懈也，怠也，一曰臥也。從女賴聲。小徐作懈怠也。憜，二徐作從心墮省。憜，《段注》在十七部，隋，亦十七部，卷十九、卷六、卷四十一、卷七、卷八十七、卷十一所引構形可從。墮，亦十七部，卷二十九所引構形亦可從。

206. 坑坎：《說文》並從土，亢，欠皆聲（卷十九）坑澗：《說文》從土從亢聲也。《說文》從水間聲也。（卷十七）坑壍：《說文》作阬。（卷六十六）坑坎：《說文》：陷也。（卷二十七）坑坎：《埤蒼》云坎亦坑也。《說文》同。（卷三十三）坑坎：《說文》坑，壚也，從土亢聲。（卷九十三）

按，坑，二徐作阬，閬也，從𨸏亢聲，慧琳據俗體釋形。

207. 暨乎：《說文》：與也。從旦既聲。（卷十九）普暨：《說文》：至也。從旦既聲。（卷二十九）暨山：《說文》：頗見，從旦既聲。（卷三十一）（卷四十四）（卷八十）（卷八十二）（卷八十三）（卷八十三）（卷九十五）（卷一百）

按，暨，二徐作日頗見也。慧琳卷十九、二十九所引釋義，乃「暨」之引申義。

208. 厲聲：《說文》：從厂萬聲。（卷十九）白癩：《說文》作厲，惡疫也。（卷三十二）有癘：《說文》：從癘省聲也。（卷二）癩疾：《說文》：正作癘，惡病也。從广厲省聲也。（卷二）疫癘：《說文》：疾惡也。從广萬聲。（卷四十）（卷四十一）（卷六十四）惡癘：《說文》：惡病也。從广萬省聲也。（卷十二）

按，癘，大徐作惡疾也，從广蠆省聲，小徐作惡瘡疾也，從广厲省聲。小徐與慧琳卷二所引構形略異。釋義方面，二徐與慧琳諸卷所引義近。厲，二徐作從厂蠆省聲，厲，《段注》在十五部，萬，在十四部，二者韻近，慧琳卷十九所引構形可從。

209. 翳闇：《說文》：從羽從殹。（卷十九）昏翳：《說文》：華蓋也。從羽殹也。（卷七）雲翳：《說文》翳謂華蓋也。從羽殹聲。（卷三十二）（卷三十九）雲翳：《說文》花蓋也。從羽殹聲。（卷四十一）（卷四十五）（卷四十七）（卷五十）（卷五十一）覆翳：《說文》：蓋也。從羽殹聲。（卷

五十一）（卷八十三）雜翳：《說文》：翳，華蓋也。從羽從殹省聲也。
（卷十一）瑕瞖：《說文》：華蓋也。從目殹聲。（卷三十五）瞖目：《說
文》作翳，目病生翳也。（卷七十）塵翳：《說文》：從羽從殹聲。（卷十
四）

> 按，翳，二徐作華蓋也，從羽殹聲。慧琳卷十九所引構形不確。慧琳卷
> 七所引構形或脫「聲」字，卷三十二所引盖，乃俗字。卷五十一、
> 八十三所引脫「華」字。

210. 盲瞽：《說文》：目但有映（眽）。從目從鼓，會意字也。（卷三）瞇瞽：
《說文》目但有眽也。如鼓皮。從目鼓聲。（卷九十五）盲者：《說文》：
目無眸子曰盲。從目亡聲。（卷四）盲冥：《說文》：盲者，目無眸子也。
從目亡聲。（卷三十）（卷三十三）（卷六十八）（卷九十二）盲冥：《說
文》云盲，無眸子也。從目亾聲。（卷七十五）膏盲：《說文》云盲二字
並從肉亡聲。（卷八十六）盲瞖：《說文》：目無眸子曰盲。（卷八）盲
瞽：《說文》：目無眸子也。從目從亡省聲也。《說文》：目但有眽，曼
曼如鼓皮曰瞽。從目鼓聲。（卷十四）膏盲：《說文》云膏盲二字並從肉。
（卷八十六）盲冥：《說文》：目無眸子也。從目從亾。亾亦聲也。（卷
十九）

> 按，盲，大徐作目無牟子也。小徐作目無眸子也。從目亡聲。小徐與慧
> 琳所引同。《說文段注》認爲眸爲俗字。《說文》：牟，牛鳴也。當
> 作眸。慧琳卷八所引衍「省」字。卷七十五所引有脫文。卷八十六
> 所引構形不確，當改爲從目亡聲。瞽，二徐作目但有眽也。慧琳所
> 引有與二徐同者，卷十四所引盖推衍其說。冥，二徐作從日從六冖
> 聲。

211. 顮慼：《說文》：涉水者則顮顣也。《說文》正體從卑作瀕，今隸書從略，
省涉爲步，又去卑從口作顮，減省也。（卷十一）頻眉：《說文》從卑作
顰，時不多用。（卷二十九）（卷三十九）（卷四十四）顰顣：《說文》云
涉水者則顰顣也，從卑頻聲。（卷六十六）顰顣：《說文》云涉水顰顣也，
從頻卑聲。（卷七十七）顮蹙：《說文》：蹙字從戚足聲也。（卷十五）
顮嘁：《說文》：涉水則顮嘁。（卷一）顰嘁：《說文》：從卑頻聲。（卷
十九）

按，䠔，二徐作涉水䠔矗。從卑頻聲。無卷十一「者則」二字。卷七十
七所引構形有倒置。矗，二徐作從足戚聲。慧琳所引構形有倒置。

212. 擐甲：《說文》從手從還省聲也。（卷二十四）擐彼：《說文》從手從環省
聲也。（卷十九）擐服：《說文》：衣甲，從手從睘省聲也。（卷三十六）
爲擐：《說文》作擐，擐甲執兵也，從手睘聲也。（卷三十九）（卷九十
三）擐身：《說文》貫之急也。從手睘聲。（卷四十）擐精：《說文》：穿
貫衣甲也。從手睘聲。（卷四十一）擐體：《說文》又音姑患反，從手從
環省聲也。（卷六十三）擐甲：《說文》從手從還省聲也。（卷六十八）
擐甲：《說文》從手還省聲也。（卷十九）

按，擐，二徐作貫也，從手睘聲，春秋傳曰擐甲執兵。擐，《段注》在
十四部，還，亦十四部，環，亦十四部，慧琳卷十九、六十三、六
十八所引構形可從。卷三十六所引構形衍「省」字。卷三十六、三
十九爲節引，卷四十爲意引，卷四十一爲推衍其說。

213. 綺縠：《說文》：綺，有文繒也。從糸奇聲。《說文》：細縛也。從糸㝅
聲。（卷十九）綺飾：《說文》：有文繒也。從糸奇聲也。（卷一）綺蓋：
《說文》：有文繒也。（卷八）綺麗：《說文》云綺，有文繒也。從糸奇
聲。（卷三十一）（卷八十五）綺繪：《說文》：有文繒也。（卷十二）

按，綺，二徐作文繒也。丁福保認爲二徐本脫「有」字。慧琳與唐寫本
《玉篇》綺注引《說文》同，當爲古本。縠，二徐作從糸㝅聲。慧琳
所引㝅訛作㝅。

214. 環釧：《說文》：從玉還省聲。（卷十九）循環：《說文》：從玉睘聲。（卷
二）環釧：《說文》訓同上，從玉睘聲也。（卷二十九）（卷三十一）（卷
四十）循環：《說文》肉好若一謂之環。從玉睘聲。（卷四十一）環釧：
《說文》：璧肉好如一謂之環。從玉睘聲也。（卷四十五）（卷六十二）
（卷七十六）（卷九十八）

按，環，二徐本作璧也，肉好若一謂之環。從玉睘聲。卷四十五所引
「璧」後脫「也」字。

215. 髀內：《說文》作䏶，云股外也，從骨卑聲。（卷十九）兩髀：《說文》：
正從骨作䏶。䏶，股外也。卑聲也。（卷一）右髀：《說文》：股外也。
從骨卑省聲也。（卷四）髀脛：《說文》䏶，股外也。從骨卑聲。（卷三

十）（卷三十四）（卷三十六）（卷三十七）（卷四十）（卷六十二）（卷六十九）（卷七十）（卷七十四）（卷七十五）（卷八十六）髀䫄：《說文》：股外也。從骨從卑。（卷三十五）髀骨：《說文》：髀，股外骨也。（卷五十三）《說文》云髀，在股外也。從骨卑聲。亦作䏶，古文也。（卷七十二）髀腨：《說文》：股外也。內曰股，外曰髀。從骨卑聲也。（卷十二）兩髀：《說文》作髀。從骨卑聲。（卷四十）

按，髀，二徐作股也。從骨卑聲。丁福保認爲二徐奪「外」字。慧琳卷四所引構形衍「省」字。卷五十三所引釋義衍「骨」字。卷七十二所引釋義衍「在」字。卷三十五所引構形不確。丁福保認爲二徐脫「外」字。

216. 魚鼈：《說文》：鼈，介蟲也。從黽敝聲。字書作蟞。（卷十九）龜鼈：《說文》云水介蟲也。從黽敝聲。（卷三十九）（卷四十）（卷四十一）（卷八十四）（卷八十五）魚鼈：《說文》：介蟲也。從黽敝聲。（卷五十三）

按，鼈，二徐作甲蟲也。《說文校議》據《藝文類聚》引作介蟲也。《說文古本考》認爲古本當爲介蟲也。

217. 灑地：《說文》音山綺反。灑，汛也。從水麗聲。（卷四）飄灑：《說文》從水麗聲也。（卷三十二）灑捩：《說文》：灑，汛也。從麗從沙省聲也。（卷六十）掃灑：《說文》灑，洗也。（卷六十四）灑火：《說文》云汛水也。從水麗聲。方志作洒，非也。（卷七十七）灑落：《說文》灑，汛也，從水麗聲。（卷八十九）灑潤：《說文》：灑猶淨也，從水麗聲。（卷十九）

按，灑，二徐作汛也。灑，大徐作山豉反，小徐作所解反，從水麗聲，汛也。注音與慧琳所引不同。灑，《段注》在十六部，沙，在十七部，二者韻近，慧琳卷六十所引構形可從。釋義方面，卷七十七、卷六十四所引或推衍其說。

218. 麁的：《說文》：從三鹿，今省爲麁。（卷八）麁行：《說文》正體作麤，亦作麤，字書云麁，物不精也。（卷三十一）麁澀：《說文》：比其大小，辨其麁細。古作麤，從三鹿，今省作麁。（卷五十）（卷八十六）（卷九十二）麁穬：《說文》作麤，行起遠也。從三麤，正字也。《說文》：穬，粟有芒也。從禾廣聲也。（卷十九）

按，麤，二徐作行超遠也。從三鹿。當爲古本。慧琳所引「起」當作「超」，形近而訛。鹿，訛作麤。穬，二徐作芒粟也。與慧琳所引略異。

219. 鉞斧：《說文》作戉，大斧也，從乚戈聲。（卷十九）授戉：《說文》云大斧也。（卷九十五）鉞斧：《說文》正作戉，從戈乚聲也。（卷三十）鉞斧：《說文》：大斧也。從戈乚聲。（卷三十五）鉞斧：《說文》：大斧。從戈戉聲。（卷四十一）（卷八十三）鈇鉞：《說文》從金戉聲。（卷四十一）（卷八十五）

按，戉，大徐作斧也，小徐與慧琳所引同。蓋古本作「大斧也」。構形方面，二徐皆作從戈乚聲。戉，《段注》在十五部，乚，亦十五部，戈，在十七部，慧琳卷十九所引構形不確，卷四十一乃據俗體釋形。

220. 不眴：《說文》：目捶（搖）也。從目旬聲。（卷十九）不瞬：《說文》瞬，目開闔數搖也。（卷三十一）瞬頃：《說文》：瞬謂開闔目數搖也。從目舜聲。（卷三十三）（卷四十九）（卷六十八）（卷七十二）瞬目：《說文》：從寅作瞚。（卷三十五）不瞚：《說文》云開闔目數搖也。從目寅聲也。或作瞬，俗字也。古作眒，《說文》眴旬並音縣。眴，視兒。（卷四十一）（卷七十七）不瞬：《說文》云瞬，目搖也，從目舜聲。（卷五十三）不瞬：《說文》云瞬，目搖動也，從目舜聲。（卷九十四）視瞬：《說文》目動也。（卷一百）不眴：《說文》：從目旬聲也。（卷一）不眴：《說文》：目搖也。從目旬聲也。（卷四）曾眴：《說文》：目搖也。從目旬聲也。（卷十二）魯眴：《說文》：目搖也。從目從旬省聲。（卷三十二）動眴：《說文》云從目旬聲。（卷四十七）眼眴：《說文》：目搖動也。從目旬聲也。（卷五十三）眴頃：《說文》亦曰搖也，從目旬聲。（卷七十六）曾眴：《說文》云眴，目搖也。從目旬聲。（卷七十七）（卷七十八）（卷九十六）不眴：《說文》：目搖也。從目從旬。（卷八十）不旬：《說文》：目搖也。從勹從目，或作眴。（卷十一）暫瞚：《說文》：暫，不久也。從日斬聲。《說文》作瞚，云目搖開闔也。從目寅聲。（卷十九）瞚息：《說文》開闔目數搖也。從目寅聲。（卷四十一）（卷九十五）不瞚：《說文》目開闔也。（卷六十九）數瞚：《說文》：瞚，目開閉數搖也。（卷七十一）不瞚：《說文》云瞚爲開闔目也。（卷七十九）

按，瞚，眴，二徐作眴，目搖也，從目匀省聲，或從目旬。卷七十六所引有脫文。卷三十二所引構形脫「省」字。構形方面，二徐作從目旬，而慧琳諸卷多作從目旬聲，眴，《段注》在十二部，旬，亦十二部，慧琳所引構形可從。卷五十三所引釋義乃意引其說。瞚、瞬、眴，皆俗體。所引構形乃據俗體為說。

221. 獼猴手：《說文》：玃也。（卷十一）彌猴：《說文》云彌猴謂猴孫，即擾（玃）也。（卷八十）彌貞：《說文》正作𢅺，從弓從㼌聲。（卷八十八）狐玃：《說文》：母猴也。一名獿，左形右聲字也。（卷二十九）（卷九十六）猴玃：《說文》云玃，持人猴者。猿猴俗曰胡孫。（卷一百）猴玃：《說文》云大母猴也，善顧眄。（卷一百）獼猴：《說文》：玃也。（卷十九）

按，獼，二徐作獿也。猴，二徐作夒也，夒，二徐作貪獸也，一曰母猴。獿，二徐作獿㺒也，從犬夒。玃，二徐作母猴也，從犬矍聲。《爾雅》曰玃父，善顧攫持人也。慧琳所引或有意引，或有節引。慧琳所引獿乃夒之俗字。

222. 欬嗽：《說文》：欬，逆氣也。從欠亥聲。（卷十九）欬逆：《說文》：逆氣也。（卷二十六）欬嗽：《說文》：氣逆也。（卷十四）欬瀨：《說文》：氣逆也。從欠亥。（卷三十五）欬氣：《說文》：欬，逆氣也。從欠亥聲。（卷六十八）聲欬：《說文》逆氣也。（卷二十七）聲欬：《說文》氣逆也。從欠亥聲也。（卷三十）（卷三十五）（卷三十七）聲欬：《說文》從欠亥聲。（卷三十六）聲欬：《說文》：逆氣也，從欠亥聲。（卷四十七）（卷六十二）聲欬：《說文》云聲欬，逆氣通而兼有聲也。（卷六十一）

按，欬，二徐作屰氣也。從欠亥聲。慧琳所引有作「逆氣」者，有作「氣逆」者。欬，《段注》在一部，亥，亦在一部，慧琳卷三十五所引構形不確。

223. 猗覺分：《說文》從犬奇。（卷二十四）猗覺枝：《說文》云犗犬也，從犬奇聲。（卷六十七）（卷三十九）（卷五十）（卷五十一）（卷八十八）（卷八十九）

按，猗，二徐作從犬奇聲。猗，《段注》在十七部，奇，亦十七部，慧琳卷二十四所引構形不確。

224. 鍼孔：《說文》所以用縫衣也，從金咸省聲也。（卷二十四）刀鍼：《說文》：箴，所以縫衣也。（卷十一）鍼刺：《說文》所以縫也。（卷二十九）鍼鑽：《說文》：縫也，從金咸聲。（卷五十四）（卷九十二）鍼筩：《說文》：鍼，所以縫衣也。從金咸聲。（卷六十四）（卷六十八）鍼鏠：《說文》：綴衣之具也。三體並形聲字也。（卷七十五）鍼裴：《說文》云鍼，縫刾也，從金咸聲。（卷七十五）鍼脉：《說文》：鍼，刾（刺）也。從金咸聲。（卷八十）

按，鍼，二徐鍼，作所以縫也，從金咸聲。《說文古本考》認爲古本爲所引用縫衣者也。慧琳卷十一、卷六十四、六十八衍「衣」字。卷五十四乃節引，卷七十五、八十乃意引。慧琳卷二十四所引衍「省」字。

225. 枯涸：《說文》：涸，竭也。（卷七）欲涸：《說文》：水涸也。從水固聲也。（卷二十九）涸池：《說文》渴也。從水固聲。（卷四十一）泉涸：《說文》從水固聲。（卷四十三）（卷七十六）（卷九十二）消涸：賈逵注《國語》：涸，猶竭也。《說文》與《國語》義同，從水固聲。（卷二十四）

按，涸，二徐作渴也。《玉篇》作竭也。盡也。《說文段注》認爲作「竭」乃俗本。筆者認爲古本當作「竭也」，作渴，乃形近而訛。卷二十九所引釋義乃意引。

226. 夷敞：《說文》：平治高土可遠望也，從攴尙聲。（卷二十四）敞庫：《說文》：平治高土，可遠望也。從攴尙聲。（卷八十二）（卷七十七）（卷六十）（卷四十七）（卷八十八）（卷九十九）顯敞：《說文》治高土可以遠望。從攴尙聲。（卷八十三）敞軒：《說文》高處遠望也。從攴尙聲。（卷九十一）閑敞：《說文》云平治高土曰敞也。從攴尙聲也。（卷九十四）

按，敞，二徐作平治高土可以遠望也。慧琳卷二十四所引「冶」當作「治」，形近而訛。卷八十三、九十一、九十四所引乃節引。

227. 猫狸：《說文》：妖獸也。似貙，從豸里聲。（卷二十四）狸，《說文》：伏獸似貙，從豸里聲。（卷二十七）（卷三十八）猫狸：《說文》：伏獸也。晝伏而夜行。（卷三十一）猫狸：《說文》：伏獸也。從豸里聲。（卷四十五）（卷六十八）（卷七十六）

按，狸，二徐作伏獸，似貓。慧琳諸卷所引多與二徐同，卷二十四所引
「妖獸」蓋意引。

228. 馳騖：《說文》：馬亂是（足）也。從馬敄聲。〔註19〕（卷二十四）馳騖：
《說文》云騖，虬馳也。從馬敄聲也。（卷八十九）馳騖：《說文》從馬
敄聲。（卷三十一）（卷八十三）（卷九十二）（卷九十七）（卷九十八）
按，騖，二徐作亂馳也。卷二十四、八十九所引乃意引。

229. 晃曜：《說文》：晃，明也。從日光聲。《說文》作燿，亦明也。從火翟
省聲。（卷二十四）炤燿：《說文》從火翟聲也。（卷四十五）（卷九十六）
（卷九十九）炫燿：《說文》：炫亦燿也。《說文》：燿，照也。（卷十
四）炫燿：《說文》：炫，燿也。從火玄聲。（卷三十）（卷三十九）（卷
九十）（卷九十五）炫煥：《說文》炫亦燿也。從火玄聲也。（卷十七）
按，燿，二徐作照也，從火翟聲。炫，二徐作燿燿也。慧琳諸卷多作
「燿也」，蓋古本如是。卷十四所引乃意引。慧琳卷二十四所引
衍「省」字。照、明義近可通。

230. 長短：《說文》云有所短長，以矢爲正。從矢豆聲。（卷二十四）短促：
《說文》：不長也。從矢從豆。（卷四十五）（卷五十四）（卷八十）短
命：《說文》有所長短，以矢爲正。故從矢豆聲。（卷六十九）（卷七十
四）（卷九十九）
按，短，二徐作有所長短。卷二十四所引釋義有倒置，卷四十五所引乃
意引。

231. 流派：《說文》云：水流別也。從水派（辰）聲。（卷二十四）辰別：《說
文》云辰，水之邪流別也。從反永字也。（卷二十九）（卷四十九）（卷
六十八）（卷七十六）（卷八十）（卷八十二）派入：《說文》：派，水之
邪流別也，從水從辰。（卷八十）派其：《說文》云派，別水也。從水辰，
辰亦聲。（卷八十七）辰流：《說文》：辰，謂水分流也。從反水（永）。
（卷九十七）
按，派，二徐作別水也。從水從辰辰亦聲。李善注《文選・頭陀寺碑》
引作水別流也。蓋古本當作水流別也。卷二十九所引推衍其說。
卷八十七、九十七所引乃意引。

〔註19〕獅作足。

232. 齊峙：《說文》亦躇也。從止寺聲也。（卷二十四）峻峙：《說文》：峙，
　　　躇也。（卷四十九）峙立：《說文》：峙（峙），行步不前也。從止從寺。
　　　（卷七十四）鬱峙：《說文》云峙猶躇也。從止寺聲。（卷八十）（卷八
　　　十一）坐峙：《說文》云峙，行步不前進也。《說文》從止寺聲。（卷八
　　　十四）

　　　按，峙，二徐作峙，躇也。從止寺聲。慧琳所引多作躇，蓋爲「躇」之
　　　　異體。卷八十四、七十四所引乃推衍其說。

233. 咸綜鬽彫：《說文》：老物精也。從鬼生毛，從彡或作鬼袾也。（卷二十
　　　四）鬼魅：《說文》：人所歸也。人死爲鬼。從田從人從厶。《說文》：
　　　老物精也。從鬼未聲。（卷二）魘魅：《說文》：物精也。從鬼生毛，從
　　　彡，正作彫也。（卷三十九）魑魅：《說文》作离。《說文》《玉篇》：
　　　老物精。（卷二十七）魑魅：《說文》云老物之精也。（卷四十一）（卷七
　　　十一）鬼勉：《說文》正作彫，老物精也。從鬼生毛從彡。（卷八十七）
　　　精彫：《說文》老物精也。從彡鬼聲也。（卷一百）妖魅：《說文》：老物
　　　之精也。從鬼未省聲也。（卷十二）

　　　按，彫，二徐作老精物也。李善注《文選·蕪城賦》引與慧琳所引同。
　　　　《說文古本考》認爲當作老物精也。其說可從。

234. 拔鏃：《說文》從手友聲。《說文》：矢鋒也。從金族聲也。（卷二十四）
　　　一鏃：《說文》：利也。從金族聲。（卷三十七）（卷六十）無鏃箭：《說
　　　文》：剌（刺）也。從金族聲。（卷三十八）（卷六十八）（卷七十四）（卷
　　　七十七）鏃箭：《說文》：賴也。從今族聲。（卷五十三）

　　　按，鏃，二徐作利也。《玉篇》作箭鏃也。蓋卷二十四所引爲古本，卷
　　　　三十七、三十八所引爲意引。卷五十三所引釋義「賴」當作「刺」
　　　　字，音近而訛。「剌」當作「刺」，形近而訛。

235. 株杌：《說文》：木根也。從木朱聲。《說文》：杌，斷也。從木兀聲。
　　　（卷二十四）見杌：《說文》作兀，云高而上平也。（卷四十七）見杌：
　　　《說文》：木無頭也。從木兀聲也。（卷五十）（卷六十二）人杌：《說
　　　文》闕。（卷五十一）

　　　按，杌，二徐作柮，斷也。卷五十所引乃意引。

236. 瘿癭：《說文》：瘿，頸腫也。《說文》並從广，嬰節皆聲。癭或作癭。

（卷二十四）俗瘇：《說文》作瘇，云脛氣足腫也。從广童聲。（卷七十七）瘇瘇：《說文》：頸腫也。《說文》：脛氣足腫也。從广從童作瘇。（卷十二）瘤瘦：《說文》：頸腫也。並從广，留嬰皆聲。（卷三十三）瘦瘤：《說文》：瘤腫也。（卷三十七）（卷五十五）癰瘦：《說文》：頸瘤也。從广嬰聲。（卷四十）（卷六十二）項瘦：《說文》云瘦，瘤也。從广嬰聲。（卷五十四）皺瘤：《說文》：小腫也。從广。（卷七十九）瘟瘦：《說文》云頸腫病也，從广嬰聲。（卷六十六）

按，瘦，二徐作頸瘤也。丁福保據慧琳所引卷五十四注引《說文》「瘤也，頸腫也」，認爲古本有二義。其說可從。慧琳或有節引，或有意引。瘇，二徐作從广童聲。

237. 謇訥：《說文》云難也。從言內聲。（卷二十四）訥鈍：《說文》：訥，語難澀也。（卷十二）謇訥：《說文》云難言也。從言內聲。（卷四十一）拙訥：《說文》：難也。（卷四十九）（卷七十一）謇訥：《說文》言難也。從言內聲。（卷八十七）

按，訥，二徐作言難也，從言從內。釋義與卷八十七所引同，蓋古本如是，慧琳其他諸卷所引乃節引或意引其說。訥，《段注》在十五部，內，亦十五部，慧琳諸卷所引構形皆可從。

238. 敏捷：《說文》從攴（攴）每聲。或從民作敃。《說文》從手疌聲。（卷二十四）捷速：《說文》：從手建聲。（卷一）捷疾：《說文》：獵也。從手疌聲也。（卷十二）巧捷：《說文》從手從疌也（卷十五）輕捷：《說文》云擸也。軍獲得也。從手疌聲。（卷六十六）（卷三十三）（卷五十四）（卷六十七）（卷九十三）獻捷：《說文》捷，獵也。從手捷聲。（卷八十五）（卷八十九）克捷：《說文》云捷，檻（獵）也。從手疌聲。（卷八十九）

按，捷，二徐作從手疌聲。捷、疌，《段注》皆在八部，卷十五所引構形不確。檻、獵形近而訛。建，二徐本作疌，當是。建、疌形近而訛。

239. 躑躅：《說文》注（住）足也。一云蹢也，並從足，鄭屬皆聲也。（卷二十四）躑跳：《說文》住足也，踦也。（卷四十七）跳躑：《說文》：蹶也。從足兆聲。《說文》：躑躅，住足也。或作蹢。從足從鄭聲也。（卷八）

跳躥：《說文》從足商聲。（卷四十）跳躑：《說文》從商作躥，住足也。
（卷六十五）軌躅：《說文》：車轍也。從車從宄省聲也。《說文》：躥
躅也。從足屬聲也。（卷一）軌生：《說文》：車轍也。從車九聲。古文
作辺，又作衖。（卷七十二）（卷七十五）

　　按，躑，二徐作躥，慧琳卷八、卷六十五據俗體釋形。軌，今二徐本並
　　　　作車徹也，從車九聲。《說文校錄》認爲《韻會》引徹作轍非是。《說
　　　　文段注》認爲車徹者，謂輿之下兩輪之間空中可通。

240. 編椽：《說文》：說簡次也。從糸扁聲。（卷二十四）編髮：《說文》次簡
　　　也。從糸扁聲也。（卷四十七）（卷三十）（卷七十七）（卷八十）（卷八
　　　十）（卷八十六）（卷九十一）

　　按，編，二徐作次簡也。次簡，以繩編次。慧琳卷二十四所引有倒置。

241. 堆阜：《說文》正作𨸏，云小阜也。《說文》正作𨸏，象形字。古作𨸏，
　　　經作阜，通用字。（卷二十四）堆阜：《說文》作𨸏，云大陸山無石也，
　　　象形也。（卷二十四）𨸏𨸏：《說文》亦小𨸏也。象形字。（卷三十）（卷
　　　七十六）𨸏𨸏：《說文》亦云大陸曰𨸏。山無石也，象形。（卷三十）堆
　　　𨸏：《說文》：大陸山無石也。象形字也。卷三十二）（卷七十六）

　　按，𨸏，二徐作小𨸏也。𨸏，二徐作大陸山無石者。慧琳卷二十四所引
　　　　𨸏，訛作𨸏。卷三十所引乃節引。𨸏、阜異體。

242. 黿鼉：《說文》：黿，大鼈。鼉。水蟲也，似蚚（蜥）蜴，皮可以冒鼓。
　　　（卷二十四）黿鼉：《說文》：水蟲也。從黽單省聲。（卷三十四）黿鼉：
　　　《說文》云水蟲也。形似蜥蜴，長五六尺。鼉二字並從黽，單皆聲。（卷
　　　三十九）（卷五十三）（卷九十六）黿鼉：大者如車輪，小者如盤。有神
　　　力，能制水族。魅人而食之。《說文》水介蟲也。從黽單聲。（卷四十一）
　　　黿鼉：郭璞云皮可以爲鼓也。《說文》從黽單（單）聲。（卷五十三）龍
　　　鼉：《說文》水蟲也。長丈許，似蜥蜴而大。從黽單。（卷一百）

　　按，鼉，丁福保據慧琳所引，認爲「辟可以冒鼓」五字乃二徐所奪，可
　　　　從。卷三十四所引衍「省」字。卷一百所引爲會意，與其他諸卷不
　　　　同。

243. 該綜：《說文》：以兼備之也。從言亥聲。《說文》：綜，機縷持絲文交
　　　者也。從糸宗聲也。（卷二十四）該洞：《說文》：以兼備之也。從言亥

聲。（卷三十）（卷三十九）（卷四十九）（卷九十）竑該：《說文》云約
也。從言亥聲。（卷八十）（卷八十七）（卷九十一）

按，該，二徐作軍中約也。慧琳卷二十四、三十所引乃意引。綜，二徐
作機縷也。丁福保認爲慧琳所引乃古本，二徐本有奪文。

244. 雕文刻鏤：《說文》：彫，琢也。（卷二十五）彫鏤：《說文》：彫琢以成
文也。從周彡聲。鏤，剛鐵可以刻鏤也。從金婁聲。（卷二十四）彫鏨：
《說文》：彫琢以成文也。從周彡聲。（卷三十二）（卷八十五）彫飾：
《說文》琢文也。從彡周聲。（卷六十三）（卷九十九）

按，彫，二徐作琢文也。丁福保據慧琳所引卷二十四、卷三十熱認爲，
古本當爲彫琢以成文也。卷六十三、九十九與二徐同，蓋屬節引。

245. 金椎鈇斧：《說文》：呼鐵爲黑金。（卷二十五）鐵橛：《說文》：黑金也。
從金戠聲。（卷三十八）（卷四十一）（卷五十五）（卷七十四）（卷八十）
（卷八十）（卷九十）（卷九十）鐵著：《說文》從金從戠。（卷七十四）

按，鐵，二徐作黑金也。從金戠聲。鐵，在十二部，戠，亦十二部，慧
琳卷七十四所引構形不確。

246. 砂鹵：《說文》云西方鹵地也。（卷二十五）鹹鹵：《說文》：北方味也。
從鹵咸聲也。《說文》：西方鹹地也。從鹵省聲也。（卷八）潟鹵：《說
文》西方鹹地也，從鹵省。（卷七十七）（卷四十一）鹹鹵：《說文》：鹵
亦鹹也。苦也。西方謂之鹹地。（卷六十一）鹹鹵：《說文》：鹵，西方
鹹地也。又西方謂之鹵。從西（卥）省。（卷六十九）鹹鹵：《說文》：
鹵謂西方鹹地也。确薄之地也。天生曰鹵，人生曰鹽。鹽在東方，鹵在
西方。釋名云地不生曰鹵。字故從西省，下象鹽形也。（卷七十）

按，鹵，二徐作西方鹹地也。從西省。鹵，《段注》在五部，鹵、鹵異
體，慧琳卷八所引構形不確。

247. 深邃：《說文》云遠也，幽深也。從穴遂聲也。（卷二十五）幽邃：《說文》：
深遠也，古文作㥞也（卷二十七）深邃：《說文》：深遠也。從穴遂聲。
（卷四十五）（卷八十六）深邃：《說文》：邃，深遠也，從穴從遂。（卷
七十四）邃鍵：《說文》云邃，深也。從穴遂聲。《說文》從金建聲。（卷
八十七）

按，邃，二徐作深遠也。《說文古本考》認爲古本作深也。筆者認爲慧

琳所引多與二徐同，當爲古本。

248. 癰疽：《說文》云久癰也。（卷二十五）癰疽：《說文》：腫也。從疒雍也。
《說文》：久癰爲疽。從疒且聲。《說文》：從月二從一。（卷二）癰疽：
《說文》：癰，腫也。從疒離聲。（卷二十九）（卷三十七）（卷九十五）
癰疽：《說文》云久癰也。從疒且聲。（卷二十九）（卷三十七）（卷四十）
（卷五十五）（卷六十四）（卷九十五）疽癩：《說文》癰也，從疒且聲。
（卷三十）癰疽：《說文》疽亦癰也。從疒從且。（卷六十四）
　　　按，疽，大徐作癰也。小徐作久癰也。皆作從疒且聲。疽、且，《段注》
　　　皆在五部，慧琳卷六十四所引構形不確。

249. 爲屐：履屬也，見《說文》。（卷二十五）寶屐：《說文》：屬也。從履
從伎省聲也。（卷十五）木屐：《說文》從履省支聲。（卷四十五）著屐：
《說文》：屬也，從攴從履省。（卷六十三）著屐：《說文》：屬屬也。
從屨省攴聲。（卷六十四）之屐：《說文》：履有木腳也。從履省支聲也。
（卷七十八）著屐：《說文》履，謂屬也。從履省，支聲。（卷八十九）
破屐：《說文》：屬也，從尸收省聲。（卷九十六）
　　　按，屐，二徐作屬也。蓋古本如是。《說文古本考》認爲「履屬」乃《說
　　　文》一日以下之奪文。慧琳卷六十四、七十八所引乃意引。構形方
　　　面，二徐作從履省支聲。屐，《段注》在十六部，伎，在五部，收，
　　　在三部，韻遠，卷十五、卷九十六所引構形不確。

250. 寱言刀刀：《說文》：眠言也。（卷二十五）寱言：《說文》：瞑語也。從
癠省枭聲也。（卷十二）寱語：《說文》：眠中有言也。從癠省枭聲也。
（卷三十五）（卷六十一）𦦨寱：《說文》：瞑言也。從癠枭聲。（卷三
十八）寱語：《說文》從瞑言也。從枭從癠省。（卷七十九）寱語：《說
文》眠語也。從癠省枭聲。（卷九十九）寱語：《說文》：瞑言也。從癠
省枭聲也。（卷十四）
　　　按，寱，二徐作瞑言也。從癠省枭聲。瞑，《說文》，翕目也。暝，幽
　　　也。眠，當作瞑，形近而訛。瞑言即眠言，義可通。釋義方面，慧
　　　琳諸卷有與二徐同者，有作瞑語者。構形方面，寱，《段注》在十
　　　五部，枭，亦在十五部，卷七十九所引構形不確。

251. 姝大：《說文》：好也。色美也。（卷二十五）姝好：《說文》亦好也。從

女朱聲也。（卷三十二）（卷三十一）（卷三十九）（卷五十三）姝麗：《說文》：好色。從女朱聲。（卷四十三）

按，姝，二徐作好也。《說文古本考》認爲古本有「色美也」一訓。卷四十三所引「好色」當作「好也」，色、也，形近而訛。

252. 歲噎：《說文》云氣短也。（卷二十六）數歲：《說文》：氣悟也。從口歲聲。（卷四十三）（卷八十九）噎歲：《說文》：歲，氣忤也。（卷四十三）歲噎：《說文》：忤氣也。從口歲聲。（卷七十七）歐歲：《說文》云爲悟也。從口歲聲。（卷八十）

按，歲，二徐作氣悟也。蓋古本如是。慧琳卷二十六所引乃意引。卷八十所引乃節引。卷七十七所引釋義有倒置。忤、悟、悟可通。

253. 赧然：《說文》：面慙也。（卷二十六）皺赧：《說文》：赧，慙也。從赤反聲。（卷二十四）赧而：《說文》面慙赤也。從赤反聲。（卷四十一）（卷五十三）（卷六十一）（卷六十二）（卷八十三）（卷八十六）（卷八十八）

按，赧，二徐作面慙赤也。《說文段注》作面慙而赤也。不確。慧琳卷二十六、二十四乃節引。

254. 矬陋：《說文》：陋也。從阜匹聲也。（卷二）矬陋：《說文》：小腫。（卷二十七）醜陋：《說文》：從皀匹聲也。（卷三十二）鄙陋：《說文》：陋，陋也。從皀匹聲。（卷六十八）矬陋：《說文》云陋，隘陋也。從阜匹聲。（卷九十四）矬人：《說文》云小腫也。（卷二十六）

按，二徐作阨陝也，慧琳卷二、卷六十八所引訓釋或有脫文。矬，二徐本未見。

255. 因鑽：《說文》云所以用穿物者也。（卷二十六）鑽搖：《說文》鑽，所以穿著也，從金贊聲。（卷三十一）（卷五十七）（卷七十五）相鑽：《說文》：所以穿也。從金贊聲也。（卷三十三）（卷四十九）（卷六十二）（卷一百）鑽火：《說文》：穿也。從金贊聲。（卷三十八）（卷五十）（卷五十四）（卷六十）鍼鑽：《說文》云所以穿物也。從金贊聲。（卷五十四）

按，鑽，二徐作所以穿也。《說文古本考》認爲古本當作所以用穿物者也。慧琳卷三十一、卷三十三、卷三十八所引有節引。

256. 撓濁：《說文》：撓，擾也，亂也。（卷二十六）撓擾：《說文》云擾也。從手堯聲。（卷六十二）（卷五十七）（卷七十）（卷八十七）（卷一百）

撓攪：《說文》攪也，從手堯聲。（卷六十三）（卷六十九）（卷七十六）

撓攪：《說文》：撓攪。（卷二十六）

按，撓，二徐作擾也。《說文古本考》認爲作「撓攪」乃庾氏注中語。
且認爲古本當有「亂也」一訓。

257. 毲衣：《說文》云：鳥獸細毛也。（卷二十六）抽毲紡氈：《說文》亦獸之
細毛也。（卷三十三）裘毲：《說文》獸細毛也。從三毛。（卷四十二）（卷
六十九）（卷九十二）（卷九十六）毲帳：《說文》毲，獸之毛也。從三
毛。（卷八十二）

按，毲，二徐作獸細毛也。慧琳諸卷所引多與二徐同，蓋古本如是。卷
二十六、三十三乃推衍其說，卷八十二所引乃意引。

258. 融銷：《說文》：鑠也，從金肖聲。（卷二十六）銷滅：《說文》：鑠金也。
從金肖聲也。（卷十一）銷礦：《說文》：鑠金也。從金肖聲也。（卷八）
（卷三十二）（卷四十九）（卷六十六）銷鍊：《說文》：爍金也。或作
焇消，訓義並同。（卷二十九）銷鎔：《說文》鑠也。（卷六十九）

按，銷，二徐作鑠金也。從金肖聲。慧琳所引恐奪「金」字。卷二十
九「爍」當作「鑠」，形近而訛。卷六十九爲節引。

259. 搏食：《說文》：搏，圜也。（卷二十六）搏食：《說文》：圓也。從手專
聲也。（卷三十六）（卷三十二）（卷三十四）（卷五十）（卷五十三）（卷
五十四）（卷六十二）（卷六十四）（卷六十九）（卷七十八）（卷八十三）
搏飯：《說文》：圓也。從手專聲也。（卷五十三）（卷六十六）（卷六十
八）一搏：《說文》：搏，握也。從手專聲。（卷六十五）

按，搏，二徐作圓也。《說文校錄》認爲《廣韻》作團也，「非是」。慧
琳卷三十六作「圓也」，卷五十三作「圓也」，二者義近，蓋古本
作「圓也」，卷六十五所引爲意引。

260. 上頜：《說文》從負（頁）合聲。〔註20〕（卷二十六）頜有：《說文》：
頤也，從頁函聲。（卷十二）牙頜：《說文》云頤，頜也。古文本從函從
頁作顄，或作顲，皆古字也。今且從俗（卷三十五）頜骨：《說文》：頜，
頤也，從頁含聲。古作鬲頁。（卷六十八）（卷七十五）（卷九十二）（卷
九十四）

按，頷，二徐作從頁含聲，慧琳卷二十六所引「合」當作「含」。頷，
二徐作面黃也，從頁含聲。慧琳諸卷或作頤也，或作顧也，義近可
通。

261. 澡漱：《說文》：澡，洗手也。漱，盪口也。（卷二十六）澡浴：《說文》：
澡，洒身也。（卷二十七）澡漱：《說文》從水喿聲。（卷四十五）（卷九
十九）澡手：《說文》：澡，洗手也。從水喿聲。（卷五十七）（卷六十）
（卷六十四）（卷六十九）（卷七十八）

按，澡，二徐作洒手也。慧琳所引多作洗手也，蓋古本如是，卷二十七
所引乃意引。

262. 堅凷：《說文》：凷，堅土也。（卷二十六）苦凷：《說文》從土凵聲。（卷
九十二）杖塊：《說文》：土墣也。從土從魁省聲也。（卷一）土塊：《說
文》：塊，土墣也，從土鬼聲。（卷三十二）（卷四十七）（卷六十一）（卷
九十六）（卷一百）捉塊：《說文》：土墣也。或作凷，古字也。（卷十
五）刀塊：《說文》：塊，土墣也。（卷十七）塊等：《說文》：土樸也，
從土從鬼（愧）省聲。（卷七）

按，凷，二徐本作墣也，或從鬼。玄應所引作堅土也，慧琳所引多作
「土墣也」。卷七所引與二徐所引略同。構形方面，凷，《段注》
在十五部，魁、鬼、愧，亦十五部，慧琳卷一、卷三十熱、卷七
所引構形可從，凵，在八部，韻遠，卷九十二所引構形不確。

263. 輦：《說文》：人輓車也。在前人引之。古者卿大夫亦乘輦。自漢以來，
天子乘之。（卷二十七）彫輦：《說文》從車㚘在車前引之也、㚘，並行
也，從二夫。（卷三十二）輦轝：《說文》：人輓車也。從車㚘在車前引
之曰輦。《說文》：乘人而行曰轝。從車從與省聲，平去二音，總通也。
（卷十四）輦輿：《說文》人輓車也。又從㚘而引車也。（卷四十一）輦
輿：《說文》輓車也。從㚘在車前引也。（卷五十三）擔輦：《說文》：挽
車也，從㚘從車。車前引也。（卷七十四）

按，輦，二徐作輓車也。從車從㚘在車前引之。慧琳諸卷所引有節引。
轝，二徐作輿，車輿也。從車舁聲。轝，《段注》在五部，與，亦
五部，二者可為形聲，慧琳卷十四所引構形可從。

按，輦，二徐作輓車也。慧琳所引「人輓車也」較為完備。卷五十三、
七十四所引乃節引。

264. 輿：《說文》：車輿也。一曰車無輪曰輿。（卷二十七）輦輿：《說文》云車輿也。從車舁聲。（卷四十一）（卷五十三）（卷八十三）（卷九十六）
扛舉：《說文》作輿，輿亦車也。從車舁聲。（卷八十）
　　按，輿，二徐無「一曰」之訓。慧琳所引蓋古本。

265. 捶打：《說文》云以杖擊也。（卷二十七）捶鼓：《說文》：捶，以杖擊也。
從手垂聲也。（卷三十三）捶打：《說文》：捶，杖擊也。從手垂聲也。
（卷三十四）檛捶：《說文》：捶，謂擊也。從手垂聲。（卷三十四）捶
拷：《說文》：捶，以杖擊之。從手垂聲。（卷五十一）杖捶：《說文》云
捶，摘也，從手垂聲。（卷五十五）
　　按，捶，二徐作以杖擊也。從手垂聲。卷三十四所引乃節引，卷五十五、
　　　　三十四、五十一所引乃意引。

266. 隤：《說文》：大迴反，下墜也。從𨸏貴聲。（卷二十七）（卷八十一）隤
運：《說文》：隤，墜下也。從𨸏貴聲。（卷四十四）隤網：《說文》：墜
下也。從阜從貴也。（卷六十四）（卷六十九）（卷八十三）（卷八十七）
（卷八十八）（卷九十九）隤圮：《說文》：隊下也。（卷八十二）隤綱：
《說文》：從𨸏牘省聲。（卷八十八）
　　按，隤，二徐作下隊也。從𨸏貴聲。大徐作杜回切。小徐作徒崔反。慧
　　　　琳所引音切與大徐同。釋義方面，慧琳所引多作墜下也，或作隊下
　　　　也。《說文古本考》認爲隊下、下隊義得兩通。構形方面，慧琳所
　　　　引有作形聲者，有作會意者，亦有作省聲者。

267. 醫：《說文》：治病工也。醫之爲性得酒而使藥，故醫字從酉殹聲。殹亦
病人聲也，酒所以治病者，藥非酒不散。（卷二十七）醫王：《說文》：
治病工也。醫人以酒使藥，故從酉。（卷二十九）（卷三十）（卷三十二）
（卷四十五）（卷六十）（卷七十）
　　按，醫，二徐作治病工也。殹，惡姿也。醫之性然，得酒而使。從酉。
　　　　王育說。一曰殹，病聲。酒所以治病也。《周禮》有醫酒，古者巫
　　　　彭初作醫。慧琳諸卷所引乃意引。

268. 賈估賈：《說文》：行賣也。《說文》：加雅反，坐賣也。（卷二十七）
賈賈：《說文》云行賈也。從貝商省聲。《說文》云坐賣售也。從貝西聲。
（卷三十二）賈賈：《說文》從貝從商省也。《說文》從貝䧹聲，假借字

也。（卷四十一）資人：《說文》：資，行賈也。從貝從商省聲。（卷六十二）衒賣：《說文》：出物也。從出賣聲。（卷三十六）買易：《說文》：賈，易財也。從貝丣聲。（卷三十九）賈販：《說文》：坐販也。（卷六十四）賈販：《說文》從貝兩聲。（卷七十八）

> 按，資，二徐作行賈也。從貝商省聲。卷二十七所引「賣」當作「賈」，形近而訛。卷四十一所引構形脫「聲」字，賈，二徐作賈市也，從貝西聲。一曰坐賣售也。大徐作公戶切。小徐作公雅反。慧琳所引音切與小徐同。慧琳卷二十七所引釋義或節引，卷三十六、三十九、六十四所引乃意引。

269. 眇目：《說文》：一目小也。（卷二十七）盲眇：《說文》：目小也。從目少聲也。（卷三十三）現眇：《說文》云一目小也，從目少，少亦聲。（卷四十）眇眇：《說文》一目小也。從目少聲。（卷八十五）（卷八十六）（卷九十八）茫眇：《說文》云目小，從目少，少亦聲也。（卷九十五）

> 按，眇，二徐作一目小也。從目從少，少亦聲。慧琳卷九十五所引釋義乃節引。

270. 枯槁：《說文》作稾。（卷二十七）稾稈：《說文》形聲字也。（卷三十六）枯槁：《說文》作稾，木枯也。從木高聲。（卷四十一）枯槁：《說文》作稾，同。槁，木枯。（卷四十四）秸稾：《說文》稾亦秆也，並從禾，吉高皆聲而成矣。（卷五十七）（卷八十三）（卷九十四）稾本：《說文》從草作藁，義同。（卷八十）稾街：《說文》從木高聲。（卷八十）稾秸：《說文》禾稾去其皮，祭天以爲稭也。並從禾，高吉皆聲。（卷九十七）

> 按，稾，二徐作木枯也，從木高聲。稾，二徐作稈也，從禾高聲。秸，二徐作禾稾去其皮，祭天以爲席。稭，即藉字，與席義近。慧琳所引與二徐義近。

271. 龕室：《說文》：從龍含省聲。（卷二十七）（卷六十一）龕窟：《說文》云龍皃也。從龍今聲。（卷六十六）甄龕：《說文》：龍皃也，從龍含省聲。（卷八十三）（卷九十一）爲龕：《說文》著佛像處。從龍從含省聲也。（卷九十三）

> 按，龕，二徐作龍皃。從龍合聲。慧琳諸卷有作省聲者，有作形聲者，卷九十三所引釋義乃意引。

272. 祝詛：《說文》作訓（詶），亦祖（詛）也。（卷二十七）（卷七十一）呪
詛：《說文》：詶亦詛也。從言州聲也。《說文》從言且聲。（卷三十二）
（卷四十三）（卷五十七）（卷八十六）

　　按，詶，二徐作講也，從言州聲。《說文古本考》認爲作「詛也」乃古
　　本。《說文段注》亦與《說文古本考》同。

273. 角睞：《說文》《玉篇》曰瞳子不正也。（卷二十七）角睞：《說文》：童
子不正也。從目來聲也。（卷三十）（卷七十五）（卷八十四）肭睞：《說
文》：目童子不正也。從目來聲。（卷三十五）眄睞：《說文》：瞳子不
正也。從目來聲。（卷四十五）（卷九十四）

　　按，睞，二徐作目童子不正也。從目來聲。《說文古本考》認爲二徐所
　　引當爲古本，慧琳所引有節引。童、瞳音近可通。

274. 眉睫：《說文》云目旁毛也。從目聿聲。（卷二十八）（卷三十四）（卷九
十八）眼睫：《說文》：睫，目傍毛也。從目聿聲。（卷六十八）（卷七
十七）一睫：《說文》作睞，同。（卷七十）

　　按，睞，二徐作目旁毛也。從目夾聲。慧琳所引乃據俗體爲說。

275. 挫身：《說文》：挫，摧也。從手坐聲。（卷二十八）（卷三十五）（卷三
十九）（卷六十）（卷七十一）（卷八十一）（卷八十四）（卷九十一）包
挫：《說文》挫，折也，從手坐聲。（卷八十三）挫拉：《說文》：摧折也。
從手立聲。（卷九十一）

　　按，挫，二徐作摧也，從手坐聲。拉，二徐作摧也。從手立聲。慧琳卷
　　八十三、九十一所引乃意引。

276. 無蛘：《說文》搔蛘也。從虫羊聲。或作痒。（卷二十八）（卷五十三）（卷
五十五）（卷五十七）（卷六十二）痛蛘：《說文》蛘亦搔也。從虫羊聲。
（卷三十）（卷三十三）（卷六十二）（卷九十六）疕痒：《說文》作蛘，
瘍也，從由（虫）羊聲也。（卷四十）

　　按，蛘，二徐作搔蛘也。從虫羊聲。慧琳卷三十所引乃節引，卷四十所
　　引不確。

277. 捲杷：《說文》從手卷聲。（卷二十八）（卷三十一）（卷七十五）手捲：
《說文》：捲，氣勢也。從手卷聲。（卷三十三）（卷五十一）（卷六十
一）師捲：《說文》：勢也。從手卷聲也。（卷五十七）

按，捲，二徐作氣勢也。從手卷聲。慧琳卷五十七所引乃節引。

278. 若蠅：《說文》蟲之大腹者，生胆轉化爲蠅，有數種別。（卷二十九）蠅
蟻：《說文》蟲之大腹也。從虫黽，象形。（卷四十四）（卷五十一）（卷
五十三）（卷六十三）

按，蠅，二徐作營營青蠅，蟲之大腹者。從黽從虫。慧琳諸卷所引有節
引。

279. 桴擊：《說文》正體從木從包作枹，爲濫扶抱字，所以不用，非不知，今
且依經作桴，形聲字。（卷二十九）以枹：《說文》：擊鼓椎也。從木包
聲。（卷二十九）枹鼓：《說文》擊鼓柄也。從木包聲。（卷三十一）（卷
三十三）（卷八十四）（卷九十五）《說文》云抱，擊鼓搥也，從木包聲。
（卷九十四）以枹：《說文》擊鼓杖柄也。從木包聲。（卷一百）

按，枹，二徐作擊鼓杖也。從木包聲。《說文段注》據《文選注》、玄應
書、《左傳音義》引《字林》，認爲當作「擊鼓柄」，慧琳所引亦多
作「柄」，卷二十九、九十四、卷一百所引乃意引。桴、枹異體。

280. 橋橃：《說文》亦梁也。從木喬聲。（卷二十九）橋（撟）詆：《說文》：
檀（擅）也。從手喬聲。（卷三十九）撟詆：《說文》：擅也。從手喬聲。
（卷四十）（卷四十七）（卷七十）（卷八十七）

按，橋，二徐作水梁也，從木喬聲。卷二十九所引乃節引。撟，二徐作
舉手也，一曰擅也。從手喬聲。慧琳所引乃「一曰」之訓。

281. 橋橃：《說文》從木發聲。或從舟作橃。（卷二十九）（卷四十一）（卷四
十五）（卷六十二）欲渡者橃：《說文》亦海中大舩也。從木發聲也。或
從舟作橃。（卷四十四）（卷六十四）（卷六十九）（卷八十三）

按，橃，二徐作海中大船，從木發聲。卷四十四所引「舩」乃俗體。

282. 漱口：《說文》盪口也，盪也。從水欶聲。（卷二十九）（卷三十四）（卷
一百）筓漱：《說文》云漱，盪口也。從水欶聲。（卷四十）（卷六十四）
澡漱：《說文》：漱，盪口也。從欠涑聲。（卷四十五）澡漱：《說文》：
漱，盪盪已也。從水欶聲。（卷七十八）漱口：《說文》：漱，盪盪口也。
從水欶聲。（卷八十九）

按，漱，二徐作盪口也，從水欶聲。卷七十八所引釋義乃意引。涑、欶、
漱，《段注》皆在三部，慧琳所引構形皆可從。

283. 豺豹：《說文》從豸才聲。（卷三十四）豺狼：《說文》狼屬也。從豸才聲。（卷四十一）（卷八十）（卷八十三）（卷九十九）豺貍：《說文》云狼屬，狗足，從豸才聲。（卷七十六）（卷九十五）豺武：《說文》：狼屬也，從豸才。（卷九十七）

按，豺，二徐作狼屬，狗聲，從豸才聲。才、豺，《段注》皆在一部，卷九十七所引構形不確。

284. 坌其身：《說文》：塵污也，從土分聲也。（卷二十九）（卷三十二）（卷八十）坌者：《說文》云坌，塵也。從土分聲。（卷五十五）（卷八十一）坌面：《說文》：塵土坌污也。（卷七十八）

按，坌，二徐作塵也，從土分聲。一曰大防也。卷二十九、七十八乃推衍其說。

285. 揣義：《說文》從手耑聲。（卷二十九）（卷九十三）揣摩：《說文》：量也，從手耑聲也。（卷四十二）（卷七十六）（卷七十七）（卷九十二）（卷九十三）文揣：《說文》云量也。從手耑，會意字也。（卷八十）揣摩：《說文》云二字並從手，從瑞省，從麻省聲。（卷八十八）不揣：《說文》：量也。從手瑞省聲。（卷八十八）揣義：《說文》度高曰揣。從耑聲。（卷九十七）

按，揣，大徐作量也，從手耑聲。度高曰揣，一曰捶之。小徐作量也，度下曰揣。一曰捶之也。從手耑聲。揣，《段注》在十四十五部。耑，《段注》在十四部。當爲形聲，卷八十釋爲會意，不確。卷八十八爲省聲，近之。

286. 蠱道：《說文》腹中蟲能痛害人也，從蟲從皿。又音古。（卷二十九）（卷四十一）（卷四十五）（卷七十五）蠱道：《說文》亦腹中蟲也。從蟲皿亦聲也。（卷三十二）蠱道：《說文》云集磔之鬼爲蠱。從蟲從皿，會意字也。（卷五十四）有蠱：《說文》云腹中蟲也。從蟲從皿。（卷六十三）

按，蠱，二徐作腹中蟲也。春秋傳曰皿蟲爲蠱。晦淫之所生也。梟桀死之鬼亦爲蠱。從蟲從皿，皿，物之用也。卷二十九所引乃推衍其說，卷三十二所引「蟲」當作「蟲」，形近而訛。蠱，《段注》在五部，皿在十部，卷三十二所引構形不確。

287. 攘烖：《說文》：推也。從手襄聲。（卷三十七）（卷二十九）（卷四十五）（卷五十五）（卷五十七）（卷七十七）（卷八十三）（卷八十五）（卷九十五）攘災：《說文》除也，從手襄聲。（卷九十七）

按，攘，二徐作推也，從手襄聲。卷九十七所引釋義乃意引。

288. 臂傭：《說文》云均直。從人庸聲。（卷二十九）（卷三十三）（卷三十五）（卷五十五）（卷七十四）傭牌：《說文》云傭，直均也。從人庸聲。（卷八十六）

按，傭，二徐作均直也，從人庸聲。卷八十六所引釋義有倒置。

289. 掃篲：《說文》作彗，云掃竹也。從又持丰丰（甡）也。（卷六十二）（卷二十九）掃篲：《說文》亦作彗字，掃竹也。從草彗聲。（卷七十八）彗孛：《說文》彗，掃也。從又持甡，象形字也。（卷九十）慧璩：《說文》：從甡從又，從心彗聲也。（卷九十）慧炬：《說文》從心從彗。（卷六十四）

按，彗，二徐作掃竹也。從又持甡。或從竹。卷九十所引釋義乃節引。慧，二徐作儇也，從心彗聲。慧、彗，《段注》皆在十五部，當爲形聲，慧琳卷六十四作會意，不確。

290. 聳瞽：《說文》從目鼓聲。（卷三十）（卷三十一）（卷八十）（卷八十八）令瞽：《說文》云目但有眹如鼓皮曰瞽。從目鼓聲。（卷四十一）盲瞽：《說文》：《說文》無目曰瞽。並從目，亡鼓皆聲（卷六十八）瞍瞽：《說文》目但有眹也。如鼓皮。從目鼓聲。（卷九十五）瞽俗：《說文》云目但有眹（眹）如鼓。從目鼓聲。（卷一百）

按，瞽，二徐作目但有眹也。從目鼓聲。丁福保據慧琳所引，認爲古本當作目但有眹曼曼如鼓皮曰瞽。慧琳諸卷所引乃節引。

291. 瑩拭：《說文》從玉熒聲。（卷三十）磨瑩：《說文》：玉色也。從玉從熒省聲。（卷三十四）（卷三十六）（卷四十一）（卷五十六）（卷六十二）（卷六十六）（卷九十一）善瑩：《說文》：玉色也，一云石之次玉者也。從玉熒省聲。（卷五十三）

按，瑩，二徐作玉色，從玉熒省聲。一曰石之次玉者。卷三十所引構形恐不確。

292. 瑕穢：《說文》玉赤色也。從玉從叚。叚亦聲也。（卷三十）瑕薉：《說文》：
玉之小赤色者也。從玉叚聲。（卷三十二）（卷三十三）（卷三十五）（卷
三十九）（卷六十二）瑕隙：《說文》：玉有赤色，從玉叚聲。（卷六十）
按，瑕，二徐作玉小赤也。從玉叚聲。丁福保認爲慧琳卷三十二所引乃
　　古本，卷三十、六十所引乃意引。

293. 巢窟：《說文》鳥在木上曰巢。從木，象形也。（卷三十）（卷三十八）（卷
九十七）巢窟：《說文》云鳥在木曰巢，在穴曰窠。從木，象形字也。（卷
三十二）巢穴：《說文》：從臼木巛。（卷七十六）巢窟：《說文》：鳥在
木上也。象形字也。（卷十五）
按，巢，二徐作鳥在木上曰巢。在穴曰窠。從木象形。慧琳卷七十六所
　　引構形不確。

294. 遊萃：《說文》從艸卒聲。（卷三十）（卷八十四）（卷八十六）（卷九十
七）（卷九十八）總萃：《說文》：萃，聚也。從草卒聲。（卷九十七）
按，萃，二徐作艸皃。從艸卒聲。慧琳卷九十七乃意引。

295. 拯濟：《說文》從手丞聲。《說文》從水齊聲。（卷三十）（卷五十七）拯
濟：《說文》或作拼，又作撜，並同上音。（卷三十二）拯濟：《說文》云
正作拼，云上舉也，從手升聲。（卷四十）（卷六十一）（卷八十九）（卷
九十二）拯拔：《說文》：舉也。從手丞聲。（卷六十四）
按，拯，二徐作上舉也。從手丞聲。卷六十四所引乃節引。拼，二徐作
　　上舉也，從手升聲。或從登。

296. 壑空：《說文》：壑，溝也。從土叡，叡亦聲。（卷三十）（卷四十九）（卷
五十三）林壑：《說文》：從土叡谷聲。（卷八十四）淵壑：《說文》：溝
也。從叡從谷。（卷八十九）溝壑：《說文》：壑亦溝也，從叡從谷從上
（土）。（卷九十一）
按，壑，二徐作溝也，從叡從谷。《段注》在五部。叡，《段注》亦在五
　　部。慧琳所引亦聲可從。

297. 上氣喘：《說文》：疾息也。從口耑聲。（卷三十）（卷三十一）（卷六十
一）（卷七十六）（卷七十八）（卷一百）喘息：《說文》云息也，而從口
耑聲。（卷五十七）
按，喘，二徐作疾息也，從口耑聲。卷五十七所引乃節引。

298. 夗舛：《說文》對臥相背也。從夕從卪。（卷三十一）差舛：《說文》對臥也。從屮屮相背。（卷四十七）（卷七十七）（卷八十六）（卷八十七）（卷八十九）（卷八十九）（卷九十六）俄舛：《說文》：相背臥也。象形字也。（卷九十一）

　　按，舛，二徐作對臥也，從夊屮相背。慧琳卷三十一所引恐省去「也從夊屮」，卷九十一所引釋義乃意引。

299. 迴眄：《說文》目偏合也。從目丏聲。（卷三十一）（卷六十二）（卷八十）（卷八十四）覷（目丏）眄：《說文》云目偏合也。一曰邪視也。從目丏（丏）聲。（卷四十）（卷四十二）（卷八十八）（卷九十二）眄睞：《說文》云眄，邪視也。一目偏合也。從目丏聲。（卷四十五）（卷六十一）（卷七十一）（卷七十二）（卷七十五）（卷九十四）

　　按，眄，大徐作目偏合也，一曰衺視也。從目丏聲。小徐作目偏合也。《段注》認爲當作目偏合也。偏，帀也，帀，周也，周，密也。慧琳諸卷所引皆作目偏合也，與小徐同。

300. 蜂蠆：《說文》下從束。（卷三十一）金蠆：《說文》從此束（朿）聲。（卷四十三）（卷六十一）（卷六十二）（卷六十三）（卷六十四）（卷九十六）口蠆：《說文》云蠆，識之也。從此束聲。（卷六十六）（卷六十七）（卷八十）（卷八十四）

　　按，蠆，二徐作識也，從此束聲。一曰藏也。卷六十六所引乃意引。

301. 熊羆：《說文》：如熊，黃白色，從罷從熊省聲也。（卷三十一）熊羆：《說文》：如熊，黃白色也。從囚從熊。（卷三十三）熊羆：《說文》：黃白文也，從熊罷省聲也。（卷三十四）（卷四十七）一羆：《說文》：如熊，黃白。從熊罷省聲。（卷六十九）（卷七十六）（卷七十八）

　　按，羆，二徐作如熊，黃白文。從熊罷省聲。卷三十四所引與二徐同，卷六十九所引構形「羆」當作「罷」，卷三十三、卷三十一所引構形不確。

302. 蟠龍：《說文》從虫番，番亦聲也。（卷三十一）蟠曲：《說文》從虫番聲。（卷三十四）（卷六十八）（卷七十五）（卷七十八）（卷九十八）蟠結：《說文》從虫番也。（卷六十二）（卷九十五）

　　按，蟠，二徐作從虫番聲。

303. 煗煴：《說文》云煗猶溫也。從火耎聲。（卷五十五）（卷三十一）（卷六十二）（卷六十八）（卷七十五）（卷七十六）（卷八十一）煗身：《說文》作煖，從火爰聲。（卷六十六）溼煗：《說文》：煗，溼也，從火耎聲。（卷七十二）

按，煗，二徐作溫也，從火耎聲。慧琳卷七十二所引「溼」字當作「溫」，形近而訛。

304. 蝡動：《說文》：亦動也。從虫耎聲。（卷三十一）（卷三十四）（卷五十五）（卷五十七）（卷六十四）（卷七十四）蝡動：《說文》：蝡，蟲豸動皃。從虫從耎。（卷七十四）

按，蝡，二徐作動也，從虫耎聲。慧琳卷七十四所引釋義乃推衍其說。蝡、耎《段注》皆在十四部，慧琳卷七十四所引構形不確。

305. 氣縈：《說文》收卷絲麻也。從糸從熒省聲也。（卷三十一）（卷三十四）縈繞：《說文》：縈，收韏也。從糸熒省聲。（卷三十八）（卷四十）（卷六十）（卷六十二）（卷六十三）（卷六十九）縈繞：《說文》牧韏也，從糸從熒省聲。（卷四十二）

按，縈，二徐作收韏也，從糸熒省聲。卷四十二所引「牧」當作「收」，形近而訛。卷三十一所引乃推衍其說。

306. 減省：《說文》：亦損也。從水咸聲也。（卷三十一）（卷三十二）（卷五十一）（卷五十四）（卷七十八）缺減：《說文》：減，少也。從水咸聲也。（卷三十四）

按，減，二徐作損也，從水咸聲。慧琳卷三十四所引乃意引。

307. 五叉磔：《說文》：辜也。從桀石聲（卷五十三）（卷三十二）（卷四十一）磔手：《說文》從石桀聲。（卷四十三）（卷五十三）（卷五十五）（卷七十五）

按，磔，二徐作辜也，從桀石聲。石、磔，《段注》皆在五部。慧琳卷四十三所引構形有倒置。

308. 嚼齒：《說文》云以為噍字也。從口爵聲。（卷三十二）（卷四十五）（卷五十一）（卷六十二）（卷六十四）（卷六十八）（卷七十九）（卷八十）含嚼：《說文》云噍也。從口從留（爵）。（卷六十六）含嚼：《說文》云齰也，從口齱聲。（卷九十二）

按，嚼，二徐作噍，齧也，從口焦聲。或從爵。卷六十六、九十二所引釋義不確。

309. 煒曄：《說文》：煒，盛赤色也。從火韋聲。（卷三十二）（卷五十七）（卷七十九）煒燡：《說文》煒，盛赤也。從火韋聲。（卷四十）煒煒：《說文》云盛明也。從火韋聲也。（卷五十五）（卷七十四）煒煒：《說文》云煒煒，明盛之皃，形聲字。（卷六十）煒如：《說文》：盛明皃也。從火韋聲。（卷八十）（卷八十六）（卷八十七）

按，煒，二徐作盛赤也。從火韋聲。《說文校議》《說文古本考》認爲古本當作盛明也，亦赤也。卷六十所引釋義有倒置。

310. 稗莠：《說文》：禾別也。從禾卑聲。（卷三十二）（卷五十三）（卷八十四）（卷八十八）稊稗：《說文》：禾之別名也。從禾卑聲也。（卷五十）稗米：《說文》：禾之別種。（卷六十一）稗子：《說文》：禾之別類也，從禾卑聲也。（卷六十八）

按，稗，二徐與慧琳卷三十二所引同，卷五十、六十一、六十八所引釋義乃意引。

311. 裨補：《說文》云益也，從衣卑聲。（卷三十二）（卷四十七）（卷八十）（卷九十八）裨敗：《說文》云裨，接也，益也。從衣卑聲。（卷四十二）裨教：《說文》：增也。從示卑聲。（卷八十八）

按，裨，二徐作接益也，從衣卑聲。丁福保據慧琳卷四十二所引認爲古本當作接也，益也。卷三十二乃節引，卷八十八乃意引。

312. 慙愧：《說文》云：慙亦愧也，從心斬聲。（卷三十二）（卷三十三）（卷五十四）（卷六十三）（卷七十八）（卷八十九）三慙：《說文》：慙，愧也。從心從斬省聲。（卷五十一）慙惕：《說文》：慙，媿也。從心斬聲。（卷八十八）

按，慙，二徐與慧琳卷八十八所引同。卷五十一所引衍「省」字，卷三十二、五十一所引「愧」乃異體。

313. 旋夗：《說文》夗，轉也，從夕臥從卩也。（卷三十二）夗轉：《說文》：夗轉猶臥也。從夕從尸（卩）。（卷三十三）夗轉：《說文》云：夗，轉臥也。從夕臥有節，故從卩。（卷三十八）（卷三十九）（卷五十七）（卷七十七）夗轉：《說文》云夗轉，即臥皃也。從夕，臥有節，故從夕從巳，

會意字也。（卷五十五）夗轉：《說文》：夗，轉臥也。從夕巳聲。（卷六十九）

> 按，夗，二徐作轉臥也，從夕從卪，臥有卪也。與慧琳卷三十八所引相同，卷三十二、五十五所引有意引。夗，《段注》在十四部。卪，在十二部，二者韻較遠。卷六十九所引構形不確。

314. 炳現：《說文》：明也。文彩炳然，從火丙聲。（卷三十六）（卷三十二）（卷三十四）炳著：《說文》云炳，明也。從火丙聲。（卷四十一）（卷四十二）（卷六十二）（卷八十）（卷八十七）（卷九十）（卷九十五）

> 按，炳，二徐作明也，從火丙聲。卷三十六所引乃推衍其說。

315. 傴僂：《說文》：傴，僂也。從人區聲。（卷五十五）（卷三十二）（卷四十一）（卷五十三）（卷五十四）（卷六十一）（卷八十三）（卷九十八）
傴僂：《說文》云：傴僂，尪也。二字並從人，區皆聲。（卷九十三）

> 按，僂，大徐作尪也。從人婁聲。小徐作厇也。丁福保據慧琳所引認爲當作尪也。小徐所引不確。

316. 迭相：《說文》從辵失聲。（卷三十二）（卷一百）迭相：《方言》云：代也。《說文》義同。（卷三十八）迭共：《說文》從辵從昳省聲。（卷五十一）迭代：《說文》一曰达也。從辵失聲。（卷七十七）迭相：《說文》亦更也。從辵失聲。（卷八十九）迭互：《說文》云可以收繩也。從竹象形，中象人手所推握。（卷三十二）

> 按，迭，二徐作更迭也，從辵失聲。一曰达。卷三十八所引乃意引，卷五十一所引構形不確。卷八十九所引乃節引。互，二徐作筪，可以收繩者也。從竹象形，中象人手所推握也。或省作互。與慧琳所引略同。

317. 斑駁：《說文》：駮，不純色也。從馬爻聲。（卷三十三）（卷七十六）（卷八十六）斑駁：《說文》作駮。釋云不純色也。從馬交聲也。（卷六十二）舛駁：《說文》：色不純也，從馬爻聲。（卷七十七）駁雜：《說文》駁，不純也。從馬爻聲。（卷八十八）斑駁：《說文》云馬不純色也，從馬爻聲。（卷九十四）

> 按，駁，二徐作馬色不純。從馬爻聲。與慧琳所引略同。駮，二徐作獸如馬倨牙食虎豹。從馬交聲。

318. 轢我：《說文》：車所踐也。從車樂聲也。（卷三十三）（卷四十）（卷四十三）（卷五十七）（卷七十六）（卷七十七）（卷八十）（卷八十一）（卷八十四）踔轢：《說文》云轢，謂車所轢也，從車樂聲。（卷九十三）轢帝王：《說文》轢，踐也。從車樂聲。（卷九十七）

按，轢，二徐作車所踐也，從車樂聲。卷九十三所引不確。卷九十七所引乃節引。

319. 如爛：《說文》：火爛也。從火閒聲。（卷三十三）（卷四十五）（卷五十一）（卷六十八）光爛：《說文》云爛，火光也。從火閒聲也。（卷三十九）陽爛：《說文》炎爛也，從火閒聲。（卷七十六）

按，爛，二徐作火門也，從火閒聲。《說文校錄》《說文古本考》認爲古本當作火爛爛也。卷三十三所引乃節引，卷三十九、七十六所引乃意引。

320. 指庰：《說文》從广并聲。（卷三十四）（卷四十七）（卷五十一）（卷七十八）擴庰：《說文》：却也。從广并聲。（卷六十）擯庰：《說文》從广并聲。（卷六十二）庰逐：《說文》：却屋也。從广并聲。（卷八十二）

按，庰，二徐作卻屋也，從广并聲。卷六十所引脫「屋」字。

321. 椎撲：《說文》從手業。撲，擊也。（卷三十四）（卷七十四）打撲：《說文》：抶也。（卷三十五）撲皆：《說文》從手業聲。（卷四十一）（卷六十二）（卷七十九）（卷八十三）（卷九十九）

按，撲，二徐作挨也，從手業聲。丁福保據慧琳卷三十四所引「撲，擊也」之訓，認爲當爲古本一曰之奪文。卷三十五所引「抶」當作「挨」，形近而訛。撲，《段注》在一部。業，在三部。當爲會意。

322. 謗讟：《說文》：讟，痛怨也。從誩賣聲。（卷八十九）（卷九十六）（卷三十四）（卷三十九）（卷四十四）謗讟：《說文》從誩從賣。（卷八十）謗讟：《說文》從言讀聲。（卷八十六）

按，讟，二徐作痛怨也。從誩賣聲。讟，《段注》在三部。賣，在十六部。讀，在三部。卷八十六所引構形當是。

323. 臠肉：《說文》從肉絲聲也。（卷三十四）（卷五十三）（卷七十九）（卷九十七）肉臠：《說文》：切肉也。形聲字。（卷六十一）肉臠：《說文》：切肉肉臠也。（卷七十九）

按，臠，二徐作臞也，一曰切肉也。卷七十九所引乃意引。

324. 跳驀：《說文》：跳，躍也。從足兆聲。（卷三十四）（卷四十）（卷四十）（卷六十二）（卷六十三）（卷六十九）跳躑：《說文》：蹷也，從足兆聲。（卷四十）（卷六十三）跳驀：《說文》：蹶也。一云躍也，從足兆聲。（卷四十二）（卷四十七）（卷七十六）跳擲：《說文》：踊也。蹶也。從足兆聲。（卷四十九）跳躑：《說文》：蹶起也。躍也。從足兆聲。（卷六十五）跳躑：《說文》云踴也。從足兆聲也。（卷六十七）驚跳：《說文》云跳躍也。從足兆。（卷八十九）

按，跳，二徐作蹶也，從足兆聲。一曰躍也。卷六十五、卷六十七、卷八十九所引乃意引。跳、兆，《段注》皆在二部。當爲形聲，卷八十九所引構形不確。

325. 窊睞：考聲云低下也。（卷三十五）窊隆：《說文》云窊，污邪下也。從穴瓜聲。（卷八十八）（卷九十五）窊隆：《說文》云窊，邪下也。從穴瓜聲。（卷八十八）（卷九十八）窊隆：《說文》云窊，下也。從穴瓜聲。（卷九十四）

按，窊，二徐作污衺下也。從穴瓜聲。慧琳所引有節引。

326. 貿莽娑：《說文》：易財也。從貝丣聲。（卷三十五）（卷四十四）（卷五十六）（卷六十一）（卷七十七）貿緻：《說文》：貿，貨易也。賣也。從貝丣聲。（卷七十八）

按，貿，二徐作易財也，從貝卯聲。卷七十八所引乃意引。

327. 嚏嚏：《說文》：氣悮也。形聲字也。（卷三十五）嚏：《說文》悟氣解也。從口疐聲也。（卷五十七）嚏嚏：《說文》：鼓鼻而氣悟解曰嚏嚏。並從口，形聲字也。（卷六十一）嚏嚏：《說文》云嚏，悟解氣也。從口疐聲。（卷六十二）（卷九十六）不嚏：考聲云氣奔鼻而嚏也。蒼頡篇云嚏即嚏也。《說文》云嚏謂悟氣解也。從口疐聲。（卷八十）不嚏：《說文》悟氣解也。從口疐（卷八十三）

按，嚏，二徐作悟解氣也，從口疐聲。卷三十五、五十七、六十一、八十、八十三所引乃意引。嚏，《段注》在十二部，疐，《段注》在十一部。二者韻近，可爲形聲關係。

328. 懇節：《說文》云義也。從心艮聲。（卷三十九）（卷三十六）（卷七十五）
（卷八十九）慊懇：《說文》：懇，美皃也。從心艮聲。（卷八十三）懇
到：《說文》：懇，美也。從心艮聲。（卷九十）
　　按，懇，二徐作悃也，從心艮聲。丁福保據慧琳所引「義也」，認爲當
　　　存疑。慧琳卷八十三、九十所引「美也」不確。

329. 上腭：《說文》作谷。（卷三十六）燒腭：《說文》從肉咢聲。（卷五十三）
腭痛：《說文》無此字。正作谷，口上阿也。象形字也。亦作㖾，亦作䚯，
並見《說文》。（卷六十六）著腭：唯《說文》有谷，音巨略反，口上阿
也。（卷六十七）舌腭：《說文》作咢。（卷六十九）齒腭：《說文》作谷，
音巨腳反。（卷七十二）齗腭：《說文》等諸字書並無此字。《說文》云：
口上阿也，從口作谷，象形，口上畫重八象其上腭文理也，亦會意字。
（卷三十五）（卷三十六）（卷六十二）（卷七十五）
　　按，谷，二徐作口上阿也。從口上象其理。與慧琳所引略異。

330. 轟硠：《說文》：羣車聲也。從三車。《說文》：大石相硠聲也。從石㐬
聲。（卷三十七）碎硠：《說文》云石聲也。從石㐬聲。（卷七十八）硠
齒：《說文》從石㐬聲。（卷八十六）（卷八十三）（卷九十八）硠硠：《說
文》石相硠聲也。從石㐬聲。（卷九十九）
　　按，硠，二徐作石聲也，從石㐬聲。慧琳卷九十九、三十七所引乃意引。

331. 倏然：《說文》：犬走也。從犬攸聲。（卷三十七）（卷八十三）倏不見：
《說文》云倏，犬走皃。從犬攸聲。（卷八十九）倏焉：《說文》犬走
皃也。從火攸聲。（卷三十六）倏忽：《說文》云倏謂犬走也。從犬從倏。
會意字也。（卷八十）倏然：《說文》從犬攸聲。（卷九十五）
　　按，倏，二徐作走也，從犬攸聲。《段注》作犬走疾也。蓋古本如是。
　　　慧琳所引乃節引其說。卷三十六、八十所引構形不確。

332. 磑石：《說文》：磑，䃺也。從石豈聲。（卷三十七）（卷四十二）（卷五
十三）（卷六十八）磑砠：《說文》云磑，䃺也，從石從豈。（卷九十四）
用磑：《說文》磨也。從石豈聲。（卷一百）
　　按，磑，二徐與慧琳卷三十七所引同。磑、豈，《段注》皆在十五部，
　　　當爲形聲，慧琳卷九十四所引構形不確。

333. 持籌：《說文》：籌，箸也。從竹壽聲。（卷七十五）（卷三十七）（卷四

十七）（卷五十一）（卷六十八）籌置：《說文》云壺矢也。從竹壽聲也。
（卷七十八）

> 按，籌，二徐作壺矢也。從竹壽聲。《說文繫傳》認爲「投壺之矢也，
> 其制似箸，人以之算數也。」慧琳卷七十五所引乃意引。

334. 胭匈：《說文》：匈，膺也。從勹凶聲。（卷三十八）（卷八十六）擗匈：
《說文》：匈，膺也。從包聲凶聲也。（卷六十五）胭匈：《說文》：膺
也。從勹從凶。（卷七十四）拊匈：《說文》：匈，膺也。從勹凶聲。（卷
七十六）

> 按，匈，大徐作聲也，從勹凶聲。小徐作膺也。慧琳所引與小徐同。卷
> 六十五所引構形不確。匈、凶，《段注》皆在九部。當爲形聲，卷
> 七十四所引構形不確。

335. 撚爲：《說文》：執也，從手然聲也。（卷三十八）（卷三十九）（卷六十
二）（卷六十三）水撚：《說文》：撚，猶執也。一云蹂也。從手然聲。
（卷八十一）

> 按，撚，二徐作執也，從手然聲，一曰蹂也。慧琳卷八十一所引「躁」
> 當作「蹂」，形近而訛。

336. 晝焰摩羅棓：《說文》云大杖也。從木，形聲字。（卷三十八）（卷三十九）
（卷八十四）（卷九十七）晝棓：《說文》從木從咅。（卷三十九）

> 按，棓，二徐作梲也，從木咅聲。《說文古本考》據《玄應音義》認爲古
> 本當爲棓，梲也。「大杖也」乃「梲」字之訓。其說可從。

337. 濺灑：《說文》正體從贊作灒。灒，污灑也。（卷三十八）迸灒：《說文》：
灒，謂相污灑也。一云水濺人也。從水贊聲。（卷五十一）不灒：《說文》
云灒，汙灑也。一云水濺人也。從水贊聲。（卷六十二）

> 按，灒，二徐作污灑也。一曰水中人。從水贊聲。《說文古本考》認爲
> 古本當作「水污灑也」，「水中人」不確，當作「水濺人」。

338. 耘鉏：《說文》作耤，音同。除苗間薉也。從耒員聲。（卷三十八）（卷六
十二）（卷七十六）（卷八十四）（卷八十七）暑耤：《說文》除苗間穢草
也。不從禾，從耒員聲。或作芸（卷四十一）

> 按，耤，二徐與慧琳卷三十八所引同，卷四十一所引衍「草」字。

339. 鎏麗：《說文》從金熒省聲。（卷三十九）（卷四十五）（卷五十）（卷六十八）（卷九十八）鎏飾：《說文》云治器也。從金熒省聲。（卷九十四）
按，鎏，二徐作器也。從金熒省聲。慧琳卷九十四所引衍「治」字。

340. 南裔：《說文》：裔，衣裾也，從衣從冏聲。（卷九十三）（卷三十九）（卷五十四）苗裔：《說文》從衣從冏。（卷七十四）（卷八十二）（卷九十五）
按，裔，二徐作衣裾也。從衣冏聲。裔、冏，《段注》皆在十五部，當爲形聲。卷七十四所引構形不確。《段注》據玄應所引作「衣裙也」，與慧琳卷九十三所引同，蓋古本如是。

341. 猜阻：《說文》：恨賊也，從犬青聲。（卷四十五）（卷三十九）（卷八十一）（卷八十四）猜疑：《說文》云恨也，從犬青聲也。（卷六十二）猜疑：《說文》云賊也，從犬青聲。（卷六十六）
按，猜，二徐與慧琳卷四十五所引同。卷六十二、六十六所引有脫文。

342. 齎橐：《說文》：齎，持物也。從貝齊省聲也。（卷四十）飽齎：《說文》：持遺也。從貝齊聲。（卷七十八）（卷八十）（卷八十一）（卷八十九）老姥齎：《說文》云齎，攜持物於道行也。從貝齊聲。（卷八十一）過齎：《說文》云毗齎，從貝齊聲也。（卷八十一）
按，齎，二徐與慧琳卷七十八所引同，卷四十所引乃意引，卷八十一所引蓋推衍其說。卷四十所引構形衍「省」字。

343. 擘開：《說文》：撝也，從手辟聲。（卷四十二）（卷四十）（卷六十二）（卷七十九）（卷九十四）擘身：《說文》作擗，從手從擘省聲也。（卷五十三）（卷七十八）或擘：《說文》：分也。《說文》從手辟聲。（卷六十）擘口：《說文》：撝，擘也。從手辟聲也。（卷六十一）
按，擘，二徐與慧琳卷四十二所引同。卷六十所引蓋意引。擘、擗，《段注》皆在十六部。卷五十三所引乃據俗體爲說，釋形亦可通。

344. 癰瘡：《說文》腫也，從广雝聲。（卷四十）（卷四十一）（卷六十三）（卷六十六）（卷六十七）癰痤：《說文》云痤，小腫也。並從广雝聲。（卷六十二）

345. 跣足：《說文》云以足親地也。從足先聲。（卷四十）（卷七十六）（卷九十七）途跣：《說文》足擖（親）地也。從足先聲。（卷四十一）（卷七

十五）跣足：《說文》以足無鞋履親履地也。從足先聲也。（卷八十三）

徒跣：《說文》：跣，謂足親於地也。形聲字。（卷九十）（卷九十三）

按，跣，二徐作足親地也。從足先聲。丁福保認爲古本有「以」字。卷八十三所引釋義乃推衍其說。卷九十所引釋義有衍文。

346. 梗𣏾：鄭玄注禮記云平斗斛也。《說文》同鄭玄。從木既聲。（卷四十一）（卷八十三）（卷八十七）（卷九十二）（卷九十八）不𣏾：《說文》作杚斗斛。平也。從木既聲。《說文》：杚，平也，從木气聲。（卷四十四）

櫽𣏾：《說文》𣏾，杚斗斛也。從木既聲。（卷六十二）

按，𣏾，二徐作杚斗斛也。從木既聲。與慧琳卷六十二所引同。卷四十一所引乃意引。卷四十四所引乃混合「𣏾」「杚」二字爲說。

347. 羈鎖：《說文》從㓈𩏷聲也。（卷四十一）羈絆：《說文》：馬絡頭也，絆也。連三足也。（卷六十）羈絆：《說文》：羈，馬絡也。絆，馬絆也。形聲字也。（卷六十一）羈勒：《說文》：馬畠也。《說文》從㓈從𩏷，古文作𦋺。（卷七十四）羈縻：《說文》從革從畠省。（卷八十）羈客：《說文》：馬絆也。從网從畠。（卷九十一）

按，羈，二徐作馬落頭也。從网畠。畠，絆也。羈，《段注》在十六部。𩏷，在五部。不當爲形聲。卷四十一所引構形不確。絆，二徐作馬縶也。卷六十一所引乃意引。卷七十四所引釋義當爲「羈」字構形。

348. 研礘：《說文》：研，磨也。從石开聲。或從手作掔，古字也。（卷四十一）（卷六十）（卷六十三）（卷八十九）（卷九十一）欲研：《說文》：研，應也。從石开聲也。（卷四十二）

按，研，二徐作礦也。從石开聲。礦、磨異體。卷四十二所引「應」字不確。

349. 研覈：《說文》：實也，從西敫聲。（卷四十一）（卷八十二）談覈：《說文》：考實事也。從西（襾）敫聲也。（卷六十二）（卷六十三）（卷六十）（卷八十）（卷八十四）（卷八十八）（卷八十九）（卷九十三）（卷一百）重覈：《說文》云考實事也。從西（襾）從激省聲。（卷八十）考覈：《說文》云考事實也。（卷八十七）覈此：《說文》凡考事於西（襾）笮之處，邀遮其辭得實覈也。從西（襾）敫聲。（卷九十七）

按，覈，大徐作實也，考事襾笮邀遮其辭得實曰覈。從襾敫聲。小徐作

筭邀遮其辭得實曰覈也。慧琳卷四十一乃節引，卷六十二、八十、八十七所引乃意引。卷九十七所引與二徐略異。激、覈、敫，《段注》皆在二部。慧琳卷八十所引構形亦可。

350. 復劈：《說文》以力破物謂之劈。從刀辟聲。（卷四十一）（卷七十五）刻劈：《說文》劈，破也，從刀辟聲。古文作㓰。（卷四十一）（卷四十七）（卷五十四）（卷五十五）（卷六十二）（卷七十四）（卷九十六）劈破：《說文》云以刀中破也。從刀辟聲。（卷六十一）

按，劈，二徐作破也，從刀辟聲。卷四十一、六十一乃推衍其說。

351. 飤猛：《說文》糧也。（卷四十一）飤虎：《說文》從人食聲。（卷七十七）飤鳥獸：《說文》：糧也從食從人，會意字。（卷七十八）（卷八十二）（卷八十三）（卷九十二）

按，飤，二徐作糧也，從人食。飤，《段注》在一部。食，亦在一部。形聲亦可。

352. 多撮：《說文》：四圭也，三指撮也，從手最聲。（卷五十三）（卷四十一）（卷四十三）（卷五十七）（卷七十八）捵撮：《說文》：撮，手牽持也。（卷七十四）撮寫：《說文》：三指撮也。從手取聲。（卷七十七）

按，撮，大徐作四圭也，一曰兩指撮也。從手最聲。小徐作四圭也，一曰二指撮也。《說文校議》認爲「二」乃「三」之誤。卷七十四所引乃意引。

353. 慘心：《說文》云慘，毒也。從心參聲。（卷四十二）（卷五十七）（卷六十二）（卷八十一）（卷八十二）慘頞：《說文》：慘，憂也。恨皃也。從心參聲。（卷六十八）慘毒：《說文》音千感反。從心糸（參）聲。（卷七十六）

按，慘，二徐作毒也，從心參聲。慧琳卷六十八所引釋義不確。

354. 畢殫：《說文》：極盡也，從歹單聲也。（卷四十二）（卷八十三）（卷九十一）（卷九十四）（卷九十七）殫玉牒：《說文》：殫，盡也。從歹單聲。（卷八十八）

按，殫，大徐作殛盡也。小徐與慧琳卷四十二所引同。卷八十八所引乃節引。

355. 褫魄：《說文》云褫，奪也。從衣虒聲也。（卷四十二）（卷七十六）（卷八十七）（卷八十八）褫落：《說文》褫謂解衣也。從衣虒聲。（卷五十五）襩褫：《說文》：奪衣也。從衣虒聲。（卷九十一）褫龍：《說文》脫衣也。從虒聲。（卷九十八）

　　　按，褫，二徐與慧琳卷九十一所引同，卷四十二所引脫「衣」字，卷五十五、九十八所引有意引。

356. 厭禱：《說文》：告事求福也。從示壽聲。籀文作禍。（卷四十三）（卷五十七）（卷九十五）（卷六十九）祈禱：《說文》：告事求福曰禱。從示從壽省聲也。（卷六十一）厭禱：《說文》：告事求請曰禱。（卷七十一）丘禱：《說文》云告事求福也。從示從壽。（卷八十九）

　　　按，禱，二徐與慧琳卷四十三所引同，卷六十一所引衍「省」字，卷七十一所引乃意引。禱、壽，《段注》皆在三部，慧琳卷八十九所引構形不確。

357. 嗟慨：《說文》：嗟，從口差聲。《說文》：忼慨，壯士不得志也。從心既聲。（卷四十四）（卷四十九）（卷五十五）（卷七十五）（卷七十七）（卷八十三）惋慨：《說文》從心從槩省聲。（卷八十）余慨：《說文》太息也。從心既聲。（卷八十六）

　　　按，慨，二徐與慧琳卷四十四所引同。慨、槩，《段注》皆在十五部，既，《段注》在十二部。慧琳卷八十所引構形可從。卷八十六所引乃意引。

358. 盪滌：《說文》：盪亦滌也。從皿湯聲。（卷四十五）（卷六十四）洗盪：《說文》云盪，滌器也，從皿湯聲。（卷五十三）（卷六十四）（卷七十八）盪士：《說文》從皿從湯。（卷五十四）

　　　按，盪，二徐與慧琳卷五十三所引同。卷四十五所引乃脫「器」字。盪、湯，《段注》皆在十部，當爲形聲。

359. 蹲踞：《說文》云蹲，亦踞也，從足尊聲。（卷七十八）（卷六十九）（卷六十二）（卷五十四）（卷五十七）（卷四十五）（卷八十）（卷八十九）（卷九十八）俱蹲：《說文》：蹲，蹭也，形聲字也。（卷七十九）

　　　按，蹲，二徐與慧琳卷七十八所引同，卷七十九所引「蹭」當作「踞」，形近而訛。

360. 扣頭：《說文》從手口聲。（卷四十五）（卷九十一）扣門：《說文》從手從口。口亦聲也。（卷六十二）扣鉢：《說文》：扣，擊也。從手占聲。《說文》中無。（卷六十六）扣齒：《說文》云扣，擊之。從手口聲也。（卷八十四）塵屍扣案：《說文》以叩擊之。從手從口。（卷八十九）

    按，扣，二徐作牽馬也。從手口聲。慧琳多作「擊也」。蓋古本如是。扣、口，《段注》皆在四部。卷八十九所引構形不確。

361. 于陰：《說文》從阜益省聲。（卷四十七）陰小：《說文》從自益聲。（卷七十六）（卷八十）（卷八十一）（卷九十二）（卷九十七）穹陰：從阜從益。（卷八十）

    按，陰、益，《段注》皆在十六部。卷四十七所引衍「省」字，卷八十所引構形不確。

362. 澣染：《說文》云浣濯衣垢也。從水幹聲。（卷六十三）（卷四十七）（卷五十四）（卷九十二）澣之：《說文》：濯衣垢也。從水幹聲。（卷七十七）（卷八十二）

    按，澣，二徐與慧琳卷七十七所引同。恐慧琳卷六十三衍「浣」字。

363. 蠹蠹：《說文》：食木中蟲也，從蚰從某省聲也。（卷四十九）道蠹：《說文》：木中蟲也。從蚰橐聲。（卷七十七）（卷九十五）蠹蟲：《說文》：蠹，木中虫也。從蚰橐省聲也。（卷七十八）（卷九十）（卷九十八）蠹簡：《說文》亦木內蟲也，從蚰從橐省聲。（卷八十三）傷蠹：《說文》云害物蟲也。從蚰橐聲。（卷八十四）蠹木：《說文》蠹，食木虫也。從蚰橐省聲。（卷八十六）蠹害：《說文》木皮內虫也。（卷八十八）

    按，蠹，二徐作木中蟲。從蚰橐聲。與慧琳卷七十七所引同。「橐聲」不確，當爲省聲。與慧琳卷七十八所引同。卷四十九衍「食」。卷八十三所引「內」當爲「中」，卷八十四、八十六、八十八所引有意引。

364. 分鑣：《說文》云鑣，馬銜也。從金麃聲。（卷四十九）（卷八十）（卷八十三）（卷八十七）（卷八十八）（卷九十二）（卷九十六）（卷九十九）羈勒：《說文》：馬鑣銜也。（卷七十四）連鑣：《說文》：鑣，馬銜也。從金麃也。（卷九十七）同鑣：《說文》亦銜也。從金麃聲。（卷九十八）

    按，鑣，二徐與慧琳卷四十九所引同。卷七十四衍「鑣」字。卷九十七

所引構形脫「聲」字。卷九十八所引構形脫「馬」字。

365. 紕紊：《說文》云商書曰有條而不紊也。從文糸聲。（卷四十九）紊指：《說文》：紊，亂也。從糸文聲。（卷五十一）（卷九十三）紊亂：《說文》從糸文聲。（卷六十二）（卷六十四）（卷八十）（卷八十三）（卷八十八）

　　按，紊，二徐作亂也。從糸文聲。《商書》曰：有條而不紊。慧琳卷四十九所引構形有倒置。

366. 挾帚：《說文》云帚，除糞也。從又持巾掃冂內，會意字也。（卷九十八）（卷九十三）（卷五十）（卷五十三）（卷八十二）（卷八十三）放帚：《說文》：掃糞棄也。從又從巾。（卷六十）

　　按，帚，二徐作糞也。從又持巾埽冂內。慧琳卷九十八所引衍「除」字，卷六十乃推衍其說。

367. 爲複：《說文》：複亦重也。從衣复聲。（卷五十）（卷八十五）（卷九十）（卷九十五）有複：《說文》：復（複），重衣也。從衣复聲。（卷六十二）複履：《說文》：複，襞衣也。從衣复聲。（卷八十三）

　　按，複，二徐作重衣皃也。從衣复聲。卷五十、六十二有節引，卷八十三乃意引。

368. 悍表：《說文》：勇也。從心旱聲。（卷五十一）（卷六十七）（卷七十二）（卷九十二）勇悍：《說文》：悍，勇有力也。（卷七十）勇悍：《說文》：悍，猛也。從心旱聲。（卷七十三）勇悍：《說文》云悍，抵也。從心旱聲。（卷九十四）

　　按，悍，二徐與慧琳卷五十一所引同。卷七十乃推衍其說火。卷七十三、九十四乃意引。

369. 斲斤：《說文》云斫也。從斤㓞聲。（卷九十三）（卷八十四）（卷八十三）（卷六十七）（卷六十三）（卷六十二）（卷五十七）（卷五十三）（卷五十一）斲鑿：《說文》：斫也。從斤從㓞。（卷八十）（卷八十一）

　　按，斲，大徐與慧琳卷八十所引同。小徐與慧琳卷九十三所引同。斲，《段注》在三部四部。㓞，《段注》在四部，二者可爲形聲。二徐及卷八十所引構形不確。

370. 甍橑：《說文》亦屋棟也。從瓦從夢省聲。（卷八十三）（卷五十三）（卷八十八）（卷九十二）屋甍：《說文》甍，亦屋棟也。從瓦從夢省聲也。（卷九十四）（卷八十五）

   按，甍，二徐與慧琳卷八十三所引同。甍、夢，《段注》皆在六部。慧琳卷九十四所引構形亦可從。

371. 驚悸：《說文》：悸，心動也。從心季聲。（卷五十七）（卷七十四）（卷七十五）（卷七十六）（卷七十八）（卷八十一）（卷八十九）（卷九十八）齊悸：《說文》：心驚動也。從心季聲。（卷九十七）

   按，悸，二徐與慧琳卷五十七所引同。卷九十七衍「驚」字。

372. 踵前：《說文》：追也。從足重聲也。（卷六十）（卷六十四）（卷八十）（卷八十一）（卷九十七）（卷九十七）接踵：《說文》：追也。從止重聲。（卷八十八）

   按，踵，二徐與慧琳卷六十所引同。卷八十八所引構形乃據俗體爲說。

373. 覘見：《說文》：候也。從見占聲也。（卷八十四）（卷六十一）（卷八十）（卷九十七）覘國：《說文》：視也。從見占聲也。（卷九十二）望覘：《說文》云覘，闚也。視也。從見占聲也。（卷九十六）

   按，覘，大徐作闚也，從見占聲。小徐作闚視也。從見占聲。卷九十二脫「闚」字，卷六十一有意引，卷九十六衍「也」字。

374. 鉤紐：《說文》云紐，糸也。紐，結也。（卷六十一）（卷六十二）（卷八十五）絕紐：《說文》：結而可解曰紐也。（卷六十四）紐者：《說文》：紐，系也。一曰結不可解者也。從糸丑聲。（卷八十三）（卷八十一）（卷九十一）紐地維：《說文》：繫也。從糸丑聲。（卷八十四）絕紐：《說文》：糸（系）也，結可解者也。從糸丑聲。（卷八十八）（卷九十二）

   按，紐，二徐作系也。一曰結而可解。從糸丑聲。與慧琳卷八十八所引同，卷八十四所引「繫」當作「系」，卷八十三所引「不」字衍，卷六十一所引有節引，所引「糸」當作「系」，形近而訛。

375. 髭彼：《說文》云鬚髭也，從髟兀聲。（卷六十二）（卷六十三）（卷七十八）（卷八十六）髭削：《說文》：髭，剃也。從髟兀聲。（卷八十八）髭道：《說文》髭，鬚也，從髟兀聲。（卷九十五）

   按，髭，二徐與慧琳卷六十二所引同，卷八十八、卷九十五所引有脫文。

376. 鐫之：《說文》云謂琢金石也。從金雋聲。（卷八十四）（卷八十）（卷六十三）（卷八十一）（卷九十七）鐫之：《說文》云破木鐫也。從金雋聲。（卷八十）鐫之：《說文》：鐫，琢金石記事也。從雋省聲也。（卷九十一）

　　　按，鐫，大徐作穿木鐫也。從金雋聲。一曰琢石也。小徐作破木鐫也。與慧琳卷八十所引同。卷九十一、八十四乃意引。

377. 刳剔：《說文》：叛也。從刀夸聲。（卷六十四）（卷七十八）刳舟：《說文》刳，判也。從刀夸聲。（卷八十三）（卷八十七）（卷八十八）（卷九十四）（卷八十三）（卷九十五）（卷九十七）刳腸：《說文》剔也。從刀夸聲。（卷一百）

　　　按，刳，二徐與慧琳卷八十三所引同。卷六十四所引「叛」當作「判」，音近而訛。卷一百所引乃意引。

378. 巨絚：《說文》：糸也。從糸恒聲也。（卷七十四）絚繩：《說文》：大索也，從糸恆聲也。（卷七十六）（卷一百）乘絚：《說文》云絚，索也，從糸恒聲。（卷七十七）（卷八十三）（卷八十九）

　　　按，絚，二徐與慧琳卷七十六所引同，卷七十四、七十七乃意引。

379. 不戩：《說文》藏兵也，從戈咠聲也。（卷七十五）（卷八十八）戩之：《說文》：藏兵器也。從戈咠聲。（卷七十八）（卷八十三）（卷八十八）（卷一百）

　　　按，戩，二徐與慧琳卷七十五所引同，卷七十八所引衍「器」字。

380. 摭之：《說文》：摭，拾也。從手庶聲。（卷七十七）（卷八十）（卷八十三）（卷八十八）（卷九十五）（卷九十八）持摭：《說文》正體從石作拓，拾取物也。從手庶聲也。（卷九十）

　　　按，摭，二徐與慧琳卷七十七所引同。摭、庶，《段注》皆在五部，二者可為形聲。卷九十所引乃推衍其說。

381. 投簪：《說文》作兂（先），首笄也，象形。（卷八十九）（卷八十）（卷九十二）（卷九十五）簪紱：《說文》從竹替聲。（卷八十八）簪紱：《說文》以為俗字。（卷九十九）

　　　按，先，二徐與慧琳卷八十九所引同，卷八十八所引構形乃俗體，簪、簪，《段注》皆在七部，可為形聲。卷八十八所引「替」當作「朁」。

382. 締構：《說文》云結不解也。從系（糸）帝聲也。（卷八十）（卷八十一）
（卷八十三）（卷八十五）（卷八十八）締賞：《說文》云締，結也。從
糸帝聲。（卷八十七）

按，締，二徐與慧琳卷八十所引同，卷八十七所引乃節引。

383. 爽塏：《說文》：爽，明也。（卷八十一）（卷九十一）（卷九十二）爽塏：
《說文》從㸚，約里二音。（卷八十五）爽塏：《說文》云爽，明也，從
㸚從大。（卷九十六）（卷八十九）

按，爽，二徐與慧琳卷九十六所引同。㸚，大徐力几切，與「里」音同。

384. 宸睠：《說文》：顧也。從目关聲。（卷八十三）（卷八十二）（卷九十九）
洒睠：《說文》義同，從目卷省聲。（卷八十七）（卷八十八）天睠：《說
文》亦顧也，從目卷省聲。（卷九十四）

按，睠，二徐作顧也，從目䒫聲，睠，《段注》在十四部，卷，《段注》
亦在十四部，慧琳所引省聲亦可。卷八十三所引「关」，乃據俗體
為說。

385. 崑閬：《說文》：門高也。從門良聲。（卷八十三）（卷八十六）閬風：《說
文》云閬，高門也。從門良聲。（卷八十九）（卷九十六）閬中：《說文》
云巴郡有閬中縣。今蜀東川有閬州也。（卷九十）（卷九十七）

按，閬，二徐與慧琳卷八十三所引同，卷八十九所引釋義有倒置。卷九
十「今蜀東川有閬州也」乃推衍其說。

386. 遼夐：《說文》亦營求也。從夏，人在穴上，轉注字也。（卷九十二）（卷
八十四）（卷八十八）（卷九十四）夐古：《說文》從人從四，旻聲也。（卷
九十三）夐期：《說文》遠也。（卷九十七）

按，夐，二徐作與慧琳卷九十二所引同。慧琳卷九十三所引構形不確。

下　編

　　本編主要輯錄慧琳所引與今本《說文》相同部分的文獻。對需要說明的地方施加按語，略作考釋。

1. 二儀：《說文》：度也。從人義聲也。《說文》又解義字，從羊從我。我字，從手從戈。下從禾者，非也。（卷一）

2. 窺天：《說文》：小視也。從穴規聲也。（卷一）

3. 鑑地：《說文》：大盆也，取明水鑒諸月也。從金監聲。或作鑒。（卷一）

4. 控寂：《說文》：引也。告也，從手空聲。《說文》作宗，正體字也。（卷一）

5. 泜時：《說文》：緣水而下也。從水㕣聲也。（卷一）

6. 訛謬：《說文》：從言翏聲。（卷一）

7. 翹心：《說文》：從羽堯聲也。（卷一）

8. 躡霜：《說文》：蹈也。從足聶聲也。（卷一）

9. 三篋：《說文》：匧字，從方（匚）夾聲。（卷一）

10. 同臻：《說文》：從至秦聲。（卷一）

11. 卉木：《說文》：草之總名也。從屮從草，今從三十作卉，訛也。（卷一）

12. 珪璋：《說文》：瑞玉也。上圓下方，公侯伯所執。從重土。《說文》：半圭爲璋，從玉章聲也。（卷一）

13. 綜栝（括）：《說文》：機縷也。從糸宗聲。《說文》：絜也。從手舌聲也。（卷一）

14. 宏遠：《說文》：屋深響也。從宀厷聲。（卷一）

15. 祕扃：《說文》：從示必聲也。《說文》：外閉之關也。從戶冋聲。（卷一）

16. 排空：《說文》：擠也。從手非聲也。（卷一）

17. 黔黎：《說文》：從黑今聲。（卷一）

18. 摧滅：《說文》：擠也。從手崔聲也。《說文》：盡也。從水威聲也。（卷一）

19. 熙怡：《說文》：和也。從心台聲。（卷一）

20. 兩肘：《說文》：臂節也。從肉從寸。（卷一）

21. 兩臂：《說文》：手上也。從肉辟聲也。（卷一）

22. 細滑：《說文》：微也。從糸囟聲也。《說文》：利也。從水骨聲也。（卷一）

23. 極爆：《說文》：灼也。從火暴聲也。（卷一）

24. 盲者：《說文》：目無眸子曰盲。從目亡聲。（卷一）

25. 瘂者：《說文》闕。（卷一）

26. 欻爾：《說文》：有所吹起也。從欠炎聲。（卷一）

27. 撓亂：《說文》：擾也。從手堯聲也。（卷一）

28. 聽往：《說文》：聆也。從悳從耳壬聲也。（卷一）

29. 青淤：《說文》：正體從生從丹作青。《說文》：積血也。從疒於聲也。

30. 骸骨：《說文》：從骨亥聲也。（卷一）

31. 懈廢：《說文》：怠也。（卷一）

32. 牀榻：《說文》：從木爿聲也。《說文》：從木𦐇聲也。（卷一）

33. 陂湖：《說文》：大陂曰湖。（卷一）

34. 竹葦：《說文》：竹字象形。《說文》：大葭也。從草韋聲。（卷一）

35. 盲冥：《說文》：幽也。從日。（卷一）

36. 揔攝：《說文》作緫，聚束也。從糸忽聲也。《說文》：引持也。從手聶聲。（卷一）

37. 陵虛：《說文》作夌，夌，越也。（卷一）

38. 蠃貝：《說文》：象形字也。（卷一）

39. 奮迅：《說文》：翬也。《說文》：從辵卂聲。（卷一）

40. 謟（諂）詽：《說文》：從言臽聲也。《說文》：從言狂聲也。

41. 健行：《說文》：伉（伉）也。從人建聲。〔註1〕

42. 諠諍：《說文》：止也。從言爭聲。（卷一）

43. 飄散：《說文》：回風也。從風票聲也。（卷一）

44. 翳闇：《說文》：從羽殹聲。（卷一）

45. 幖幟：《說文》：幖即幟也。從巾票聲。（卷一）

46. 毀訾：《說文》：缺也。古者掘地爲臼，毀粟爲米。殳，擣土臼也。從土從殼省聲也。（卷一）

47. 矯害：《說文》：從手作撟。《說文》：傷也。從宀從口丰聲也。（卷一）

48. 擐鎧：《說文》：鎧，甲也。（卷一）

49. 壙野：《說文》：塹穴也。從土廣聲也。（卷一）

50. 自恃：《說文》：恃，賴也。從心寺聲。（卷一）

51. 自殖：《說文》從歺作櫃。（卷一）

52. 橋船：《說文》從木喬聲也。（卷一）

53. 有減：《說文》：損也。從水咸聲。（卷一）

54. 拯濟：《說文》：從水齊聲也。（卷一）

55. 奉覲：《說文》：承也。從手從共，上從丰，亦聲也。《說文》：從見堇聲也。（卷一）

〔註1〕獅作伉。

56. 鞭撻：《說文》：從革便聲也。（卷一）

57. 驅逼：《說文》：馬馳也。從馬區聲也。《說文》：從辵畐聲也。（卷一）

58. 華鬘：《說文》：從髟馭聲也。（卷一）

59. 醫藥：《說文》：治病工也。從酉殹聲。（卷一）

60. 璧玉：《說文》：瑞玉也。從玉辟聲也。（卷一）

61. 衢道：《說文》：從行瞿聲也。（卷一）

62. 虧損：《說文》：氣損也。從亐雐聲。（卷二）

63. 清泠：《說文》並從水。（卷二）

64. 寤寢：《說文》：從寢省，吾聲也。《說文》：寢，臥也。（卷二）

65. 剖為：《說文》：剖，判也。從刀音聲也。（卷二）

66. 纏裹：《說文》：裹亦纏也。上下從衣果聲。（卷二）

67. 髮毛：《說文》：從髟犮聲也。（卷二）

68. 心肝：《說文》：象形字也。《說文》：從肉干聲。（卷二）

69. 脾膽：《說文》：從肉卑聲也。《說文》：從肉詹聲。（卷二）

70. 屎屎：《說文》：從尾矢聲也。《說文》：從尾從水。（卷二）

71. 皮穿：《說文》：通也。從牙在穴中也。（卷二）

72. 烏雀：《說文》：孝鳥也。《說文》二象形字也。（卷二）

73. 鴟梟：《說文》：或從隹作鴟（雌）。《說文》從屮作鳶，《說文》：梟，
    不孝鳥也。從鳥頭在木上，象形，俗名土梟鳥也。（卷二）

74. 或啄：《說文》：鳥食也。從口豕聲也。（卷二）

75. 或攫：《說文》：扟也。從手矍聲。（卷二）

76. 攎掣：《說文》：亦作挏，從手盧聲。（卷二）

77. 潰爛：《說文》：漏也。從水貴聲也。（卷二）

78. 腐肉：《說文》：腐，爛也，從肉府聲也。（卷二）

79. 骨瑣：《說文》：瑣字，從玉貨聲。（卷二）

80. 髖骨：《說文》：髖，髀上也。從骨寬聲也。（卷二）

81. 修治：《說文》：從水台聲也。

82. 厭㦬：《說文》：憂也。從心戚聲。（卷二）

83. 辯說：《說文》從言也。（卷二）

84. 忘報，《說文》：報字從㕚，反冈字從尸從又。（卷二）

85. 不酬：《說文》作醻，從酉壽聲。（卷二）

86. 譏嫌：《說文》：誹也。從言幾聲也。《說文》：疑也，不平於心也。從
　　女兼聲也。（卷二）

87. 紫縹：《說文》：帛青赤色也。從糸此聲也。《說文》：帛青白色也。從
　　糸票聲也。（卷二）

88. 極踴：《說文》：從水（木）亟聲。《說文》作踊。（卷二）

89. 極擊：《說文》：攴也。從手轂聲。（卷二）

90. 極爆：《說文》：灼也。從火暴聲也。暴字從日從出從廾從半。（卷二）

91. 限隔：《說文》：障也。從阜鬲聲。（卷二）

92. 如癰：《說文》作癰，腫也。從广雝聲。（卷二）

93. 逼切：《說文》：近也。從辵畐聲。（卷二）

94. 衰朽：《說文》：草雨衣也。（卷二）

95. 有撗（橫）：《說文》：從木黃聲。（卷二）

96. 有疫：《說文》：民皆疾也。從广從役省聲。（卷二）

97. 滋潤：《說文》：益也。從水茲聲也。《說文》：水曰潤下。從水閏聲也。
　　（卷二）

98. 植眾：《說文》：戶植也。從木直聲也。（卷二）

99. 掩泥：《說文》作揜。（卷二）

100. 僚佐：《說文》：從人寮聲也。（卷二）

101. 讎隙：《說文》從言雔聲也。（卷二）

102. 殄滅：《說文》從歹㐱聲也。（卷二）

103. 螫噉：《說文》：蟲行毒也。從虫赦聲也。（卷二）

104. 對治：《說文》：漢文帝以言多非誠信，故去言去口從士（王）作對。〔註2〕（卷二）

105. 便慧：《說文》：安也。人有不便更之，從人更。（卷二）

106. 蠱道：《說文》：腹中蟲也。從蟲從皿。（卷二）

107. 厭禱：《說文》：告事求福曰禱。從示壽聲。（卷二）

108. 寶函：《說文》：正從木作械，械，篋也。（卷二）

109. 盛貯：《說文》：貯，積也。從貝宁聲也。（卷二）

110. 敫獵：《說文》：從犬巤聲也。（卷二）

111. 櫨蓋：《說文》：苫也。從草從盍。（卷二）

112. 踰於：《說文》：越也。從足俞聲。《說文》作㦱。從古文鳥（烏）字省。〔註3〕（卷二）

113. 虵蠍：《說文》：從虫從它。《說文》作蚰，象形，毒蟲也。（卷二）

114. 枯涸：《說文》：渴也。從水固聲也。（卷二）

115. 勸勵：《說文》：勉也，從力蠆聲也。（卷二）

116. 儑倒：《說文》：從足作蹎。又從走作趚，或作僓，並通。（卷二）

117. 宿殖：《說文》：止也。從宀佰聲。（卷二）

118. 恐懼：《說文》：從心巩聲也。《說文》：從心瞿也。（卷二）

119. 不減：《說文》：減，損也。從水咸聲也。（卷二）

120. 三災：《說文》：天火曰災。（卷二）

〔註 2〕據徐時儀，獅作王。
〔註 3〕據徐時儀，獅作烏

121. 風狂：《說文》：風動蟲生，故蟲八日而化。從虫凡聲也。〔註4〕（卷二）

122. 攀躄：《說文》：攀從手，躄從止，並形聲字，或從足之也。（卷二）

123. 頑嚚：《說文》：摑（梱）頭也。〔註5〕（卷二）

124. 誹謗：《說文》二字互相訓。謗，毀也。（卷二）

125. 爛糞：《說文》：棄除也。從芇從廾，箕屬也，象形，似米而非米者，糞也。（卷二）

126. 形貌：《說文》作皃，象人面（百），或從頁作頪，從貌省也。〔註6〕（卷二）

127. 摜習：《說文》或從辵作貫（遺）。並云習也。（卷二）

128. 能阻：《說文》：險也。從阜且聲也。（卷三）

129. 揆摸：《說文》：從手癸聲也。《說文》：規也。從手莫聲也。（卷三）

130. 黠慧：《說文》：堅黑也。從黑吉聲也。《說文》：儇也。從心彗聲也。（卷三）

131. 報㝟：《說文》：當罪人也。從㚔從㞋。（卷三）

132. 惛沈：《說文》：從民。避廟諱，改民爲氏，或從心，惛下眠字準此。（卷三）

133. 艱辛：《說文》：土難治也。從堇艮聲也。（卷三）

134. 無暇：《說文》：從日叚聲也。（卷三）

135. 加祐：《說文》：從示古聲也。《說文》：助也。《說文》：從示右聲也。（卷三）

136. 聰叡：《說文》：察也。從耳悤聲。《說文》：深明也。從叔從目谷省也。（卷三）

137. 眾喻：《說文》：眾，多也。從乑，眾立也，從目，眾意也。《說文》：

〔註4〕據徐時儀，獅作坙。
〔註5〕據徐時儀，頑作摑，今傳本《說文》：頑，梱頭也。
〔註6〕據徐時儀，獅作面。

從言俞聲。（卷三）

138. 不怯：《說文》從犬作狜。（卷三）

139. 猶豫：《說文》：從象予聲也。（卷三）

140. 飄颭：《說文》：風所飛揚也。（卷三）

141. 浮囊：《說文》：泛也。從水孚聲。（卷三）

142. 板片：《說文》：從片作板（版），判木也。（卷三）
    按，叛，二徐作判也，從片反聲。爿，二徐作判木也。慧琳所釋乃片字。

143. 資糧：《說文》：資，貨也。從貝次聲。《說文》：穀也。從米量聲也。
    （卷三）

144. 遭苦：《說文》：遇也。（卷三）

145. 坏瓶：《說文》：瓦未燒曰坏。從土不聲也。（卷三）

146. 堪盛：《說文》：盛從皿從成聲也。（卷三）

147. 推著：《說文》：推，排也。（卷三）

148. 轂卵：《說文》作殼，青聲也。《說文》：凡物無乳者卵生也。古文作㔬，
    或作甲，象形字也（卷三）

149. 瞖目：《說文》：人眼也。象形，從二重童子也（卷三）

150. 將帥：《說文》：率也。從寸從醬省聲也。（卷三）

151. 瘖瘂：《說文》：不能言也。（卷三）

152. 不恂：《說文》：疾也。從人旬聲也。（卷三）

153. 引𢎮：《說文》：開弓也。（卷三）

154. 撟詐：《說文》：從手喬聲也。（卷三）

155. 技（技）藝：《說文》巧也。從手，經從人，誤也。（卷三）

156. 邪命：《說文》：正體作衺。從衣牙聲也。（卷三）

157. 酸（酬）荅：《說文》：從草合聲。古文從曰從合作㖩，今不行。（卷三）

158. 敝壞：《說文》作㡀，敗衣也，從巾象敝破衣也。《說文》：敗也。從土裛聲。（卷三）

159. 麤獷：《說文》從三鹿。（卷三）

160. 溝坑：《說文》：水瀆廣深各四尺。從水冓聲也。《說文》闕訓。（卷三）

161. 株杌：《說文》：木根也。從木朱聲也。（卷三）

162. 平坦：《說文》：從土旦聲也。（卷三）

163. 戀著：《說文》闕。（卷三）

164. 卵生：《說文》：凡物無乳而生者卵生也。象形。古文作㲌，小篆作卵，隸書作夘（卷三）

165. 不顧：《說文》：還視也。從頁雇聲。（卷三）

166. 變易：《說文》同。《說文》：蜥易也。在室守宮，在澤曰蜥易。象形字也。一云日月爲易。（卷三）

167. 短促：《說文》：迫也。（卷三）

168. 植眾：《說文》：戶植也。從木直聲也。（卷三）

169. 險難：《說文》：阻難也。從阜僉聲也。（卷三）

170. 驚惶：《說文》：馬駭也。從馬敬聲也。《說文》：恐也。從心皇聲者也。（卷三）

171. 一巷：《說文》從二邑從共作𨛍，隸書從省。（卷三）

172. 師範：《說文》：從阜從帀，四帀爲眾師之意也。（卷三）

173. 傲慢：《說文》：倨也。從敖聲也。敖，《說文》：從出從放。《說文》：惰也。從心曼聲也。（卷三）

174. 欻爾：《說文》：有所吹起也。從欠炎聲。（卷三）

175. 拔有：《說文》：擢也。從手犮聲也。（卷三）

176. 戰慄：《說文》：從戈單聲也。或從心作憚。（卷三）

177. 捶打：《說文》：以杖擊也。從手垂聲也。《說文》闕也（卷三）

178. 如癡：《說文》：不慧也。從疒疑聲也。（卷三）

179. 斷截：《說文》：斷亦截也。從斤從㡭。《說文》互相訓也。從土作截，
俗字也。（卷三）

180. 交涉：《說文》：從二水作㳫。（卷三）

181. 欲扣：《說文》作敂，擊也。（卷三）

182. 析爲：《說文》：破木也。從木從斤，或從片作柝。（卷三）

183. 霑彼：《說文》：從雨沾聲也。（卷三）

184. 魅著：《說文》作鬽，從鬼，鬼生毛故從彡，象毛。（卷三）

185. 機關：《說文》：主發謂之機。從木幾聲也。《說文》：以木橫持門戶曰
關。從門䜌聲。（卷三）

186. 囑累：《說文》：連也。從尾蜀聲也。《說文》：累，增也。（卷三）

187. 食頃：《說文》從匕。（卷三）

188. 顧惜：《說文》：還視也。從頁雇聲也。（卷三）

189. 頷乘：《說文》同。《說文》：乘，覆。（卷三）

190. 憐愍：《說文》從心。（卷三）

191. 浮泡：《說文》：泛也。從水孚聲也。《說文》：從水包聲者也。（卷四）

192. 迅速：《說文》：從辵卂聲。《說文》：從辵束聲。（卷四）

193. 牆壁：《說文》：從嗇爿聲也。《說文》作廦。從广辟聲。（卷四）

194. 如燎：《說文》：放火也。從火尞聲也。（卷四）

195. 銷雪：《說文》：鑠金也。從金肖聲也。（卷四）

196. 捫摩：《說文》：撫持也。從手門聲也。（卷四）

197. 隱蔽：《說文》：蔽也。從阜㥯（㥯）聲。《說文》：從草敝聲也。〔註7〕
（卷四）

〔註7〕據徐時儀，獅作㥯。

198. 諷頌：《說文》作訟也。（卷四）

199. 狀貌：《說文》：從犬爿聲。《說文》從（作）皃，象人面，下從人，象形字也。籀文從豸作貌，古字也。（卷四）

200. 沮壞：《說文》：從水且聲也。（卷四）

201. 鎧甲：《說文》：甲也。（卷四）

202. 鹹味：《說文》：正體從鹵作鹹，形聲字也。（卷四）

203. 皆鈍：《說文》：從金屯聲也。（卷四）

204. 茂盛：《說文》：從草戊聲也。《說文》：從皿成聲也。（卷四）

205. 忻求：《說文》：善者，忻人之善。（卷四）

206. 無怯：《說文》：從犬作狣。以犬多畏故從犬。（卷四）

207. 於譏：《說文》從放。《說文》：誹也。從言幾聲。（卷四）

208. 谷響：《說文》：從音鄉聲也。（卷四）

209. 車乘：《說文》象形作車。《說文》：乘，覆也。從入桀。桀，黏也。軍法曰乘也。（卷四）

210. 所蹈：《說文》：蹈，踐也。從足舀聲。（卷四）

211. 坦然：《說文》：安也。從土且聲也。（卷四）

212. 鞅綱：《說文》作䋝，古字也。（卷四）

213. 纖長：《說文》：細也。從糸韱聲。《說文》：久也。從兀。兀，高遠意也。從匕，上從亡。（卷四）

214. 傭圓：《說文》：均直也。從人庸聲也。（卷四）

215. 潤滑：《說文》：滑，利也。（卷四）

216. 晃燿：《說文》：明也。從日光聲。《說文》：從火作燿，有從光作耀，俗字，非正也。（卷四）

217. 婉約：《說文》：婉，順也。從女宛聲。（卷四）

218. 稠密：《說文》：多也。從禾周聲。（卷四）

219. 離翳:《說文》:華蓋也。(卷四)

220. 不窊:《說文》:從穴瓜聲。(卷四)

221. 不垤:《說文》:象形字也。(卷四)

222. 疥癬:《說文》:搔也。從疒介聲。《說文》:乾瘍也。從疒鮮聲。(卷四)

223. 疣贅:《說文》:從敖從貝也。(卷四)

224. 褫落:《說文》:褫,奪衣也。(卷四)

225. 析除:《說文》:破木也。(卷四)

226. 醫藥:《說文》:治病工也。從酉殹聲。(卷四)

227. 匱乏:《說文》:匱字從匚貴聲也。(卷四)

228. 憤恚:《說文》:恨也。形聲字也。(卷四)

229. 常唬:《說文》:唬,號也。從口虒聲。《說文》:虒字從虎從厂聲。(卷四)

230. 冷煥:《說文》:從冫令聲也。(卷四)

231. 鳧鷖:《說文》同。從鳥殹聲。(卷四)

232. 鶠鳳:《說文》:神鳥也。出東方君子之國,從鳥凡聲也。(卷四)

233. 法涌:《說文》:涌,滕(滕)也。(卷四)

234. 幃帶:《說文》:從巾韋聲也(卷四)

235. 之愆:《說文》:過也。從心衍聲也。(卷四)

236. 有愧生慙:《說文》:愧亦慚也。《說文》作媿。(卷四)

237. 驚駭:《說文》:馬駭也。《說文》:從馬亥聲。(卷四)

238. 繩秘(祕):《說文》:繩,索也。從糸從蠅省聲也。《說文》:從手祕(必)聲也。(卷四)

239. 翹勤:《說文》:尾長毛也。從羽堯聲也。《說文》:勞也,從力堇聲也。(卷四)

240. 身分：《說文》：分，別也。從八從刀，會意字也。（卷四）

241. 極爆：《說文》：爆，灼也，從火暴聲。（卷四）

242. 絪緼（緛）：《說文》：微也。從糸囪聲也。〔註8〕（卷四）

243. 能聽：《說文》：能，獸也，熊屬也。《說文》：聽，聆也。從悳從耳從
　　　壬，壬亦聲也。（卷四）

244. 痙者：《說文》闕。（卷四）

245. 歠爾：《說文》：有所吹起也。（卷四）

246. 摽擊：《說文》：摽，擊也。從手票聲也。《說文》：迴風也。（卷四）

247. 兇黨：《說文》：從人在凶下。（卷四）

248. 無缺：《說文》：器破也。從缶從決省聲者也。（卷四）

249. 掉舉：《說文》：從手與聲也。（卷四）

250. 翳暗：《說文》：華蓋。（卷四）

251. 巢穴：《說文》：鳥在木上也。《說文》：土室。易曰：上古穴居而野處，
　　　是也。（卷四）

252. 屎屎：《說文》：正體從尾從水。又云人之小便也。（卷五）

253. 肪胐：《說文》：肪，肥也。（卷五）

254. 鴟梟：《說文》：不孝鳥也。（卷五）

255. 潰爛：《說文》：漏也。（卷五）

256. 蟲胆：《說文》：胆字從肉且聲也。（卷五）

257. 腐肉：《說文》：從肉府聲。（卷五）

258. 骨瑣：《說文》：瑣，從玉貞聲。（卷五）

259. 髖骨：《說文》：髖，髀上也。從骨寬聲也。（卷五）

260. 髆骨：《說文》：髆，肩甲也。從骨專聲也。（卷五）

〔註 8〕據徐時儀，獅作緛。

261. 迫迮：《說文》闕。（卷五）

262. 纔一：《說文》作才字。（卷五）

263. 爆爆：《說文》：灼也。《說文》：從火暴聲也。（卷五）

264. 掩泥：《說文》：掩，斂也。（卷五）

265. 兵戈：《說文》：平頭戟也。（卷五）

266. 威肅：《說文》：從聿在開上，戰戰兢兢也。（卷五）

267. 番囊：《說文》：從黍從甘。（卷五）

268. 譴罰：《說文》：謫問也。（卷五）

269. 屠膾：《說文》：屠，刳也。（卷五）

270. 邊鄙：《說文》：五酇爲鄙。從邑啚聲。（卷五）

271. 擐鎧：《說文》：鎧，甲也。（卷五）

272. 浮囊：《說文》：囊，橐也。（卷五）

273. 踰於：《說文》：踰，越也。從足俞聲。（卷五）

274. 唐受：《說文》：唐，大言也。（卷五）

275. 甲冑：《說文》：從冃作冑。（卷五）

276. 缺減：《說文》：器破也。從缶從決省聲也。（卷五）

277. 技藝：《說文》：技，巧也。（卷五）

278. 顧戀：《說文》：還視也。從頁雇聲也。（卷五）

279. 醜陋：《說文》：阨陋也。從阜㔿聲也。（卷五）

280. 呰毀：《說文》：呰，呵也。從口此聲也。《說文》：毀，缺也。從土從毇省聲也。（卷五）

281. 咄哉：《說文》：咄，相謂也。（卷五）

282. 名譽：《說文》：從言與聲也。（卷五）

283. 源底：《說文》：作原（原），形聲字也，從泉。〔註9〕（卷五）

284. 殖多：《說文》：從歹直聲也。（卷五）

285. 瞬息：《說文》：開闔目數搖也。（卷五）

286. 打擲：《說文》：投也。（卷五）

287. 痛徹：《說文》：徹，通也。（卷五）

288. 心髓：《說文》：骨中脂也。（卷五）

289. 誣罔：《說文》：加也。從言巫聲也。（卷六）

290. 行漸次行：《說文》：不前不精。從欠二聲也。（卷六）

291. 綺畫：《說文》：畫，界也。象田界聿所以畫之也。從聿一聲。（卷六）

292. 纖長：《說文》：久遠也。從兀從上（匕），從倒亡字。〔註10〕（卷六）

293. 眼睫：《說文》正體作睞，目旁毛也。從目夾聲也。（卷六）

294. 四衢：《說文》：從行瞿聲。（卷六）

295. 大族：《說文》：矢鋒也。（卷六）

296. 無翅：《說文》：從羽支聲。（卷六）

297. 撟誑：《說文》：橋（撟），檀（擅）也。〔註11〕（卷六）

298. 園林：《說文》從草作薗。《說文》從口袁聲。（卷六）

299. 摽擊：《說文》：擊也。從手票聲。《說文》：攴也。從手毄聲。（卷六）

300. 諷誦：《說文》中二字互相訓，諷即誦也，誦亦諷也。（卷六）

301. 兜黨：《說文》：從人在凶下，會意字。（卷六）

302. 擁衛：《說文》作㩏。㩏，抱也。從手雝聲。《說文》：宿衛也。從行從韋從帀。（卷六）

303. 如燎：《說文》：放火也。從火尞聲也。（卷六）

〔註 9〕據徐時儀，大正作物，獅作原。
〔註10〕據徐時儀，大正作匕。
〔註11〕大正作撟，擅。

304. 谷響：《說文》：聲也。從音鄉聲。（卷六）

305. 若屬：《說文》：屬，連也。從尾蜀聲。〔註12〕（卷六）

306. 幢相：《說文》：從巾童聲。（卷六）

307. 濟恤：《說文》作卹。卹，憂也。從血卪聲。（卷六）

308. 倅（猝）〔註13〕暴：《說文》：犬從草中暴出逐人曰卒。從犬卒聲也。（卷六）

309. 不徇：《說文》：正體作徇，從彳匀聲。（卷六）

310. 鬎除：《說文》：鬄髮也。從髟弟聲也。（卷六）

311. 十二京：《說文》從口作京。（卷六）

312. 衰朽：《說文》：草雨衣也。《說文》：從歺作歺，與朽同。（卷六）

313. 兵戈：《說文》：兵，械也。從廾，持斤刃也。籀文從人從干從大（廾）〔註14〕作俆，古字也。《說文》：平頭戟也。從戈一橫之，象形也。（卷六）

314. 軍旅：《說文》：軍之五百人也。從放從从。（卷六）

315. 蠱道：《說文》：腹中蟲也。（卷六）

316. 朋黨：《說文》：從黑尙聲也。（卷六）

317. 勇銳：《說文》：勇，氣也。從力甬聲。《說文》：芒也。從金兌聲。（卷六）

318. 氛郁：《說文》：祥氣也。（卷六）

319. 負債：《說文》：從人守貝有所恃也。又云：受貸不黨（償）〔註15〕。（卷六）

320. 腫皰：《說文》：面生氣。（卷六）

〔註12〕獅作尾。
〔註13〕獅作猝
〔註14〕大，頻作廾。
〔註15〕獅作償。

321. 地獄：《說文》：獄，确也。（卷六）

322. 作廧作陋：《說文》作陋。（卷六）

323. 薄劣：《說文》：從草浦聲也。《說文》：劣，弱也。（卷六）

324. 飢羸：《說文》：飢，餓也。從食几聲也。說（也）文：從羊羸聲也。羸字從亡從口從肉從羊乁作羸。（卷六）

325. 工匠：《說文》：木工也。（卷六）

326. 盲瞎：《說文》：目無眸子曰盲。（卷六）

327. 慣習：《說文》作遺。從辵貫聲也。（卷六）

328. 劬勞：《說文》：勞，劇也。從力（卷六）

329. 涉壙：《說文》：徒行厲水也。從步從水。（卷六）

330. 醫療：《說文》：正體從樂作瘵，訓釋與下同。（卷六）

331. 不恂：《說文》：疾也。從人旬聲也。（卷六）

332. 籌量：《說文》：籌，壺矢也。從竹壽量。〔註16〕（卷六）

333. 測度：《說文》：從水則聲也。（卷六）

334. 撥無：《說文》：從扌發聲。（卷六）

335. 株杌：《說文》：木根也。從木朱聲也。（卷六）

336. 平坦：《說文》：坦，安也。從土旦聲也。（卷六）

337. 瓦礫：《說文》：瓦，土器也，象形，用以蓋屋。《說文》：礫，小石也。（卷六）

338. 熱痰：《說文》：熱，溫也，從火埶聲也。（卷六）

339. 翱翔：《說文》：翱翔，迴飛也。並從羽皋羊皆聲也。（卷六）

340. 箭笞：《說文》：箭，矢也。從竹前聲也。（卷六）

341. 唐捐：《說文》：唐，大言也。從口庚聲也。（卷六）

〔註16〕量，大正作聲。

342. 源底：《說文》作原，或作原，古字也。（卷七）

343. 伴侶：《說文》：大皃。從人半聲也。（卷七）

344. 謬誤：《說文》：狂者之妄言也。從言翏聲也。《說文》：誤，謬也。從言吳聲也。（卷七）

345. 遜謝：《說文》：遜，遁也。從辵孫聲也。或從心作愻，亦同。（卷七）

346. 無翼：《說文》：翼，翅也。從羽異聲也。（卷七）

347. 資糧：《說文》：糧，穀也。從米量聲也。（卷七）

348. 問詰：《說文》：詰，問也。從言吉聲也。（卷七）

349. 四衢：《說文》亦同：從行瞿聲也。（卷七）

350. 掩泥：《說文》：掩，斂也。從扌奄聲也。亦作弇也（卷七）

351. 盛貯：《說文》：貯，積也。從貝宁聲也。（卷七）

352. 竭誠：《說文》：從立曷聲也。（卷七）

353. 勃惡：《說文》：勃，排也。從力孛聲。（卷七）

354. 缺減：《說文》：欶字正從缶作缺。《說文》：器破也。從缶從決省聲也。《說文》：減，損也。今不取。（卷七）

355. 氛郁：《說文》：祥氣也。（卷七）

356. 幰盖：《說文》闕也。（卷七）

357. 迷謬：《說文》：謬，從言翏聲也。（卷七）

358. 地獄：《說文》：獄，确，從狀從言。（卷七）

359. 他溺：《說文》作佗（卷七）

360. 暗鈍：《說文》：鈍，錭也。錭，頑鈍也。從金屯聲也。（卷七）

361. 朋侶：《說文》作佣，佣，輔也。從人朋聲也。（卷七）

362. 慊恨：《說文》：從心兼聲也。經或從女作嫌，亦同。（卷七）

363. 空缺：《說文》：器破也。（卷七）

364. 欻作：《說文》：有所吹起也。從欠炎聲也。（卷七）

365. 迷謬：《說文》：謬字從言翏聲也。（卷七）

366. 猝暴：《說文》：暴字從日從出從廾從半，會意字也。（卷七）

367. 撟誑：《說文》：從言狂聲也。（卷七）

368. 惶懼：《說文》：懼，恐也，從心瞿聲也。（卷七）

369. 淳質：《說文》：濞，從水臺聲也。《說文》：以物相贅也。從貝從所。
　　　（卷七）

370. 賮賈：《說文》：行賣也。從貝從商省聲也。《說文》：賈，市也。（卷
　　　七）

371. 戲謔：《說文》：三軍之偏也。從戈虛（盧）聲也。《說文》：謔亦戲也。
　　　從言虐聲。（卷七）

372. 勇捍：《說文》作勵。《說文》：勇，氣也。從力甬聲也。（卷七）

373. 源底：《說文》作原，或作灥，古字也。（卷七）

374. 履踐：《說文》：足所依也。從尸從彳從夂從舟。《說文》：踐，履也。
　　　從足戔聲也。（卷七）

375. 挑目：《說文》：從手兆聲。或從刀作刓，古字也。（卷七）

376. 鹹鹵：《說文》：北方味也。《說文》：西方鹹地也。從西省，象鹽形也。
　　　（卷七）

377. 析爲：《說文》：破木也。從木從斤。（卷七）

378. 怯怖：《說文》：從犬作狂，從犬去聲也。（卷七）

379. 拒逆：《說文》：逆迎並從辵屰聲也。（卷七）

380. 規摸（模）：《說文》：規，有法度也，從夫從見。（卷七）

381. 卒破：《說文》正體從犬作猝。（卷七）

382. 侮傲：《說文》：傲，倨也。從人敖聲也。（卷七）

383. 樋打：《說文》：從手丁聲也。（卷八）

384. 懷憾：《說文》：念思也。從心衰聲也。（卷八）

385. 降澍：《說文》訓與《爾雅》同。從阜夅聲也。《說文》：時雨澍生萬物。從水從尌聲也。（卷八）

386. 嫉妒：《說文》：從女從戶聲也。（卷八）

387. 皎潔：《說文》：從白作皎。（卷八）

388. 劬勞：《說文》：劇也。從力。（卷八）

389. 根株：《說文》：木根。從木從朱聲也。（卷八）

390. 抑挫：《說文》作归，反印字也。《說文》：挫，摧也。從手從坐聲也。（卷八）

391. 先折：《說文》：前進也。從古屮字從人。《說文》：正體從重二屮從斤作新。（卷八）

392. 或芋：《說文》：大葉實根驚人，故謂之芋。從草于聲也。（卷八）

393. 或藕：《說文》：從水作藕，芙藻根也。從草從水果（禺）聲也。（卷八）

394. 賫持：《說文》作賷，持遺也。從貝齊聲也。（卷八）

395. 重疊：《說文》：古理獄官決罪，三日得其宜乃行之，故從三日晶從宜作疊。王莽以三日太盛改為三田作疊。（卷八）

396. 辜負：《說文》：辜，罪也。從辛古聲也。《說文》：負，恃也。上從人，下從貝。人守寶貝，有所恃也。一日受貸不償，故人下貝為負。（卷八）

397. 鑿井：《說文》：穿木也。從金繫（繫）省聲也。（卷八）

398. 善躲：《說文》：弓弩，發於身而中於遠。從身從矢，小篆從寸作射。《說文》：寸，法度也。又云：寸亦手也。（卷八）

399. 稱量：《說文》：銓也。從禾再聲也。（卷八）

400. 卉木：《說文》：草之總名也。（卷八）

401. 淹久：《說文》：從水奄聲也。（卷八）

402. 橃諭：《說文》：從木發聲也。《說文》：諭，告也。從言俞聲也。（卷八）

403. 希冀：《說文》：北方州也。從北異聲也。（卷八）

404. 植眾：《說文》：戶植也。從木直聲也。《說文》：脂膏久殖。《說文》
亦云：眾，多也。從乑從橫目。（卷八）

405. 磨瑩：《說文》作礦。（卷八）

406. 匪唯：《說文》從匚非聲也。（卷八）

407. 思構（搆）：《說文》作冓，象對交之形。從木從冓聲也。（卷八）

408. 挫辱：《說文》：挫，摧也。從手坐聲也。小篆坐字從土從畱省。古文從
二人作坐。《說文》：從寸。寸在辰下。失耕之時，於封壇之上則戮之。
辰者，農之時也，故房星為辰為田候也。（卷八）

409. 弓弩：《說文》：以斤窮遠故謂之弓。《說文》：弓有臂曰弩。從弓奴聲
也。（卷八）

410. 貯蘇：《說文》：貯，積也。從貝宁聲。（卷八）

411. 燒煉：《說文》：從金作鍊，冶金也。從金柬聲也。（卷八）

412. 匠瑩拭：《說文》：木工也。從匚從斤。（卷八）

413. 火槽：《說文》：槽，焦也。從火曹聲也。（卷八）

414. 峯巖：《說文》：巖，岸也。或從石作礦，古字。（卷八）

415. 怯懼：《說文》作㹫。《說文》：懼，恐也。從心瞿聲也。（卷八）

416. 秔米：《說文》：稻屬。亦作稉。從禾亢聲也。（卷八）

417. 慣習：《說文》從辵作遺，同。（卷八）

418. 歊然：《說文》：有所吹起也。從欠炎聲也。（卷八）

419. 猜疑：《說文》：猜，恨賊也。從犬青聲也。（卷八）

420. 撮磨：《說文》作礦。（卷八）

421. 兇勃：《說文》：擾恐也。從人在凵下。《說文》：悖，亂也。從心孛聲
也。（卷八）

422. 喙長：《說文》：喙，口也。（卷八）

423. 壃界：《說文》作畺，畺，界也，從二田，其間象三其界畫也。（卷八）

424. 螫蟲：《說文》：蟲行毒也。（卷八）

425. 喟然：《說文》：大息也。（卷八）

426. 華孚：《說文》作琈，同。（卷八）

427. 玓瓅：《說文》：玓瓅，明珠色。（卷八）

428. 椎打：《說文》：擊也。從木隹聲。（卷八）

429. 九級：《說文》：從糸及聲。（卷八）

430. 牆壁：《說文》：從土辟聲。（卷八）

431. 亾喪：《說文》：兆（逃）也。從人從乚。《說文》：亾也。從哭亾聲也。（卷八）

432. 漂沒：《說文》：從水票聲也。（卷八）

433. 亢陽：《說文》亢字，人頸也。從大省，象頸字下脉形也。《說文》作亢，古字也。（卷八）

434. 羅罩：《說文》：捕魚器也。從网卓聲。（卷八）

435. 遏寇：《說文》：暴也。（卷八）

436. 著星辰：《說文》闕。（卷八）

437. 嘗澡：《說文》：洒手也。從水喿聲也。（卷八）

438. 永袪：《說文》：從衣去聲也。（卷八）

439. 憺慮：《說文》：安也。從心詹聲也。《說文》：謀思也。從思虍聲。（卷八）

440. 沃朕：《說文》：溉灌也。朕，我也。（卷八）

441. 遠賷：《說文》：持遺也。從貝齊聲。（卷八）

442. 待扣：《說文》：從手口聲也。（卷八）

443. 握斲：《說文》：斲樸也。從木斬聲。（卷八）

444. 刊定：《說文》：剟也。（卷八）

445. 鈞索：《說文》：入家搜也。從宀索聲也。（卷八）

446. 躡金：《說文》同。蹈也，從足聶聲也。（卷八）

447. 聊紀：《說文》：從耳卯聲。（卷八）

448. 業漂：《說文》：從丵從巾。《說文》：浮也。從水票聲。（卷八）

449. 刊梵言：《說文》：剟也。從刀干聲也。（卷八）

450. 偉矣：《說文》：偉，奇也。從人韋聲。（卷八）

451. 牆堵：《說文》：牆，垣蔽也。從嗇爿聲。（卷八）

452. 京者：《說文》：人所爲絕高丘也。從高省，象高形也。（卷八）

453. 踐蹋：《說文》：從足戔聲。《說文》：蹋亦踐。（卷八）

454. 唯然：《說文》：唯即諾也。從口隹聲。（卷八）

455. 右肩：《說文》作肩（肩），肩，髆也。從肉象形字。（卷八）

456. 荷負：《說文》：上從人，下從貝。（卷八）

457. 能斷：《說文》：截也。從斤從𢇍（𢇍）。〔註17〕（卷八）

458. 障累：《說文》：隔也。從阜章聲。（卷八）

459. 美適：《說文》：從羊從大。（卷八）

460. 搖擊：《說文》：動也。從手䍃聲也。《說文》：攴也。從手毄聲。（卷八）

461. 滋澤：《說文》：益也。從水茲聲。《說文》：光潤也。從水睪聲。（卷八）

462. 拯：《說文》作抍。上舉也，從手升聲也。（卷十一）

463. 沈淪：《說文》：沒也。從水侖聲。（卷十一）

464. 陶鈞：《說文》：從阜匋聲也。《說文》：從金勻聲也。（卷十一）

〔註17〕獅作𢇍。

466. 干戈：《說文》作戰，干，犯也，從反入從一作女（仐），古字也。《說文》：平頭戟也。象形。（卷十一）

467. 潰旅：《說文》：潰，漏也。《說文》：從㫃從从作旅，俗用從衣作裱，非也。（卷十一）

468. 闢圓：《說文》：闢，開也。從門辟聲。（卷十一）

469. 瓊編：《說文》：赤玉也。從王夐聲也。《說文》：編，次簡也。從糸扁聲也。（卷十一）

470. 遽即：鄭玄注《周禮》：遽，傳也。《說文》同《周禮》。從辵豦聲也。（卷十一）

471. 年踰：《說文》：從足俞聲也。（卷十一）

472. 登樞：《說文》：戶樞也。從木區聲。（卷十一）

473. 丕構：《說文》：丕，大也。從一不聲。《說文》：搆（構），蓋也。從木冓聲也。（卷十一）

474. 尋繹：《說文》：抽絲也。從糸睪聲也。（卷十一）

475. 忘疲：《說文》：疲，勞也。從疒皮聲也。（卷十一）

476. 部帙：《說文》：書衣也。從巾失聲也。（卷十一）

477. 之甿：《說文》：田民也。從田亡聲也。（卷十一）

478. 高峻：《說文》：正體作陖。《說文》：高也。從山陵聲也。（卷十一）

479. 卉木：《說文》：草之總名也。從屮從艸。（卷十一）

480. 趾步：《說文》：步，行也。從止從少。（卷十一）

481. 其莖：《說文》：枝主也。從草巠聲也。（卷十一）

482. 其鬚：《說文》：正體從頁從彡作須，象形字也。今隸書加彡作鬚，亦通用。（卷十一）

483. 馳騁：《說文》：直驅也。從馬甹聲也。（卷十一）

484. 流澍：《說文》：時雨澍生萬物。從水尌聲也。（卷十一）

485. 畋獵：《說文》：平田也。《說文》：從犬嵒聲也。（卷十一）

486. 捶打：《說文》：捶，以杖擊也。從手垂聲也。（卷十一）

487. 麁獷：《說文》：正體作麤，從三鹿。（卷十一）

488. 貲財：《說文》：小罰以財自贖曰貲。從貝此聲也。（卷十一）

489. 所貣：《說文》：從人求物也。從貝弋聲也。（卷十一）

490. 諛諂（諂）：《說文》：諛，諂（諂）也。從言臾聲也。《說文》：諂（諂），
諛也。從言臽聲也。〔註18〕（卷十一）

491. 憯厲：《說文》：毒也。從心參聲也。（卷十一）

492. 覺寤：《說文》：覺，寤也。《說文》：從寢省吾聲。（卷十一）

493. 流溢：《說文》：器滿也。從水益聲也。（卷十一）

494. 齧齘：《說文》：齘亦齧也。從齒刌（刌）聲也。刌，巧也。（卷十一）

495. 譎罰：《說文》：罪之小者，但持刀罵則應罰。從言從刀作罰。（卷十一）

496. 開（關）逴：《說文》：以木橫持門戶也。從門絲聲也。（卷十一）

497. 青瘀：《說文》：積血也。從广於聲也。（卷十一）

498. 紛櫌（擾）：《說文》：從糸分聲也。《說文》：櫌（擾），煩也。從扌
憂（夒）聲也。（卷十一）

499. 妖促：《說文》：促，迫也。（卷十一）

500. 擔負：《說文》：負，恃也。上從古人下從貝，人守寶有所恃也。（卷十
一）

501. 猛厲：《說文》：從厂從蠆省聲。勵，勉也。（卷十一）

502. 共貯：《說文》：貯，積也。從貝宁聲也。（卷十一）

503. 潤洽：《說文》：洽，霑也。或作霎，古字。（卷十一）

504. 枯槁：《說文》：木枯也。（卷十一）

505. 銷減：《說文》：消，盡也。（卷十一）

〔註18〕獅作諂。

506. 分析：《說文》：破木也。從木。（卷十一）

507. 怯弱：《說文》作㹠，從犬去聲也。《說文》：象形字也。（卷十一）

508. 鉤鎖：《說文》：曲也。（卷十一）

509. 污渥：《說文》：霑也。從水屋聲也。（卷十一）

510. 常悷：《說文》：毒也。從心彔聲也。（卷十一）

511. 倍捾：《說文》：倍，反也。（卷十一）

512. 匿訑：《說文》：兗州謂欺爲訑。魯語也。（卷十一）

513. 髓腦：《說文》：骨中脂也。（卷十一）

514. 羸瘦：《說文》：瘦也。從羊羸聲也。《說文》：癯也。少肉也。從广叜聲也。（卷十一）

515. 賫來：《說文》：持遺也。（卷十一）

516. 筋骨：《說文》：肉之力也。從竹從肉從力。（卷十一）

517. 舉著：《說文》舉字，從手與聲也。（卷十一）

518. 麤獷：《說文》從三鹿，《說文》從犬廣聲也。（卷十一）

519. 純沭：《說文》從糸屯聲也。《說文》：清湛也。（卷十二）

520. 劈裂：《說文》：破也。從刀辟聲也。《說文》：裂，繒餘也。（卷十二）

521. 淳潭：《說文》：乳汁也。（卷十二）

522. 閡心：《說文》：外閉也。（卷十二）

523. 訾哉：《說文》作哉。從口弐聲也。（卷十二）

524. 滑哉：《說文》：滑，利也。（卷十二）

525. 剖判：《說文》：判也。從刀咅聲也。《說文》：從刀半聲也。（卷十二）

526. 瘖瘂：《說文》：不能言也。（卷十二）

527. 甘膳：《說文》：具食也。從肉善聲也。（卷十二）

528. 颷聚：《說文》從風猋聲也。《說文》：會也。從釆取聲也。（卷十二）

529. 沃日：《說文》：漑灌也。（卷十二）

530. 飢饉：《說文》：餓也。《說文》：蔬不熟也。無穀曰飢，無菜曰饉，並形聲字。（卷十二）

531. 訴逮：《說文》：喜也。（卷十二）

532. 荷檐（擔）：《說文》並從人作何儋。（卷十二）

533. 柝一：《說文》：破木也。（卷十二）

534. 陋者：《說文》：陋，隘也。（卷十二）

535. 清泠：《說文》：從水令聲也。（卷十二）

536. 潏流：《說文》作潏。籀文作睿，皆古字也。《說文》：從水從㐬。（卷十二）

537. 濯流：《說文》：濯，澣也，從水翟聲也。（卷十二）

538. 可諭：《說文》從言。（卷十二）

539. 陂湖：《說文》：大陂曰湖。（卷十二）

540. 瞬息：《說文》：正作瞚。開闔目數搖也。從目寅聲也。（卷十二）

541. 柸溺：《說文》：正體從手升聲也。《說文》：上舉也。（卷十二）

542. 戶牖：《說文》：穿壁以木爲交窻也。從月（片）從戶甫。〔註19〕（卷十二）

543. 鑄鍊：《說文》：銷金也。《說文》：冶金也。從金從柬聲也。（卷十二）

544. 砂礫：《說文》：小石也。（卷十二）

545. 倉廩：《說文》：穀藏也。從食省，口象倉形。《說文》：從广從回，象屋中有戶牖，下從禾。（卷十二）

546. 防禦：《說文》：祀也。從示御聲也。（卷十二）

547. 階砌：《說文》：階，陛也。（卷十二）

548. 堆阜：《說文》：小阜也。從土佳聲。（卷十二）

549. 抓掌：《說文》作爪。《說文》：掌字作爪（卷十二）

〔註19〕月，獅作片。

550. 絪滑：《說文》：微也。從糸囟聲也。《說文》：利也。從水骨聲也。（卷十二）

551. 興澍：《說文》：興，起也。從舁從司（同）。〔註20〕（卷十二）

552. 燈燎：《說文》：放火也。從火尞聲也。（卷十二）

553. 傭滿：《說文》：從人庸聲也。（卷十二）

554. 炳著：《說文》：從火丙聲。（卷十二）

555. 膊傭：《說文》：從肉專聲。專字從寸從叀。（卷十二）

556. 綵幔：《說文》：幔，幕也。從巾曼聲也。（卷十二）

557. 懷妊：《說文》：妊，孕也。（卷十二）

558. 攀藤：《說文》：攀，引也。古文從反拱作𢧵，從手樊（樊）聲也。〔註21〕（卷十二）

559. 懟恨：《說文》：懟，怨也。（卷十二）

560. 賷持：《說文》：持遺。正作齎，從貝齊聲。（卷十二）

561. 超挺：《說文》：跳也。從走召聲也。召字從刀從口，俗作召，非也。（卷十二）

562. 雙跖：《說文》：足下也。（卷十二）

563. 癡瞽：《說文》：不慧也。（卷十二）

564. 羸劣：《說文》：瘦也。從羊羸聲。（卷十二）

565. 株杌：《說文》：木根也。《說文》作兀。（卷十二）

566. 靜慮：《說文》：靜，審也。（卷十二）

567. 匱乏：《說文》：匣也。從匚貴聲也。（卷十二）

568. 不怯：《說文》作狾，從犬，犬多畏，會意字也。（卷十二）

〔註20〕獅作同。

〔註21〕大正作樊。

569. 不迣：《說文》：不滑也。從四止。二倒書，二正書，會意字也。（卷十二）

570. 幖幟：《說文》：幖，幟也。《說文》同《廣雅》，從巾戠聲也。（卷十二）

571. 逃迸：《說文》：亡也。（卷十二）

572. 隍池：《說文》：城池也。有水曰池，無水曰隍。從阝皇聲也。（卷十二）

573. 矜伐：《說文》：從矛今聲。（卷十二）

574. 嗥叫：《說文》：嗥，咆也。從口皋聲。（卷十二）

575. 無智膜：《說文》：肉間胲膜也。從肉莫聲。（卷十二）

576. 桎梏：《說文》：桎，足械也。在（所）以桎（至）地也。（卷十二）

577. 刖足：《說文》：從刀月聲也。（卷十二）

578. 肴膳：《說文》：啖也。從肉爻聲也。《說文》：從肉也。（卷十二）

579. 勇勵：《說文》：勇，氣也。從力甬聲也。（卷十二）

580. 妒心：《說文》：婦妒夫也。從女戶聲也。（卷十二）

581. 貯水：《說文》：積也。從貝宁聲也。（卷十二）

582. 疽癬：《說文》：乾瘍也。（卷十二）

583. 敦觸：《說文》闕字。從攴亭聲也。（卷十二）

584. 貿易：《說文》：易財也。從貝丣聲也。（卷十二）

585. 剉膾：《說文》：細切肉也。從肉會聲也。（卷十二）

586. 壓笮：《說文》：迫也。從竹乍聲。（卷十二）

587. 捷慧：《說文》：從手疌聲也。（卷十二）

588. 不傴：《說文》：傴，僂也。從人區聲。（卷十二）

589. 栽桵：《說文》或作枿，伐木餘也。從木𡉚聲。（卷十二）

590. 悲噎：《說文》：飯窒。（卷十二）

591. 猨猴：又猴，《說文》即玃也。（卷十二）

592. 不肖：《說文》：骨肉相似曰肖。《說文》從肉小聲也。（卷十二）

593. 而攜：《說文》：攜，提也。從手巂聲也。（卷十二）

594. 驍勇：《說文》：從馬堯聲也。（卷十二）

595. 抗拒：《說文》：扞也，從手亢聲。（卷十二）

596. 挫辱：《說文》：摧也。從手坐聲。《說文》：從寸在辰下。古者失耕之時，則封壇上戮之，故為辱也。（卷十二）

597. 憤恚：《說文》：懣也。從心貴聲也。（卷十二）

598. 驚愕：《說文》：愕字從吅從屰。（卷十二）

599. 法祠：《說文》：春祭曰祠。從示司聲也。（卷十二）

600. 師傅：《說文》：相也，從人尃聲也。又說尃字從寸甫聲也。（卷十二）

601. 館舍：《說文》：從食官聲。或作舘，俗字。（卷十二）

602. 瑣骨：《說文》：玉聲也，從玉貨聲。下骨字，從冎從肉。（卷十二）

603. 調謔：《說文》：謔即戲也，並形聲字也。（卷十二）

604. 鋈飾：《說文》：器也。從金從熒省聲。（卷十二）

605. 芳羞：《說文》：進獻也，從羊從丑，丑亦聲也。（卷十二）

606. 開拆：《說文》作㧢，裂也。從手赤聲。（卷十二）

607. 齅香：《說文》：以鼻就臭曰齅。（卷十二）

608. 詭詐：《說文》：責也。（卷十二）

609. 噯噎：《說文》：飯窒也，形聲字。（卷十二）

610. 賫持：《說文》：持遺也。從貝齊聲。（卷十二）

611. 蟻蚄：《說文》作螘，形聲字也。或作蛾。（卷十二）

612. 百筋：《說文》：肉之力也。（卷十二）

613. 肋二十四：《說文》：脅骨也。從肉力聲。（卷十二）

614. 剝牛：《說文》：剝，裂也。（卷十二）

615. 牆塹：《說文》：垣蔽也。從嗇爿聲，或作牆。《說文》：從土斬聲。（卷十二）

616. 放帚：《說文》作帚。從又持巾掃冂也。（卷十四）

617. 牀帷：《說文》：在旁曰帷。從巾隹聲。（卷十四）

618. 縫補：《說文》：以鍼紩衣也。從糸逢聲。（卷十四）

619. 聚沫：《說文》又說末字從木字上加一爲末也。（卷十四）

620. 千筋：《說文》從竹從肉從力。（卷十四）

621. 爽失：《說文》：從㸚從大。（卷十四）

622. 巧匠：《說文》：木工也。從匚從斤。（卷十四）

623. 尖標：《說文》：幟也。（卷十四）

624. 乾燥：《說文》：從火喿聲也。（卷十四）

625. 黳黑：《說文》闕。（卷十四）

626. 搖車：《說文》：動也。從手䍃聲也。（卷十四）

627. 嘔逆：《說文》：吐也。（卷十四）

628. 蠭蝶：《說文》：飛蟲螫人者。從䖵逢聲也。（卷十四）

629. 鱣蛭：《說文》：魚也。皮可以爲鼓。（卷十四）

630. 蚌蛤：《說文》作盒，而有三種，皆生於海。（卷十四）

631. 蟯蜋：《說文》：蚰蜋，形聲字也。（卷十四）

632. 與箅：《說文》從舁，中從與（与）。《說文》：以判竹圜以盛穀曰圌也。（卷十四）

633. 屆彼：《說文》：行不便也，極也。從尸（尸）由（凷）聲。（卷十四）

634. 各齎：《說文》：持遺也。從貝齊聲。（卷十四）

635. 門闈：《說文》闕闈字而有闌及橺字，物雖是一而多名。（卷十四）

636. 澄粹：《說文》：從米卒聲也。（卷十四）

637. 斟酌：《說文》：酌，勺也。從斗甚聲也。（卷十四）

638. 櫨杽牀：《說文》：從虍從豕。（卷十四）

639. 鑒徹：《說文》從彳從育從攴。（卷十四）

640. 傭纖：《說文》：均直也。從人庸聲。《說文》：細也。從糸韱聲也。（卷十四）

641. 綫金：《說文》：縷也。從糸戔聲。（卷十四）

642. 神龜：　《說文》：外骨而內肉。從它，象形。（卷十四）

643. 舊鼈：《說文》：從黽敝聲也。（卷十四）

644. 黃柄：　《說文》：柄，柯。（卷十四）

645. 奪聽：《說文》：聆也。從悳從耳壬聲。（卷十四）

646. 繮鞁：《說文》：馬繮也，從糸畺聲也。或從革作韁，亦正。（卷十四）

647. 橡柱：《說文》：槢也。秦謂之橡，周謂之槢，齊魯謂之柎。從木象聲也。（卷十四）

648. 沮壞：《說文》：壞，敗也。從土褱聲也。（卷十四）

649. 火炙：《說文》：炮肉也。從肉在火上也。（卷十四）

650. 抌目：《說文》：撓也。從手地聲也。（卷十四）

651. 痲瘔：《說文》：並從瘳省，未吾皆聲也。（卷十四）

652. 枝蔓：《說文》：葛屬。從草蔓（曼）聲也。（卷十四）

653. 深邃：《說文》：從水㶾聲。《說文》：邃，深遠也。從穴遂聲。（卷十四）

654. 孔竅：《說文》：空也。隙也。從穴敫聲也。（卷十四）

655. 味饌：《說文》：具食也。從食巽也。（卷十四）

656. 苦瓠：《說文》：匏也。從瓜夸聲也。（卷十四）

657. 鬚髮：《說文》從頁從乡。《說文》：髮，根也。從髟犮聲也。（卷十四）

658. 瘡瘢：《說文》作刅。古字也。或作創。（卷十四）

659. 不餐：《說文》：吞也。從食奴聲。（卷十四）

660. 焚燎：《說文》：放火也。從火尞聲也。（卷十四）

661. 繫閉：《說文》閉字從才。（卷十四）

662. 妒嫉：《說文》：婦妒夫也。從女戶聲。（卷十四）

663. 嬉戲：《說文》從戈虘聲也。（卷十四）

664. 鸀鳿：《說文》並形聲字也。又云鸀鳿不過沛水也。（卷十四）

665. 姦詐：《說文》：私也。（卷十四）

666. 齎持：《說文》：持遺也。從貝齊聲。（卷十四）

667. 顏狠：《說文》：狠狠，犬鬬聲也。甚錯，乖經意也。（卷十四）

668. 非齅：《說文》：以鼻就臭曰齅。（卷十四）

669. 譏笑：《說文》：誹也。（卷十四）

670. 倡技：《說文》：樂也。（卷十四）

671. 躁擾：《說文》：躁，疾也。從辵作趮。《說文》：憂字從頁從止從巳從夊作憂，或作憂也。（卷十五）

672. 檳（擯）庌：《說文》從人作儐。《說文》：却屋也。从广牙聲也。（卷十五）

673. 親戚：《說文》從戉尗聲。（卷十五）

674. 刑戮：《說文》從戈翏聲也。或從刀作剹。（卷十五）

675. 編絡：《說文》：次簡也。（卷十五）

676. 七竅：《說文》：竅，空也。從穴敫聲也。（卷十五）

677. 頸項：《說文》：頭莖也。（卷十五）

678. 倉廩：《說文》作㐭，㐭，倉也，象形字。（卷十五）

679. 乞匃：《說文》：上從人，下從亾。（卷十五）

680. 割股：《說文》：股，髀也。從肉殳聲。（卷十五）

681. 羈羅：《說文》作羈。馬絡頭也。從网從革從馬。（卷十五）

682. 輂軒：《說文》：曲輈藩車。從車干聲也。（卷十五）

683. 鬚髮：《說文》作須，面毛也。從頁從彡。《說文》作𩠐，古字也。（卷十五）

684. 放捐：《說文》：捐，棄也。（卷十五）

685. 祝術：《說文》：從示從人口。（卷十五）

686. 爪齒：《說文》：丮也。又云覆手曰爪，象形字也。《說文》：口齗骨也。象口齒之形，止聲也。（卷十五）

687. 勇銳：《說文》：芒也。從金兌聲也。（卷十五）

688. 障閡：《說文》：障，隔也。從阜，形聲字也。（卷十五）

689. 刺殺：《說文》：戮也。法也。從殳殺聲。（卷十五）

690. 腳蹋：《說文》：腳，脛也。從肉卻聲。（卷十五）

691. 彰露：《說文》：從彡，形聲也。（卷十五）

692. 牀榻：《說文》從木弱聲。（卷十五）

693. 艷美：《說文》：盍字從大從血。《說文》：美，甘也。從大從羊。（卷十五）

694. 皺眉：《說文》關也。（卷十五）

695. 纖長：《說文》：細也。從糸韱聲也。或從女作孅。（卷十五）

696. 媄冶：《說文》：巧也。從女芺聲也。《說文》從冫台聲也。（卷十五）

697. 逶迤：《說文》並從辵，形聲字也。（卷十五）

698. 匹偶：《說文》桐人也，從人禺聲也。（卷十五）

699. 嫡婦：《說文》：孎也。從女商聲也。（卷十五）

700. 羹臛：《說文》從鬻作𩐋，亦作𩱧，𩱡，皆古字也。《說文》：從肉寉聲

也。（卷十五）

701. 秔糧：《說文》：稻屬也。從禾亢聲也。《說文》：穀也。從米量聲。（卷十五）

702. 樓櫓：《說文》：重屋也。（卷十五）

703. 窴噎：《說文》：窴，塞也，從穴眞聲也。噎，《說文》：飯窒也。（卷十五）

704. 卑愻：《說文》：從甲從左。《說文》：愻，順也。從心孫聲也。（卷十五）

705. 不完：《說文》：完，全也。從宀元聲也。（卷十五）

706. 鞋韉：《說文》：足衣也。從韋蔑聲也。（卷十五）

707. 鞾履：《說文》闕。（卷十五）

708. 於糸：《說文》：細絲也。（卷十五）

709. 小棗：《說文》：重二束爲棗。（卷十五）

710. 髓血：《說文》：骨中脂也。（卷十五）

711. 控轡：《說文》：馬轡也。從絲從𨅕。《說文》云車軸頭鐵也。（卷十五）

712. 毒滴：《說文》：滴，水注也。《說文》從水商聲也。（卷十五）

713. 喘息：《說文》：疾息也。從口耑聲也。（卷十五）

714. 搨（榻）坐：《說文》：止也。從畱省，從土作坖，古文從二人作坐。（卷十五）

715. 斑駮：《說文》作辬，駮文也。（卷十五）

716. 乞匄：《說文》從人從亡。（卷十五）

717. 坌坌：《說文》：塵也。（卷十五）

718. 悲嘷：《說文》：嘷，咆也。從口皋聲。（卷十五）

719. 蒼蠅：《說文》：蟲之大腹者。從虫從黽。（卷十五）

720. 噎塞：《說文》從口壹聲也。（卷十五）

721. 鬢髮：《說文》作須。會意字也。（卷十五）

722. 恭恪：《說文》：肅也。從心共聲也。《說文》作愙。從心客聲也。（卷十五）

723. 陡陋：《說文》：阨陋也。從阜匜聲，或單作匜（卷十五）

724. 蚩笑：《說文》作欪，欪，戲笑兒也。《說文》闕。（卷十五）

725. 糟滓：《說文》：酒滓也。從米曹聲。《說文》：澱也。從水宰聲也。或作莘，亦同。（卷十五）

726. 糞丸：《說文》作糞。（卷十五）

727. 齊幾：《說文》：從丝從成（戌）也。（卷十五）

728. 善綴：《說文》：合著也。從糸叕聲。（卷十五）

729. 善縫：《說文》：以針紩衣也。從糸逢聲也。（卷十五）

730. 綻壞：《說文》作袒。從衣旦聲也。（卷十五）

731. 輕躁：《說文》作趮，從夭喿聲也。（卷十五）

732. 稠林：《說文》：多也。從禾周聲也。（卷十五）

733. 皰初生：《說文》：面生氣也。（卷十五）

734. 猗著：《說文》：猗，犗犬也。（卷十五）

735. 薄尠：《說文》從草。（卷十五）

736. 食啗：《說文》：啗，食也。從口臽聲也。《說文》從亼從皀。（卷十五）

737. 門閫：《說文》：門橛也。（卷十五）

738. 尋繹：《說文》：抽絲也。（卷十五）

739. 糧貯：《說文》：儲食也。《說文》：貯，積也。從貝宁聲。（卷十五）

740. 姝麗：《說文》：姝，好也。（卷十五）

741. 輻轄：《說文》：車聲也。（卷十五）

742. 轅軶：《說文》：轅，輈也。（卷十五）

743. 眺望：《說文》：目不正也。從目兆聲也。（卷十五）

744. 澗領：《說文》：半傷也，從冰。（卷十五）

745. 牜棘：《說文》從二束。（卷十五）

746. 清泠：《說文》：從水令聲。（卷十五）

747. 戲弄：《說文》從戈虍聲。《說文》：玩也。戲也。從廾從玉。（卷十五）

748. 貪財：《說文》：從人求物也。從貝弋聲。（卷十五）

749. 嫉妒：《說文》：婦妒夫也。並從女，疾，戶聲也。（卷十五）

750. 貯聚：《說文》：藉（積）也，從貝宁聲也。《說文》：會也。從釆取聲。
（卷十五）

751. 矛刺：《說文》：酋矛也，長二丈。（卷十五）

752. 滓穢：《說文》：滓，澱也。《說文》從草。（卷十五）

753. 罵詈：《說文》二字互相訓，並從网，网猶罪也（卷十五）

754. 椎鍾：《說文》：擊也，從木隹聲。（卷十五）

755. 關邏：《說文》：以木橫持門戶也。（卷十五）

756. 疽惡：《說文》：從广且聲。（卷十五）

757. 以鍛（鍛）：《說文》：小冶也。㧐鍛（鍛）也，從金叚（段）聲。（卷
十五）

758. 聰黠：《說文》從黑吉聲也。（卷十五）

759. 枷壓：《說文》亦作厭字。（卷十五）

760. 擿打：《說文》作築也。（卷十五）

761. 蚊蝱：《說文》：從虫亡聲。（卷十五）

762. 眼瞳子：《說文》開。〔註22〕（卷十五）

763. 樹荄：《說文》：草根也。從草亥聲也。（卷十五）

〔註22〕獅作闢。

764. 或縹：《說文》：帛青白色也。從糸票聲也。（卷十五）

765. 臚脹：《說文》從肉盧聲。（卷十五）

766. 搒笞：《說文》從手旁聲。《說文》：笞，擊也。從竹台聲也。（卷十五）

767. 嫉妒：《說文》並從女，疾戶皆聲也。（卷十五）

768. 披攐：《說文》從手睘聲。（卷十五）

769. 遍捫：《說文》從手門聲也。（卷十五）

770. 占含：《說文》從口文聲。（卷十五）

771. 媿恥：《說文》同。《說文》：辱也。從心耳聲。（卷十五）

772. 捶打：《說文》：捶，以杖擊也。從手垂聲也。（卷十五）

773. 忿遽：《說文》：從辵豦聲。（卷十五）

774. 一摶：《說文》：從手專聲。（卷十五）

775. 逮無：《說文》從辵隶聲。（卷十五）

776. 捲誘：《說文》或作羑也（卷十五）

777. 遊戲：《說文》：三軍之偏也。從戈虍聲也。（卷十五）

778. 捫淚：《說文》從手門聲也。（卷十五）

779. 絪擣：《說文》手推也。從手壽聲。（卷十五）

780. 缺減：《說文》：從缶從決省聲也。《說文》：減，損也。從水咸聲也。
　　（卷十五）

781. 解奏：《說文》：判也。從角從刀從牛。（卷十五）

782. 從輿：《說文》從車舁聲。（卷十五）

783. 一瓢：《說文》作瓢也。（卷十五）

784. 酸鹹：《說文》從鹵也。（卷十五）

785. 射師：《說文》：射，弓弩發於身而中於遠也。從身從寸。（卷十五）

786. 控弦：《說文》從手空聲。（卷十五）

787. 疊栱：《說文》從晶從宜。（卷十五）

788. 儔黨：《說文》從黑尙聲。（卷十五）

789. 宴居：《說文》：宴，安也。又靜也。從宀晏聲。（卷十七）

790. 愚戇：《說文》：戇，愚也。從心贛聲。（卷十七）

791. 牴揬：《說文》訓亦同。從牛氐聲。（卷十七）

792. 愚騃：《說文》：馬行仡仡，從馬矣聲。（卷十七）

793. 以檛：《說文》從竹作築，古字也。（卷十七）

794. 姝好：《說文》同。（卷十七）

795. 牀榻：《說文》：從木搨聲。（卷十七）

796. 棚閣：《說文》：棧也。從木朋聲也。（卷十七）

797. 稽顙：《說文》從首旨聲。古文正體䭫首字也。（卷十七）

798. 悒悒：《說文》：不安也。從心色（邑）聲也。（卷十七）

799. 佁礙：《說文》：佁，從人台聲。礙從石疑聲。（卷十七）

800. 損秏：《說文》：稻屬也。從禾毛聲。（卷十七）

801. 所漂：《說文》：漂亦浮也。從水票聲。（卷十七）

802. 弘雅：《說文》從弓厶聲。（卷十七）

803. 霑污：《說文》：從雨沾聲。（卷十七）

804. 霍然：《說文》作靃，或作霩。（卷十七）

805. 痛蛘：《說文》：搔蛘也。從虫羊聲也。（卷十七）

806. 班宣：《說文》：分瑞玉。從刀分。（卷十七）

807. 煌煌：《說文》：煌煇也，從火皇聲。（卷十七）

808. 尠薄：《說文》從草溥聲也。（卷十七）

809. 報償：《說文》：還也。從人賞聲。（卷十七）

810. 儌倖：《說文》從心敫聲也。（卷十七）

811. 黠慧：《說文》從黑從吉聲。（卷十七）

812. 輦輿：《說文》從扶從車。《說文》：車輿也。從車舁聲也。（卷十七）

813. 稱稱：《說文》：銓也。從禾爯聲。（卷十七）

814. 覺寤：《說文》：從寢省吾聲。（卷十七）

815. 柱杖：《說文》：楹也。從木從主聲。（卷十七）

816. 跳故：《說文》從足兆聲也。（卷十七）

817. 恥媿：《說文》從女鬼聲。（卷十七）

818. 娛樂：《說文》：從女吳聲。（卷十七）

819. 戲樂：《說文》：從戈虍聲。（卷十七）

820. 嫉妒：《說文》從女戶聲。（卷十七）

821. 遞互：《說文》：更易也。從辵虒聲。（卷十七）

822. 無秉作：《說文》從又從禾，會意字也。手持一禾曰秉。（卷十七）

823. 糞掃：《說文》：棄除也。從廾推華棄米曰糞。（卷十七）

824. 刷護：《說文》：從刀㕞省聲也。（卷十七）

825. 繳蓋：《說文》：從糸敫聲。《說文》：苫也，從草盍聲也。（卷十七）

826. 蛸飛：《說文》：從虫肖聲。（卷十七）

827. 轟鬱：《說文》：亦群車聲。從三車。《說文》：木叢生者。從林鬱省聲。（卷十七）

828. 閑婉：《說文》：順也，從女宛聲。（卷十七）

829. 剖析：《說文》從刀音聲。《說文》：破木也。會意字也。（卷十七）

830. 窾穴：《說文》從穴敫聲。（卷十七）

831. 談謔：《說文》從言虐聲。（卷十七）

832. 嗓吮：《說文》從口允聲。（卷十七）

833. 纏裹：《說文》：裹，纏也。從衣果聲也。（卷十七）

834. 植之：又《說文》：從木直聲也。（卷十七）

835. 捲縮：《說文》：從手卷聲也。《說文》從糸宿聲也。（卷十七）

836. 寶璫：《說文》從玉當聲也。（卷十七）

837. 鎔銅：《說文》：從金容聲。（卷十七）

838. 爆裂：《說文》從火暴聲。《說文》從衣列聲。（卷十七）

839. 斬截：《說文》：截，斷也。從戈雀聲。（卷十七）

840. 齧齗：《說文》：齧，噬也。從齒刧聲也。（卷十七）

841. 貯而：《說文》：貯，積也。從貝宁聲也。（卷十七）

842. 葦蘆：《說文》：大葭也。從艸韋聲也。《說文》：從广盧聲也。（卷十七）

843. 逮教：《說文》：從辵隶聲也。（卷十七）

844. 踰於：《說文》亦越也，從足俞聲也。（卷十七）

845. 如鶡：《說文》：從鳥曷聲也。（卷十七）

846. 搋撲：《說文》：從手業聲。（卷十七）

847. 調諑：《說文》從言疑聲。（卷十七）

848. 原隰：《說文》：阪下溼也。從阜㬎聲。（卷十八）

849. 普洽：《說文》：洽，霑也。形聲字也。（卷十八）

850. 蹈龍宮：《說文》：蹈，踐也，從足舀聲。（卷十八）

851. 疇咨：《說文》：謀事曰咨。形聲字也。（卷十八）

852. 雨大香雨：《說文》：雨字象形。（卷十八）

853. 盛貯：《說文》：貯，積也。從貝宁聲。（卷十八）

854. 所憑：《說文》作凭。（卷十八）

855. 貧匱：《說文》：匣也。從匚貴聲。（卷十八）

856. 稼穡：《說文》：從禾嗇聲也。（卷十八）

857. 水激：《說文》：水礙衺疾波也。（卷十八）

858. 銷釋：《說文》：鑠金也。形聲字也。（卷十八）

859. 溝壑：《說文》：壑，溝也。從叡從土。（卷十八）

860. 災橫：《說文》作巜（巛）。（卷十八）

861. 唯然：《說文》：從口隹聲也。（卷十八）

862. 乘馭：《說文》作御，使馬也，馭，古文御字也，從彳從卸。（卷十八）

863. 誣网（罔）：《說文》：加也。從言巫聲。《說文》：象网交文。從冂。（卷十八）

864. 嘉餚：《說文》：啖也。從肉爻聲也。（卷十八）

865. 耽染：《說文》：正合作媅。《說文》從女甚聲也。（卷十八）

866. 戍邏：《說文》：守邊也。從人從戈。（卷十八）

867. 或推：《說文》：推，排也。（卷十八）

868. 黂坌：《說文》：坋（坌），塵也。從土分聲。（卷十八）

869. 栖泊：《說文》：鳥在巢上。象形作㢴，古文西字也。（卷十八）

870. 遞相：《說文》：遞，更易也。或作递，俗字也（卷十八）

871. 捶楚：《說文》：捶，以杖擊也。從手垂聲。《說文》：叢木也。從林疋聲。（卷十八）

872. 囹圄：《說文》：圄，獄也。圄，守之也。（卷十八）

873. 疑滯：《說文》：凝也。形聲字也。（卷十八）

874. 輕躁：《說文》作趮，從走。（卷十八）

875. 豔色：《說文》：好而長也。（卷十八）

876. 腐敗：《說文》：爛也。從肉府聲。（卷十八）

877. 擣簁：《說文》：擣，築也。（卷十八）

878. 鐵搏：《說文》：圜也。從手專聲也。（卷十八）

879. 鈆錫：《說文》：鈆，青金也。錫，銀鈆之間。（卷十八）

880. 卉木《說文》：從三屮也。（卷十八）

881. 撿問：《說文》從手僉聲。（卷十八）

882. 剪拔：《說文》從刀前聲。《說文》：拔，擢也。從手犮聲也。（卷十八）

883. 擯黜：《說文》：貶下也。從黑出聲。（卷十八）

884. 應速蹋：《說文》：蹋，踐也，從足弱聲。（卷十八）

885. 欲撲：《說文》：挨也。從手業聲也。（卷十八）

886. 壓油：《說文》：壞也，從土厭聲。（卷十八）

887. 寇敵：《說文》：寇，暴也。從攴從完。（卷十八）

888. 炕旱：《說文》：炕，乾也。（卷十八）

889. 皆漂：《說文》：浮也，從水票聲也。（卷十八）

890. 戇愚：《說文》：愚也。從心贛聲也。（卷十八）

891. 慘癘：《說文》：毒也，從心參聲也。（卷十八）

892. 矬醜：《說文》闕。《說文》：可惡也。從鬼酉聲。（卷十八）

893. 泛於：《說文》：從水乏聲也。（卷十八）

894. 悲惻：《說文》：從心則聲。或作恝，古字也。（卷十八）

895. 慘毒：《說文》：慘，亦毒也。從心參聲。（卷十八）

896. 崖揆：《說文》：揆，葵也。從手癸聲。（卷十八）

897. 所報：《說文》：報，辠也。從車㐁聲。（卷十八）

898. 酬亢：《說文》：扞也。從手亢聲。（卷十八）

899. 梯橙：《說文》：木階也。從木從弟聲。（卷十八）

900. 躁擾：《說文》爲走㒸字，從走㒸聲也。（卷十八）

902. 餚饍：《說文》：啖也，從肉爻聲。《說文》：具食也，從肉善聲也。（卷十九）

903. 賈客：《說文》：兂，從人自瘫蔽也，左右象蔽形也。（卷十九）

904. 稗莠：《說文》：形聲字也。（卷十九）

905. 欲撲：《說文》：從舌氏聲。（卷十九）

906. 蚊蝱：《說文》：蚊蝱並齧人飛蟲也。（卷十九）

907. 蝗蟲：《說文》：從虫皇聲。《說文》蟲從三虫。（卷十九）

908. 入一豆穧：《說文》從禾會聲。（卷十九）

909. 災雹：《說文》：雨冰也。從雨包聲。（卷十九）

910. 齧毒：《說文》：齧，噬也，從齒㓞聲。（卷十九）

911. 谿谷：《說文》：山瀆無所通者曰谿。從谷奚聲。（卷十九）

912. 躓頓：《說文》：從足質聲也。或從疐作躓。（卷十九）

913. 奮迅：《說文》：翬也。翬，猶飛也，從奞在田上。（卷十九）

914. 涌出：《說文》：從水甬聲。（卷十九）

915. 無翳：《說文》：華蓋也。從羽殹聲。（卷十九）

916. 芬馥：《說文》：從草分聲。（卷十九）

917. 貧匱：《說文》：從匚貴聲。（卷十九）

918. 窻牖：《說文》：象形作囱。（卷十九）

919. 鈎鎖：《說文》：並從金。（卷十九）

920. 不缺：《說文》：從缶從決省聲也。（卷十九）

921. 貿易：《說文》：易財曰貿。從貝卯聲。（卷十九）

922. 盥洗：《說文》：澡手也。從臼水臨皿也。（卷十九）

923. 綫結：《說文》：綫，縷也。（卷十九）

924. 桔皮：《說文》：桔梗，藥名也。從木吉聲。（卷十九）

925. 銅鍼：《說文》：所以縫也。從金咸聲。或作箴，亦作針。（卷十九）

926. 楣根：《說文》從木眉聲。《說文》從木長聲。（卷十九）

927. 廁窴：《蒼頡篇》：窴，塞也。《說文》義同。從穴眞聲。（卷十九）

928. 傀偉：《說文》：奇。二字並從人，鬼，韋皆聲。（卷十九）

929. 門闑：《說文》：從門臬聲。（卷十九）

930. 可賈：《說文》：易財也。從貝乎聲。（卷十九）

931. 譁說：《說文》從言華聲。（卷十九）

932. 四隅：《說文》：陬也。從阜禺聲。（卷十九）

933. 蝡動：《說文》：動也。從虫耎聲。（卷十九）

934. 佷弊：《說文》艮字從目從匕。（卷十九）

935. 區別：《說文》從品。品，類別也。從匸，匸，隱匿也。（卷十九）

936. 鎧甲：《說文》：鎧亦甲也。從金豈聲。（卷十九）

937. 漂將：《說文》浮也。從水票聲。（卷十九）

938. 若干箇：《說文》：篃（箇），斷竹也。從竹甬聲。（卷十九）

939. 棘束：《說文》：小棗叢生者，從並束。《說文》：木芒。象形也。（卷十九）

940. 犛牛：《說文》：西南夷長髦牛也。從牛𠩺聲。（卷十九）

941. 挑眼：《說文》：從手兆聲。（卷十九）

942. 沫搏：《說文》：從水末聲。（卷十九）

943. 水泡：《說文》從包聲。（卷十九）

944. 寤寐：《說文》從寢省。《說文》臥也。從寢省，未聲。（卷十九）

945. 愚戀：《說文》：戀，愚也。（卷十九）

946. 亙然：《說文》：從木作𣙙。𣙙，竟也。《說文》從日，上下各一，亙之意也。（卷十九）

947. 棚閣：《說文》從木朋聲。（卷十九）

948. 舡突：《說文》：從穴從大（犬）。（卷十九）

949. 坦然：《說文》：坦，安也。（卷十九）

950. 嫻眹：《說文》：嫻，雅也。（卷十九）

951. 齅相：《說文》：以鼻就臭曰齅。（卷十九）

952. 湮相：《說文》：幽湮也。從水，一覆也。（卷十九）

953. 虧赧：《說文》：氣損也。（卷十九）

954. 鞮譯：《說文》從革是聲也。（卷二十）（卷十九）

955. 揜頓：《說文》：覆也。從手弇聲。（卷十九）

956. 治踵：《說文》：踵，追也。一云往來皃。從足重聲也。或從止作歱（歱），亦通用也。（卷十九）

957. 玄扈：《說文》訓義同。從邑戶聲也。（卷十九）

958. 挼揚：《說文》：聚意也。從手叟聲。《說文》：飛舉也。從手易聲也。（卷十九）

959. 怡悅：《說文》從心台聲。（卷十九）

960. 妓女：《說文》：從女支聲。（卷十九）

961. 戲樂：《說文》從戈盧聲。（卷十九）

962. 瀑雨：《說文》：疾雨也。從水暴聲。（卷十九）

963. 分劑：《說文》：分，別也。從八從刀。（卷十九）

964. 宋靜：《說文》：宋，無人聲也。從宀未聲。（卷十九）

965. 鬩諍：《說文》：鬩，遇也。從鬥從鬩聲。從門從鬥作鬥者，非也。（卷十九）

966. 拇指：《說文》：從手母聲。（卷十九）

967. 悒恨：《說文》：悒，不安也。從心邑聲。（卷十九）

968. 濡音：《說文》儒，柔也。從人需聲。（卷十九）

969. 雷電：《說文》：雹，雨冰也。從雨包聲也。（卷十九）

970. 泡炎：《說文》：水名也。《說文》從水包聲。（卷十九）

971. 肘量：《說文》：肘，臂節。從肉從寸。（卷十九）

972. 憒夬：《說文》：憒，亂也。從心貴聲。（卷十九）

973. 牆堞：《說文》：城上女垣也。從土葉聲。（卷十九）

974. 樓櫓：《說文》：櫓，大盾也。從木魯聲。（卷十九）

975. 嘷哭：《說文》：嘷，咆也。從口皋聲。（卷十九）

976. 毀訾：《說文》從吅作呰，義同。（卷十九）

977. 願聽：《說文》：聽，聆也。從悳耳壬聲。（卷十九）

978. 擗踊：《說文》：跳也。從足甬聲。（卷十九）

979. 醫藥：《說文》：醫，治病工也。從酉殹聲。（卷十九）

980. 耳璫：《說文》：從玉當聲。（卷十九）

981. 有疵：《說文》：疵，病也，從疒此聲。（卷十九）

982. 流漂：《說文》作瀌，云浮也。從水票聲。（卷十九）

983. 門閾：《說文》從門或聲。（卷十九）

984. 或豎：《說文》亦豎立也。從臤豆聲。（卷十九）

985. 溝坑：《說文》：溝，水瀆也。從水冓聲。（卷十九）

986. 瀑流：《說文》從日從出半奴（廾）也。（卷十九）

987. 詭言：《說文》從言危聲。（卷十九）

988. 惛悶：《說文》：惛，不憭也。從心昏聲。（卷十九）

989. 周幛：《說文》無此字。（卷十九）

990. 亢旱：《說文》從大省。（卷十九）

991. 水潦：《說文》：從水勞聲也。（卷十九）

992. 劬勞：《說文》：勞，劇也，從力從熒省。（卷十九）

993. 倉窖：《說文》：窖，地藏也。從穴告聲。（卷十九）

994. 甘蔗：《說文》從草庶聲。（卷十九）

995. 貯器：《說文》：積也，從貝宁聲。（卷十九）

996. 頂戴：《說文》：從異𢦔聲。（卷十九）

997. 讚檠：《說文》：檠，二尺書也，從木敬聲也。（卷十九）

998. 豻狡：《說文》：從犬交聲。（卷十九）

999. 惱縮：《說文》：縮，亂也。從糸宿聲。（卷十九）

1000. 涌沸：《說文》：從水甬聲。《說文》：從水弗聲也。（卷十九）

1001. 熙怡：《說文》從火巸聲也。（卷十九）

1002. 盥掌：《說文》：盥，澡手也。（卷十九）

1003. 拔濟：《說文》：擢也，從手犮聲。（卷二十四）

1004. 嗷喚：《說文》：吼也。從口敫聲。（卷二十四）

1005. 踰城：《說文》從足俞聲。（卷二十四）

1006. 洿池：《說文》：濁水不流也。從水夸聲。（卷二十四）

1007. 擢本：《說文》：引也，從手翟聲也。（卷二十四）

1008. 霹靂：《說文》：從雨雔聲。（卷二十四）

1009. 細㝵：《說文》：微也。從糸囟聲。（卷二十四）

1010. 蹲踞：《說文》互相訓，蹲，踞也，踞，蹲也。並從足，尊、居亦聲。（卷二十四）

1011. 頑囂：《說文》從頁元聲。囂從㗊臣聲。（卷二十四）

1012. 糞穢：《說文》：棄除也。（卷二十四）

1013. 稗子：《說文》：禾別也，從禾卑聲。（卷二十四）

1014. 鑊腳：《說文》：鐫也，從金蒦聲。（卷二十四）

1015. 羆面：《說文》義同，從熊罷省聲。（卷二十四）

1016. 螭面：《說文》云若龍而黃，北方謂之地螻。從虫离聲。（卷二十四）

1017. 慘毒苦：《說文》：慘，毒也。從心參聲。《說文》：害人之草也。從
中（屮）從毒。（卷二十四）

1018. 偃蹇：《說文》：偃，僵也。從人匽聲。（卷二十四）

1019. 鋸截：《說文》：槍唐也。從金居聲。（卷二十四）

1020. 癖躄：《說文》作躄，訓同，從止辟聲也。（卷二十四）

1021. 眩瞖：《說文》：目無常主也。從目玄聲。（卷二十四）

1022. 煒燁：《說文》：煒，盛赤也。從火韋聲。《說文》作爗，亦盛也。從
火曅聲。（卷二十四）

1023. 嬉戲：《說文》：從戈虛聲。（卷二十四）

1024. 盡澌：《說文》：水索也。從水斯聲也。（卷二十四）

1025. 饋遺：《說文》：餉也。從食貴聲。《說文》從辵貴聲也。（卷二十四）

1026. 閑傷：《說文》從門干聲。（卷二十四）

1027. 惛寐：《說文》：不憭也。從心昏聲。《說文》：臥也。从㝱省，未聲。
（卷二十四）

1028. 傴身：《說文》傴也。從人區聲也。（卷二十四）

1029. 傴僂：《說文》並從人，區，婁皆聲也。（卷二十四）

1030. 厭蠱：《說文》從蟲從皿。（卷二十四）

1031. 持梢尾：《說文》從木肖聲。（卷二十四）

1032. 吞噬：《說文》：吞，咽也。從口天聲。（卷二十四）

1033. 瓦礫：《說文》云：礫，小石也。從石樂聲也。（卷二十四）

1034. 偋廁：《說文》從人屏聲。（卷二十四）

1035. 諒屬：《說文》從言京聲。（卷二十四）

1036. 遷遺：《說文》從辵豦聲也。（卷二十四）

1037. 舟檝：《說文》作楫，從木咠聲。（卷二十四）

1038. 騁武：《說文》從馬甹聲。（卷二十四）

1039. 軒檻：《說文》從車干聲。《說文》：從木監聲。（卷二十四）

1040. 慳吝：《說文》從口文聲。古文作㦒，又作㗖，或作悋，亦作遴也。（卷二十四）

1041. 虹霓：《說文》：虹，狀似蟲。從虫工聲。霓，青赤、白色，陰氣也。從雨兒聲。（卷二十四）

1042. 沮壞：《說文》從水且聲。（卷二十四）

1043. 齒齲：《說文》：齒蠹也，從齒禹聲。或從牙作齲。（卷二十四）

1045. 捫淚：《說文》：撫持也。從手門聲。（卷二十四）

1046. 門閫：《說文》作梱，義同。從木困聲。（卷二十四）

1047. 坯器：《說文》：瓦未燒曰坯，從土不聲。（卷二十四）

1048. 覺寤：《說文》：覺亦寤也。從見學省聲。寤，寐省吾聲。（卷二十四）

1049. 角睞：《說文》：目童子不正也。從目來聲。（卷二十四）

1050. 齚齒：《說文》：齧堅聲也。從齒吉聲。（卷二十四）

1051. 讇語：《說文》：讇，諛也。從言閻聲，或作諂也。（卷二十四）

1052. 䁤然：《說文》視不明也。一云直視也，從見春聲。（卷二十四）

1053. 臂傭：《說文》：均直也。從人庸聲。（卷二十四）

1054. 毾㲪：《說文》：纖謂西胡毦布也。（卷二十四）

1055. 沙鹵：《說文》：西方鹹地謂之鹵，從西省，象鹽形也。（卷二十四）

1056. 激矢：《說文》：弓弩矢也。從入象鏑括羽之形。（卷二十四）

1057. 潰亂：《說文》從水貴聲。（卷二十四）

1058. 挫恧：《說文》：挫，摧也。從手坐聲。（卷二十四）

1059. 壽命：《說文》：壽，久也。（卷二十五）

1060. 晨輴：《說文》：旦也。從軓舟聲。（卷二十五）

1061. 啖食：《說文》作噆，形聲字也。（卷二十五）

1062. 竅孔：《說文》云空也。（卷二十五）

1063. 倚牀：《說文》云依也。（卷二十五）

1064. 釪矟矛：《說文》：長二丈，建於兵車。（卷二十五）

1065. 掾及：《說文》云上舉也。（卷二十五）

1066. 責索無所：《說文》：求也。（卷二十五）

1067. 夭壽：《說文》：屈也。（卷二十五）

1068. 珂貝：《說文》：海介蟲也。（卷二十五）

1069. 貯聚：《說文》：積也。從貝宁聲也。（卷二十五）

1070. 衒賣：《說文》：行且賣也。（卷二十五）

1071. 憒吏：《說文》：亂也。（卷二十五）

1072. 大致：《說文》：送詣曰致。（卷二十五）

1073. 齅香：《說文》：以鼻就臭也。（卷二十五）

1074. 木箭：《說文》：斷竹也。（卷二十五）

1075. 髣髴：《說文》仿佛，並同用也。（卷二十五）

1076. 肴饌：《說文》：饌，具食也。（卷二十五）

1077. 診之：《說文》：診，視也。（卷二十五）

1078. 劈裂：《說文》：破也。（卷二十六）

1079. 擘裂：《說文》：撝也。（卷二十六）

1080. 髦尾：《說文》：髦，髮也。（卷二十六）

1081. 聰叡：《說文》：深明也。（卷二十六）

1082. 撓大海：《說文》：撓，擾也。（卷二十六）

1083. 顧眄：《說文》：邪視也。（卷二十六）

1084. 無所畏省：《說文》：視也。（卷二十六）

1085. 婬愿：《說文》：私逸也。（卷二十六）

1086. 手抱脚蹋：《說文》正作桴。或作抱，同。（卷二十六）

1087. 百穀：《說文》：穀，續也。（卷二十六）

1088. 爐冶：《說文》：銷也。（卷二十六）

1089. 賦給：《說文》：賦，斂也。（卷二十六）

1090. 憩駕：《說文》作愒字。（卷二十六）

1091. 孚乳：《說文》從孚從乙。（卷二十六）

1092. 甘鬴盛金：《說文》：從鬲牛（牜）聲。（卷二十六）

1093. 魍魎：《說文》作蝄蜽，同。（卷二十六）

1094. 車輿：《說文》：車輿也。（卷二十六）

1095. 混濁：《說文》從水昆聲。或作溷。（卷二十六）

1096. 矛稍：《說文》：矛長二丈，建於兵車也。象形字也。（卷二十六）

1097. 慨悼：《說文》從心既聲也。（卷二十六）

1098. 羅寇：《說文》：寇，暴也。（卷二十六）

1099. 宴默：《說文》：宴，安也。（卷二十六）

1100. 猛烈：《說文》：烈，火猛也。（卷二十六）

1101. 奴：《說文》：古文爲仅字也。（卷二十七）

1102. 庸鄙：《說文》：五鄷爲鄙。從邑啚聲。（卷一）（卷六十八）（卷八十二）（卷九十四）（卷七十一）

1103. 筋骨髓：《說文》：筋，肉之力也。從肉竹，竹物之多筋者也。從力。（卷十九）

1104. 搦取：《說文》：按也。從手弱聲。（卷五十三）

1105. 穿徹：《說文》：穿，通也。從穴從牙。（卷十二）穿沙礫：《說文》：穿，通也。從牙在穴中。（卷五十一）（卷九十）

1106. 關鍵：《說文》：鍵，鉉。從金建聲也。（卷十二）妙鍵：《說文》鍵，鉉也，從金建聲也。（卷三十一）（卷四十）（卷五十一）（卷八十三）（卷八十七）

1107. 埤助：《說文》：增也。從土卑聲。（卷十五）有埤：《說文》：增也。從土卑聲也。（卷九十六）

1108. 詳：《說文》：審議也。（卷二十七）

1109. 佳矣：《說文》：佳，善也。（卷二十七）

1110. 唯然：《說文》：諾也。（卷二十七）唯諾：《說文》從口佳聲。《說文》從言若聲。（卷五十四）

1111. 嫉妒：《說文》婦妒夫也。從女戶聲。（卷二十七）（卷三十）（卷三十九）（卷一百）

1112. 瑕疵：《說文》：疵，病。（卷二十七）瑕疵：《說文》從疒此聲也。（卷三十）（卷三十二）（卷三十三）（卷四十七）

1113. 鉛錫：《說文》：青金也。（卷二十七）鉛錫：《說文》：鉛，青金也。錫，銀鉛之間也。並從金㕣易皆聲。（卷三十一）（卷三十五）（卷八十八）

1114. 作樂：《說文》：五聲八音總名爲樂。（卷二十七）

1115. 琴：《說文》：琴，禁也。神農作也。（卷二十七）

1116. 衰邁：《說文》：邁，遠行也。（卷二十七）

1117. 嬉戲：《說文》作僖，樂也。（卷二十七）（卷七十一）

1118. 圮：《說文》：毀也。（卷二十七）分圮：《說文》從土已聲也。（卷八十）（卷八十九）

1119. 墌：《說文》：裂也。（卷二十七）（卷七十）墌裂：《說文》從土庶聲也。（卷四十）（卷六十二）震墌：《說文》云墌，裂也。從土庶聲。（卷四十二）（卷六十二）（卷九十）

1120. 鸔鷜：《說文》：鷜鳥，黑色，多子。（卷二十七）（卷三十一）

1121. 鼱鼠：《說文》：小鼠也。（卷二十七）鼱鼠：《說文》云：小鼠也。從鼠奚聲。（卷三十八）（卷八十三）（卷八十六）

1122. 爆聲：《說文》：爆，灼也。謂皮散起。（卷二十七）（卷七十八）爆破：《說文》從火暴聲。（卷七十九）

1123. 告喻：《說文》作諭。（卷二十七）

1124. 繒纊：《說文》：纊，絮也。（卷二十七）縑纊：《說文》：纊，絮也。從糸廣聲。（卷九十二）（卷九十五）（卷九十七）

1125. 臣佐吏民：《說文》：民，眾萌也（卷二十七）

1126. 普洽：《說文》：洽，霑也。古文作㳿。（卷二十七）

1127. 丘坑：《說文》：丘，土之高也，非人所爲。一日四方高中央下曰丘。（卷二十七）丘聚：《說文》亦土之高也，從一，一，地也。（卷三十二）

1128. 親友：《說文》：友，同志曰友。（卷二十七）（卷七十一）

1129. 艱難：《說文》：土難治。（卷二十七）

1130. 句逗：《說文》：逗，止也。（卷二十七）逗機：《說文》：逗，亦止也。從辵豆聲。（卷八十三）（卷八十七）（卷八十九）

1131. 敥捕：《說文》亦捕魚也。古作歔。（卷二十七）

1132. 塔寺：《說文》：寺，廷也，有法度者。（卷二十七）

1133. 囑累：《說文》：屬，連也。（卷二十七）

1134. 動搖：《說文》餘昭反。樹動也。字從木䍃聲。（卷二十七）

1135. 瑣骨：《說文》從玉𧴪聲。（卷二十八）

1136. 懈怠：《說文》：懈亦怠也。二字並從心，解台皆聲也。（卷三十）（卷二十八）（卷三十二）（卷四十七）（卷七十九）

1137. 雷奮：《說文》：翬也。從奞在田上也。（卷二十八）（卷三十三）（卷三十八）（卷四十）（卷四十七）（卷八十九）（卷九十四）

1138. 懂然：《說文》云直言也。從心喜聲。（卷二十八）（卷三十四）（卷一百）

1139. 沫流：《說文》從水末聲。（卷二十八）（卷三十八）

1140. 聽我：《說文》：聆也。從惡耳壬聲。（卷二十八）（卷四十）（卷四十四）

1141. 依際：《說文》義與《毛詩傳》同。從人衣聲。（卷二十八）依著：《說文》：從人衣聲。《說文》犒犬也。（卷四十五）

1142. 凶禍：《說文》：凶，惡也。象地穿交陷其中也。（卷二十八）

1143. 泡沫：《說文》從水包聲。（卷二十八）（卷四十四）（卷五十三）

1144. 高鐙：《說文》亦錠也。從金登聲。或作燈。（卷二十八）（卷四十三）（卷九十五）

1145. 窈冥：《說文》：窈，從穴幼聲。（卷二十八）窈窕：《說文》云深遠也，從穴幼聲。（卷七十七）（卷八十八）（卷一百）

1146. 金光晃：《說文》：明也。上從火，下從古人字，會意字也。（卷二十九）（卷七十四）

1147. 金光晃：下明字，《說文》從囧，囧象窗，月光入窗，明也，亦會意字也。（卷二十九）（卷四十一）

1148. 短促：《說文》：迫也。從人足聲。（卷二十九）

1149. 飢饉：《說文》餓也。從食几聲。古文作飱。《說文》從食從堇聲也。（卷二十九）（卷三十二）（卷三十七）（卷六十）（卷七十五）

1150. 偏黨：《說文》：從黑尚聲也。（卷二十九）

1151. 洗濯：《說文》正體從西，從水作洒，形聲字也。（卷二十九）盥洒：《說文》洒，滌也。形聲字也。（卷三十六）（卷三十七）（卷四十）（卷五十五）（卷六十三）（卷九十）

1152. 愧恥：《說文》從女作媿，古文或從言作謉，亦從耳作聎，義訓同。（卷二十九）（卷三十一）（卷八十八）

1153. 撝空：《說文》從軍作揮，並通，皆形聲字也。（卷二十九）

1154. 谷響：《說文》從音鄉聲。（卷二十九）（卷三十二）

1155. 沃壤：《說文》柔土也，從土襄聲。（卷二十九）（卷五十三）（卷六十九）

1156. 侵掠：《說文》作略，云經略土地也。從田各聲。（卷二十九）（卷八十）

1157. 屏除：《說文》屏蔽也。從尸并聲。（卷二十九）

1158. 白綖：《說文》綖，縷也。從糸㦮聲。（卷二十九）（卷三十八）（卷四十）（卷四十九）（卷六十二）

1159. 普臻：《說文》：從至秦聲也。（卷二十九）（卷三十六）（卷七十八）

1160. 綱鞥：《說文》：從革從免聲也。（卷二十九）（卷三十四）（卷三十七）

1161. 枉死：下死字，《說文》澌也。人所離也。（卷二十九）

1162. 寶髻：《說文》：從髟吉聲也。（卷二十九）（卷三十二）（卷四十一）

1163. 祅星：《說文》從示芺聲。或作袄。（卷二十九）（卷八十九）祅孽：《說文》衣服，謌謠，草木之怪謂之妖。（卷九十七）

1164. 匱乏：《說文》：匱，匣也。從匚貴聲。（卷二十九）（卷三十五）（卷四十二）（卷八十三）（卷九十二）

1165. 悽傷：《說文》：痛也。從心妻聲。（卷二十九）

1166. 鵠鶵：《說文》正作雛，從隹芻聲。（卷二十九）（卷九十九）

1167. 睫灑：《說文》從口貢聲。（卷二十九）

1168. 驟駕：《說文》：馬疾步也。從馬聚聲也。（卷二十九）（卷三十八）（卷四十九）（卷六十二）（卷八十二）

1169. 曩修：《說文》從日襄聲。（卷二十九）（卷五十三）（卷七十四）（卷八十七）

1170. 上蟻蛭：《說文》：蟣也，從虫至聲也。（卷七十五）（卷二十九）（卷四十七）（卷五十一）（卷六十二）

1171. 七寶械：《說文》：梜也。從木咸聲。（卷二十九）（卷八十一）（卷八十九）（卷五十三）

1172. 惙然：《說文》從心叕聲。（卷二十九）（卷八十三）

1173. 垓佛土：《說文》從土亥聲者也。（卷三十）（卷四十五）

1174. 欻笑：《說文》：欻欻，戲笑皃也。從欠屮聲。（卷三十一）（卷三十）

1175. 棚閣：《說文》：棚，棧也。從木朋聲。（卷三十）（卷六十）（卷六十三）（卷六十四）（卷九十四）

1176. 酖醉：《說文》從酉尤聲。（卷三十）

1177. 頑嚚：《說文》從頁元聲。（卷三十）（卷三十二）（卷三十三）（卷四十三）（卷九十五）頑鈍：《說文》：㧈（榾），頑也。從頁元聲也。（卷五十）

1178. 倨傲：《說文》：倨，不遜也。從人居聲。（卷三十）（卷三十六）（卷三十九）（卷五十一）（卷九十二）

1179. 炫耀：《說文》：照也。從火翟聲。（卷三十）

1180. 鑯標：《說文》：從金鐵聲。（卷三十）

1181. 耽著：《說文》從耳尤聲。（卷三十）（卷四十五）

1182. 慶喜：《說文》：從心從反（夂）（卷三十）

1183. 堅鞕：《說文》從革叟聲。（卷三十）（卷六十三）（卷六十七）

1184. 鐵鏤：《說文》云鏤，剛鐵可刻鏤也。從金婁聲也。（卷八十）（卷三十三）

1185. 瘯嘎：《說文》從疒斯聲。或作誓嘶。（卷三十）

1186. 諛諂：《說文》：諛，亦諂也。從言臾聲。（卷三十四）（卷三十）（卷三十一）（卷三十九）（卷八十八）

1187. 愚惷：《說文》云愚也。從心春聲。（卷三十）（卷六十三）

1188. 沮壞：《說文》：從水且聲。（卷三十）（卷三十七）（卷四十五）（卷四十七）（卷七十八）

1189. 祕賾：《說文》從示必聲。（卷三十）祕密：《說文》亦神也。從示必聲也。（卷五十）

1190. 祕躅：《說文》從足蜀聲也。（卷三十）

1191. 叡喆：《說文》作悊，或作哲。（卷三十）

1192. 剖判：《說文》從刀半聲也。（卷三十）

1193. 帝釋頂：《說文》從頁丁聲。（卷三十）

1194. 斫截：《說文》從斤石聲。（卷三。（十）

1195. 諸島：《說文》海中往往有山可依止曰島。從山鳥聲。（卷八十一）（卷三十）（卷六十二）（卷九十七）

1196. 該洞：《說文》從水同聲。（卷三十）

1197. 睎望：《說文》：睎，亦望也。從目希聲。（卷三十）（卷五十）（卷五十）（卷八十）（卷八十一）（卷九十三）

1198. 即晞（晞）：《說文》曰乾曰睎（晞），睎（晞），乾也。（卷七十五）

1199. 溟壑：《說文》從水冥聲。（卷三十一）（卷六十七）

1200. 雲曀：《說文》：從日壹聲。（卷三十三）（卷四十四）（卷五十一）（卷九十六）

1201. 繪飾：《說文》從糸會聲。（卷三十三）（卷八十七）（卷九十七）

1202. 稠林：《說文》：稠，多也。從禾周聲也。（卷三十二）（卷三十一）（卷三十四）（卷四十四）（卷五十三）（卷六十二）（卷九十二）

1203. 昏塾：《說文》下也，從土孰聲。（卷三十一）

1204. 擯棄：《說文》從手賓聲。（卷三十一）（卷五十）（卷六十九）（卷八十一）（卷九十五）

1205. 闤闠：《說文》：市外門也。從門貴聲。（卷六十八）（卷八十三）

1206. 鷹鷂：《說文》亦鷙鳥也，從鳥䍃聲也。（卷三十一）

1207. 冕服：《說文》：從日（冃）免聲。（卷三十一）（卷九十二）（卷九十三）

1208. 纍紲：《說文》：大索也。從糸畾聲。《說文》從糸世聲也。（卷三十一）

1209. 伶人：《說文》從人令聲也。（卷三十一）（卷六十二）

1210. 精粹：《說文》義同，從米卒聲。（卷三十一）吸粹：《說文》云不雜也。從米卒聲。（卷四十二）（卷八十三）（卷八十九）（卷九十）（卷九十二）（卷九十五）純粹：《說文》：粹，不雜也。（卷七十五）

1211. 牝鹿：《說文》：畜母也，從牛匕聲。（卷三十一）（卷七十）

1212. 牡鹿：《說文》：牡，畜父也，從牛土聲。（卷三十一）

1213. 弞訛：《說文》亦況也，詞也。從矢從引省聲。（卷三十一）（卷八十七）（卷九十八）

1214. 舟楫：《說文》從木咠聲。（卷三十一）

1215. 兩方：《說文》從㒳平分。㒳亦聲。（卷三十一）

1216. 窺覻：《說文》云小視也。從穴規聲。（卷六十二）（卷三十一）（卷六十一）（卷六十四）（卷一百）

1217. 簡牘：《說文》：簡，牒也。從竹間聲。（卷三十一）（卷八十七）

1218. 遒麗：《說文》亦作酒。從辵酉聲。（卷三十一）（卷八十三）（卷八十五）（卷八十八）

1219. 遒麗：《說文》：從鹿丽聲。古文作丽也。（卷三十一）（卷三十四）（卷三十九）（卷四十三）

1220. 見薪：《說文》從艸新聲也。（卷三十一）

1221. 膏炷：《說文》：鐙中火主也。象形，從丨聲。（卷三十一）

1222. 頭銛：《說文》：鍤屬也。從金舌聲。（卷三十五）（卷三十一）（卷三十九）（卷六十九）（卷七十六）

1223. 火燎：《說文》：放火也，從火尞聲。（卷三十一）（卷四十一）（卷四十五）（卷四十九）（卷六十二）（卷八十八）（卷九十七）

1224. 敱危：《說文》從危支聲。（卷三十一）（卷八十二）

1225. 鬜髮：《說文》正作乡，云稠髮也。（卷三十一）

1226. 於蒜：《說文》：葷菜也。從艸祘聲。（卷三十一）（卷四十五）

1227. 如瘖：《說文》不能言也，從疒音聲。（卷三十一）（卷五十七）（卷九十八）

1228. 娛樂：《說文》：娛，亦樂也。從女吳聲。（卷三十一）（卷七十一）

1229. 誹謗：《說文》誹亦謗也。從言非聲也。（卷三十一）（卷三十四）（卷六十七）

1230. 誹謗：《說文》：從言旁聲也。（卷三十一）（卷八十）（卷八十六）（卷八十九）謗讟：《說文》：謗，毀也，從言旁聲也。（卷四十四）（卷六十七）（卷七十二）

1231. 虛誑：《說文》：從言狂聲也。（卷三十一）詭誑：《說文》：欺也，從言狂聲。（卷六十二）（卷六十七）

1232. 偏袒：《說文》衣縫解也。從衣旦聲。（卷六十二）（卷三十一）（卷四十一）（卷五十五）

1233. 瑕薉：《說文》從艸歲聲也。（卷三十二）

1234. 醜陋：《說文》從鬼酉聲也。（卷三十二）

1235. 機黠：《說文》云堅黑也。從黑吉聲。（卷六十六）（卷三十二）（卷四十一）（卷五十五）（卷七十七）（卷九十六）

1236. 黠慧：《說文》從心彗聲。（卷四十一）

1237. 完具：《說文》云：全也。從宀元聲。（卷三十二）（卷七十六）

1238. 鞭撻：《說文》從手達聲。（卷三十二）（卷六十九）（卷九十七）

1239. 覆蔽：《說文》䢃也，從襾復聲。（卷三十二）（卷三十四）（卷五十一）（卷六十六）

1240. 嫉妬：《說文》皆從女，並形聲字也。（卷三十二）（卷六十九）

1241. 疥去：《說文》云疢，熱病也，從疒從火。（卷三十二）

1242. 肴膳：《說文》從肉善聲。（卷三十二）

1243. 粗見：《說文》從米且聲。（卷三十二）（卷一百）

1244. 鶖鷺：《說文》從鳥秋聲。《說文》從鳥路聲。（卷三十二）（卷五十一）

1245. 闌楯：《說文》楯亦闌檻也。楯，從木盾聲。（卷三十二）

1246. 繞壒：《說文》：繞，纏也。從糸堯聲。（卷三十二）（卷三十八）（卷四十二）

1247. 繞壒：《說文》從土葉聲。（卷三十二）

1248. 擢芳林：《說文》從手翟聲。（卷三十二）

1249. 懷妊：《說文》妊亦孕也。從女從壬，壬亦聲。（卷三十二）

1250. 毀抹：《說文》從手赤聲。（卷三十二）

1251. 羈籠：《說文》從网㔯。（卷三十二）羈死：《說文》從冈從靮。（卷八十八）

1252. 羈籠：《說文》從竹龍聲。（卷三十二）（卷八十三）

1253. 衢巷：《說文》從行瞿聲也。（卷三十二）（卷七十五）

1254. 夾路：《說文》從大，像形也。（卷三十二）

1255. 漬其氈：《說文》：漚也，從水責聲。（卷四十）（卷九十三）（卷三十二）

1256. 換久：《說文》：換，易也，從手奐聲也。（卷三十二）

1257. 踊身：《說文》：跳也，從足甬聲。（卷四十三）（卷三十二）（卷四十一）

1258. 晞煜：《說文》：望也。從目希聲。（卷三十二）

1259. 諷誦：《說文》諷亦誦。並從言，風甬皆聲。（卷三十二）（卷八十）

1260. 諷誦：《說文》並從言，甬皆聲。（卷三十二）

1261. 癈痕：《說文》：從广叚聲也。（卷三十三）（卷四十七）

1262. 拂柄：《說文》從木丙聲。（卷三十三）欘柄：《說文》云柄，柯也，從木丙聲也。（卷六十二）（卷八十三）

1263. 嘖數：《說文》：嘖，大呼也。從口責聲。（卷三十三）

1264. 捫摸：《說文》：從手，莫皆聲。（卷三十三）（卷三十八）（卷四十一）

（卷七十五）

1265. 僻執：《說文》：避也，從人辟聲也。（卷四十七）（卷八十九）（卷三十三）

1266. 蜎蠜：《說文》：從虫昌聲。（卷三十三）

1267. 蜎蠜：《說文》兩字並形聲字也。（卷三十三）（卷五十七）

1268. 顧眄：《說文》：顧，還視也。從頁雇聲。（卷六十二）（卷七十一）（卷三十三）顧眄：《說文》云迴視。從頁雇聲。（卷九十二）

1269. 疲惓：《說文》：從疒皮聲。（卷三十三）

1270. 穀取：《說文》：或從子作穀。（卷三十三）

1271. 乳渾：《說文》：乳汁也。從水重聲。（卷三十三）（卷七十八）

1272. 牴蹋：《說文》：牴，觸也。從牛從氐，氐亦聲也（卷三十三）

1273. 倩卿：《說文》：從人青聲。（卷三十三）

1274. 謾詼：《說文》云謾，欺也。從言曼聲。（卷三十九）（卷三十三）

1275. 謾抵：《說文》從手氐，氐亦聲也。（卷三十三）因抵：《說文》：從手氐聲。（卷三十四）柢（抵）殊俗：《說文》：擠也。從手氐聲。（卷八十二）（卷九十一）

1276. 鵁鶄：《說文》鶄即鵁也。（卷三十三）

1277. 種殖：《說文》從歺直聲。（卷三十三）（卷四十五）

1278. 若燋：《說文》：乾煎也。從火敖聲也。（卷三十三）

1279. 倍復：《說文》從人咅聲。（卷三十三）（卷三十四）

1280. 倍復：《說文》從彳复聲。（卷三十三）

1281. 衣飴：《說文》：衣，依也。上曰衣，下曰裳，從入，象覆二人形也。隸書作衣，訛略也。（卷三十三）

1282. 衣飴：《說文》云米蘗煎也。從食台聲也。（卷三十三）（卷七十）（卷七十六）（卷八十四）（卷九十八）

1283. 無頯：《說文》從頁亥聲。（卷三十三）

1284. 委佗：《說文》從人它聲。（卷三十三）

1285. 蛇虺：《說文》從虫元聲。（卷三十三）

1286. 指庢：《說文》云手指也。從手旨聲。（卷三十四）

1287. 稀概：《說文》：疎也，從禾希聲。《說文》：概，稴也，從禾既聲。（卷三十四）

1288. 密緻：《說文》從糸致聲也。（卷三十四）（卷三十六）（卷七十四）（卷七十八）

1289. 校量：《說文》從木交聲。（卷三十四）

1290. 鈴鐸：《說文》從金令聲。（卷三十四）

1291. 鈴鐸：《說文》從金睪聲也。（卷三十四）（卷四十）

1292. 鷩雉：《說文》：從山鳥，羍就聲者也。（卷三十四）

1293. 植種：《說文》從禾重聲也。（卷三十四）

1294. 研精：《說文》：研，礦。從石开聲。（卷三十四）

1295. 精廬：《說文》從广盧聲也。（卷三十四）

1296. 卑掾：《說文》從手象聲。（卷三十四）

1297. 汲灌：晏嬰云灌，沃也。《說文》從水雚聲也。（卷三十四）（卷三十六）（卷五十七）（卷六十六）（卷六十八）（卷七十八）

1298. 瀝取：《說文》：從水歷（歷）聲也。（卷三十四）

1299. 恢上：《說文》：從心從灰聲也。（卷三十四）（卷四十五）（卷八十二）

1300. 姻媾：賈逵注《國語》云重婚曰媾。《說文》亦同，並從女，㚗皆聲。（卷七十七）（卷三十四）

1301. 纖蓋：《說文》：從糸散聲。（卷三十四）

1302. 有遏：《說文》：從辵曷聲。（卷三十四）

1303. 糟糠：《說文》：酒滓。從米曹聲。（卷三十四）（卷四十四）（卷七十七）

1304. 核內：《說文》：從木亥聲。（卷三十四）（卷六十二）

1305. 跳驀：《說文》從馬莫聲也。（卷三十四）（卷六十二）騎驀：《說文》或作趒，古今字也。從馬莫聲也。（卷三十六）跳驀：《說文》云上馬也。從馬莫聲。（卷三十七）

1306. 瞻睹：《說文》：臨視也。從目詹聲也。（卷三十五）

1307. 瞻睹：《說文》：睹，見也。或從見作覩。從目，形聲。（卷三十五）

1308. 抨線：《說文》：縷也。從糸戔聲。（卷三十五）如綫：鄭眾云線亦縷也。《說文》義同。（卷七十五）

1309. 結纇：《說文》：絲節也，從糸頪聲也。（卷三十五）

1310. 嚴潔：《說文》：教命急也。從吅厰聲。（卷三十五）

1311. 耳齹：《說文》云齹，齒參差也。從齒差聲。（卷三十五）

1312. 號叫：《說文》：正作嘂。嘂，吼也，呼也。從口敫聲。（卷三十五）

1313. 頑嚚：《說文》：語聲也。從㗊臣聲。（卷九十五）（卷三十五）（卷三十九）

1314. 縱傃：《說文》：放也。從心象聲。（卷三十五）

1315. 韈等：《說文》云足衣也。從韋蔑聲。（卷三十五）（卷九十四）

1316. 掘去：《說文》從手屈聲。（卷三十五）（卷六十四）（卷六十九）掘生地：《說文》：掘，搰也，從手屈聲也。（卷五十）（卷三十七）

1317. 聯緜：《說文》云：聯，連也。從耳連於頰也。從絲，絲，取相連不絕也。（卷三十九）（卷三十五）（卷四十二）（卷九十三）

1318. 關鍵：《說文》云以木橫持門戶也。從門𢇅聲。（卷三十五）

1319. 箸攪：《說文》：飯敧也。（卷三十五）

1320. 攪水：《說文》：亂也。從手覺聲。（卷四十二）（卷六十三）（卷六十九）（卷七十一）（卷七十四）

1321. 漫漉：《說文》：從又從穴作寖，今時俗省也。（卷三十六）

1322. 熅相：《說文》：熅，鬱煙也。從火㬉聲。（卷三十六）（卷五十五）

1323. 急躁：《說文》從及亦聲也。（卷三十六）

1324. 傾斜：《說文》正從衣從邪省作袤，正體字也。（卷三十六）

1325. 拍定掌：《說文》：拍，椊（拊）也。從手百聲。（卷三十六）

1326. 潔滌：《說文》云滌，洒也。從水條聲。（卷三十九）（卷三十六）（卷四十一）（卷四十五）（卷四十九）（卷八十）（卷一百）

1327. 蹹面：《說文》從足音聲。（卷三十七）（卷五十三）（卷九十四）

1328. 糂胡：《說文》：從米甚聲。（卷三十七）

1329. 奭音：《說文》云音，聲也。生於心有節於外謂之音。從言含一，會意字也。（卷三十七）

1330. 脂髓膿：《說文》云戴角者曰脂，無角者曰膏。從肉旨聲也。（卷三十七）

1331. 一盌：《說文》云盌，小盂也。從皿夗聲。（卷三十七）（卷八十）

1332. 抨繩：《說文》云揮也。又從平作抨。《說文》云繩，索也。從糸蠅省聲。（卷三十七）（卷七十六）（卷九十七）

1333. 所螫：《說文》云螫，蟲行毒也。從虫赦聲。（卷三十七）

1334. 絡髆：《說文》從糸各聲。（卷三十七）（卷三十九）（卷四十三）（卷七十八）（卷九十二）

1335. 撩理：《說文》云撩亦理也。從手尞聲。（卷三十七）（卷三十九）（卷六十四）（卷七十四）

1336. 庳腳：《說文》從广卑聲。（卷三十七）（卷四十二）

1337. 合睟：《說文》：正體從手從取。（卷三十七）

1338. 秔米：《說文》：稻屬也。從禾亢聲。（卷八十三）（卷四十四）（卷三十九）（卷三十七）

1339. 鐵橛：《說文》亦云弋也。從木厥聲。（卷三十八）（卷五十七）（卷八十四）

1340. 揮擊：《說文》：奮也。從手軍聲也。（卷三十八）（卷七十一）

1341. 欶毒：《說文》：吮也。從欠束聲。（卷三十八）（卷四十三）（卷五十四）（卷九十四）㕧嗽：《說文》作嗽。《韻略》云欶，口翕也。（卷五十三）

1342. 曬㬠：《說文》：曬，暴也。從日麗聲。（卷三十八）（卷六十二）（卷七十七）（卷一百）

1343. 作劇：《說文》從刀豦聲。《說文》從虍從豕。（卷三十八）（卷七十六）

1344. 柬擇：《說文》云柬，分別簡之也。從束八分之也。（卷三十八）（卷四十一）

1345. 重閣：《說文》云從門各聲也。（卷三十八）

1346. 譎譸：《說文》：詉也。從言閻聲。（卷三十八）（卷六十三）（卷六十七）

1347. 鈕鋪：《說文》著門鋪首也。從金甫聲。（卷四十三）（卷三十八）

1348. 雜沓：《說文》：從水從曰。（卷三十九）

1349. 胑分：《說文》：體四胑也。從肉只聲。或從身作躬。（卷三十九）（卷四十二）

1350. 燒焯：《說文》：明也。從火卓聲。（卷三十九）（卷四十）

1351. 娩澤：《說文》云好也。從女兌聲。（卷三十九）

1352. 恬默：《說文》：從犬黑聲。（卷三十九）默猌：《說文》云犬暫逐人也，從犬黑聲。（卷六十一）（卷九十九）

1353. 酬對：《說文》：懟，怨也。從心對聲。（卷三十九）（卷八十）（卷八十九）（卷九十九）

1354. 若溴：《說文》云溴，溉灌也。從水芙聲。（卷三十九）（卷五十三）

1355. 湫淵：《說文》云湫，隘下也。從水秋聲。（卷三十九）（卷四十）（卷九十七）

1356. 黑黲：《說文》云淺青黑色也。從黑參聲也。（卷三十九）（卷八十一）

1357. 觸地：《說文》：觸，角有所觸發也。從角厥聲。（卷三十九）

1358. 瑕墋：《說文》云墋，塵埃也。從土殿聲。（卷三十九）

1359. 鏇脚：《說文》圓鑪也。從金旋聲。（卷六十三）（卷三十九）

1360. 九觜：《說文》從此束（束）聲。（卷三十九）

1361. 首戴：《說文》從異戈聲。籀文作戴。（卷三十九）（卷四十）（卷四十七）

1362. 喬履：《說文》云僑，高也。從人喬聲也。（卷三十九）（卷四十二）（卷七十七）

1363. 翳不：《說文》作屍，古字也。（卷三十九）

1364. 以嬌：《說文》云嬌，含怒也。一曰難知也。從女喬聲。（卷三十九）

1365. 頂囟：《說文》云：囟，頭會匘盖。象形也。古文作膟。（卷三十九）

1366. 舀大海水：《說文》云抒臼也，從爪從臼。（卷三十九）

1367. 加祐：《說文》從示右聲。（卷三十九）

1368. 邸店：《說文》：屬國舍也。從邑氐聲。（卷三十九）（卷八十三）

1369. 緣外：《說文》從糸彖聲。（卷三十九）

1370. 純白：《說文》：從糸屯聲。（卷三十九）

1371. 梳綰：《說文》從糸官聲。（卷三十九）（卷六十）（卷九十七）（卷一百）

1372. 橙子枝：《說文》：橘屬也。從木登聲。（卷三十九）

1373. 瞫知：《說文》：從目覃聲。（卷三十九）

1374. 姿偉：《說文》：姿，態也，偉，奇也。從人韋聲。（卷三十九）（卷六十二）（卷六十二）（卷八十四）

1375. 儼然：《說文》：好皃。從人嚴聲。（卷三十九）（卷四十二）

1376. 耗焉：《說文》：從禾毛聲。（卷三十九）（卷五十四）

1377. 儆策：《說文》從人敬聲也。（卷三十九）

1378. 蔓菁：《說文》從草青聲。（卷三十九）

1379. 牛尿：《說文》作㞓，人小便也。從尾從水。（卷三十九）

1380. 麵黏：《說文》：黏，黏也。從黍古聲。（卷三十九）

1381. 灸瘢：《說文》云灸，灼也。從火久聲。《說文》：瘢，痍也，從疒般
聲。（卷三十九）（卷四十）（卷六十二）

1382. 四方撝：《說文》從手爲聲。（卷三十九）

1383. 殲宿殃：《說文》從歺韱聲。（卷三十九）（卷九十七）

1384. 鑑徒：《說文》作鑒，云大盆也。一曰監諸也，可以取明水於月也。從
金監聲。（卷三十九）（卷六十二）（卷六十三）（卷六十六）（卷八十四）
（卷九十八）

1385. 紫橿木：《說文》：枋也。從木畺聲。（卷三十九）

1386. 緋縷：《說文》從糸非聲。（卷四十）

1387. 檮昧：《說文》從木壽聲。（卷四十）

1388. 齎槀：《說文》：從禾高聲。（卷四十）

1389. 勇猛：《說文》：气也。從力甬聲。古文作恿。（卷四十）（卷七十二）

1390. 其鰓：《說文》作䚡，云角中骨也。從角思聲。（卷四十）

1391. 寶瑣：《說文》從玉貨聲。（卷四十）（卷五十四）（卷八十）（卷八十二）
（卷八十三）（卷八十四）

1392. 恐悚：《說文》作此愯，亦懼也。從心雙省聲。（卷四十）

1393. 繒繳：《說文》云生絲縷也。從糸敫聲。（卷四十一）（卷四十）（卷六
十二）（卷九十二）（卷九十七）

1394. 䁾（目丐）眄：《說文》云從目虘聲。（卷四十）

1395. 衣甲：《說文》云甲，東方之孟，陽氣萌動也。從木載孚甲之象也。（卷
四十）

1396. 燒爇：《說文》從火蓺聲。（卷四十）（卷九十三）

1397. 憐愍：《說文》：愍，痛也。從心啟聲也。（卷四十一）（卷四十）

1398. 纖利：《說文》從糸韱聲。（卷四十）

1399. 沛然：《說文》從水巿聲。（卷四十）（卷五十三）

1400. 詣世尊所：《說文》云候至也，從言旨聲。（卷四十）

1401. 大樸：《說文》云木素也。從木業聲。（卷四十一）（卷八十四）

1402. 俟時：《說文》從來作秩。（卷四十一）

1403. 流液：《說文》從水從亦。（卷四十一）

1404. 乂蒸：《說文》：芟草也。從丿從乀相交曰乂。《說文》云左戾也。《說文》：右戾也。（卷四十一）

1405. 翼衛：《說文》：翅也。上從羽異聲也。（卷四十一）

1406. 翼衛：《說文》：宿衛也，從韋從帀從行。行列周帀曰衛。（卷四十一）

1407. 汲引：《說文》開弓也。從弓從丨。（卷四十一）

1408. 庶憑：《說文》作凭，又去聲，依几也。（卷四十一）凭几：《說文》依几也。從任從几。（卷六十五）

1409. 聊因：《說文》：耳鳴也。從耳夘聲也。（卷四十一）

1410. 恭敬：《說文》從也，肅也。《說文》從攴苟。（卷四十一）

1411. 朤星：《說文》從囧從月。（卷四十一）

1412. 吞唅：《說文》：食也。從口谷聲。（卷四十一）（卷六十二）（卷六十五）（卷八十二）

1413. 堆阜：《說文》大陸也。山無石曰阜。古文作𨸏，象形字。（卷四十一）山阜：《說文》大陸。山無石也。象形也。（卷九十五）

1414. 砥掌：《說文》作厎，柔石也。從厂氐聲。（卷四十一）

1415. 擒獲：《說文》作鈙，持也，從攴金聲。（卷四十一）

1416. 皎日：《說文》從白交聲。（卷四十一）

1417. 牆壁：《說文》從广作廦，形聲字。（卷四十一）

1418. 消除：《說文》：消，盡也。從水肖聲。（卷四十一）（卷五十一）

1419. 賑恤：《說文》從心血聲也。或作卹也。（卷四十一）

1420. 備受：《說文》：慎也。從人葡聲。（卷四十一）

1421. 腸胃：《說文》：穀府也。從肉，象形字。（卷四十一）

1422. 偃仆：《說文》：僵也。從人匽聲。（卷四十一）（卷五十四）（卷九十三）

1423. 蛺蛒：《說文》從虫，皆形聲字。（卷四十一）

1424. 怯懼：《說文》：恐，從心瞿聲。（卷四十一）

1425. 迫迮：《說文》云近也。從辵白聲。（卷六十七）卷四十一）（卷六十八）

1426. 魚捕：《說文》：取也。從手甫聲。（卷四十一）

1427. 矰繳：《說文》從矢曾聲。（卷四十一）（卷九十二）

1428. 麕麑：《說文》從鷽毓聲。（卷四十一）（卷八十）

1429. 谿澗：《說文》從水間聲。（卷四十一）（卷六十六）

1430. 倉廩：《說文》云：倉，穀藏也。（卷四十一）

1431. 耳璫：《說文》從玉當聲。（卷四十一）

1432. 財賣：《說文》：貿也。從貝賣聲。（卷四十一）

1433. 革鞔：《說文》：鞮屬也。從革徒（徙）聲。（卷四十一）（卷五十四）（卷八十）

1434. 勇銳：《說文》從金兌聲。（卷四十一）

1435. 耕墾：《說文》從耒井聲。或作畊，古字也。《說文》從土貇聲。（卷四十一）

1436. 沙鹵：《說文》：水散石也。從水從少，水少則砂見，會意字也。作砂俗字，亦通。或作沚，古字也。從水從止。（卷四十一）

1437. 作鐆：《說文》從金隊聲也。（卷四十一）

1438. 麤獷：《說文》小篆從三鹿也。（卷四十一）

1439. 低屈：《說文》從人氐聲。（卷四十一）

1440. 鎖械：《說文》從金貨聲。（卷四十二）

1441. 四級：《說文》：絲（級），次第也。從糸及聲。（卷四十五）（卷五十三）（卷四十二）

1442. 繪磬：《說文》云樂石也。（卷四十二）

1443. 欠陷：《說文》從皀臽聲。（卷四十二）

1444. 墊下：《說文》亦下也。從土執聲。（卷四十二）（卷九十七）

1445. 浸漬：《說文》從水壹聲。（卷四十二）

1446. 扇樞：《說文》：戶樞也。從木區聲。（卷六十二）（卷四十二）（卷五十一）（卷六十八）（卷八十一）（卷八十四）（卷八十九）

1447. 谿脫總撥爲空：《說文》通谷也。從谷害聲。（卷五十一）（卷四十二）

1448. 俶裝：《說文》：善也。從人從叔聲。（卷四十二）

1449. 左辨：《說文》云從目幷聲。（卷四十二）

1450. 甄明：《說文》從瓦垔聲。（卷四十二）（卷四十七）

1451. 赤眚：《說文》云目病生翳也。從目生聲。（卷四十二）（卷九十九）

1452. 珮玦：《說文》從玉夬聲。（卷四十二）（卷八十三）

1453. 炊爨：《說文》云齊謂之炊爨也。從臼象持甑，某象甑，冖象竈口，拱推薪內火也，籀文作爨，會意字。（卷四十二）（卷四十四）

1454. 聆於：《說文》云聆，聽也，從耳令聲。（卷四十二）（卷八十三）（卷八十六）（卷八十八）（卷九十）（卷九十三）（卷九十八）（卷一百）

1455. 霽澄：《說文》：雨止也。從雨齊聲也。（卷四十二）（卷七十八）（卷八十三）

1456. 闤闠：《說文》云闠，市外門也。二字竝從門，睘貴皆聲也。（卷四十二）（卷八十三）

1457. 趚來：《說文》作赽，亦疾也。從又從止屮聲。（卷四十二）

1458. 含蠢：《說文》：蟲動也。從蚰春聲。（卷四十二）（卷八十）（卷八十八）

1459. 雄毅：《說文》妄怒也。一云有決也。從殳豙聲。（卷四十二）（卷八十四）

1460. 血瀵：《說文》：漏也。從水賢聲。（卷四十二）

1461. 魃鬼：《說文》亦旱鬼也。（卷四十二）

1462. 震𪩘：《說文》從雨辰聲。（卷四十二）

1463. 寱言：《說文》：瞑言也。從寢省臬聲。（卷四十二）

1464. 謨落：《說文》從言吳聲。（卷四十二）（卷五十一）（卷八十四）

1465. 跳驀：《說文》云上馬也。從馬莫聲。（卷四十二）

1466. 偶然：《說文》從人禺聲。（卷四十二）

1467. 南庌：《說文》廡也，從广牙聲。（卷四十三）（卷六十六）

1468. 圂邊：《說文》云圂，廁也。從口豕在其中。（卷四十三）（卷四十四）（卷五十三）（卷六十四）（卷七十五）（卷八十四）（卷八十七）

1469. 暫損：《說文》：暫，不久也，從日斬聲。（卷四十三）（卷五十三）

1470. 寇賊：《說文》：寇，暴也。（卷四十三）

1471. 餧此：《說文》作萎，食牛也。（卷四十三）萎黑：《說文》從草委聲。（卷五十七）

1472. 娛樂：《說文》從女吳聲。（卷四十三）

1473. 慧無厓：《說文》從厂圭聲。（卷四十三）

1474. 跪跪：《說文》云拜也。從足危聲也。（卷四十三）（卷六十一）

1475. 誅戮：《說文》云從戈翏聲。（卷四十三）（卷五十三）（卷六十九）

1476. 胭頸：《說文》云頸，頭莖也，從頁巠聲。（卷四十三）

1477. 麝香：《說文》如小麋，臍有香，從鹿射聲。（卷四十三）（卷五十）

1478. 易處：《說文》作処，云止也。從夂得几而止。（卷四十三）

1479. 遂挹：《說文》云把也。從手㔾聲。（卷六十二）（卷四十四）（卷七十一）挹縛：《說文》：正作搹，搹，把也。（卷四十五）挹取：《說文》作搹，云把也。從手鬲聲。（卷六十八）（卷八十一）

1480. 鶪鵛：《說文》：鶪鵛也，並從鳥，交青皆聲也。（卷四十四）

1481. 調戲：《說文》：調，從言周聲。（卷四十四）（卷八十）

1482. 纏壓：《說文》：壞也，從土厭聲。（卷九十八）（卷七十六）（卷六十六）（卷四十四）

1483. 鎔銅：《說文》：銅，赤金也。（卷四十四）

1484. 出岊：《說文》從山网聲。（卷四十四）

1485. 鋃鐺：《說文》：鋃鐺，瑣也。（卷四十四）

1486. 勝辯：《說文》從力朕聲也。（卷四十四）

1487. 焚蕩：《說文》從水募（募）聲。（卷四十四）（卷八十）

1488. 嶷然：《說文》從山疑聲。（卷四十四）（卷八十五）

1489. 貰許：《說文》：貸也。從貝世聲也。（卷四十四）（卷六十五）（卷八十四）

1490. 栲治：《說文》從木考聲。《說文》從水台聲也。（卷四十四）（卷四十七）（卷六十四）

1491. 焜煌：《說文》：焜，亦煌也。從火昆聲。（卷四十五）（卷五十五）

1492. 戀嫪：《說文》從女翏聲。（卷四十五）

1493. 耳箆：《說文》從竹㲋聲。（卷四十五）

1494. 自溫：《說文》：從水𥁕聲。（卷四十五）（卷七十六）（卷九十五）

1495. 彈棊：《說文》從弓單聲。（卷四十五）（卷四十七）

1496. 彈棊：《說文》從木其聲。（卷四十五）

1497. 偏劓：《說文》云市也。從彳扁聲。《說文》云斷也。從刀臬聲。（卷四十五）

1498. 祠中：《說文》從示司聲也。（卷四十五）（卷六十九）

1499. 嚼咽：《說文》從口因聲。（卷四十五）（卷五十一）（卷九十八）

1500. 毀悴：《說文》從心卒聲。（卷四十五）萎悴：《說文》憂也，從心。（卷九十三）顦悴：《說文》或作憔，亦作醮悴。（卷六十九）

1501. 聒地：《說文》：讙語也。從耳舌聲。（卷六十二）（卷四十五）（卷九十六）

1502. 謫罰：《說文》從言啻聲。（卷四十五）

1503. 慊切：《說文》音叶兼反，慊，疑也，從心兼聲。（卷九十）（卷四十五）（卷八十三）（卷九十）

1504. 蠉飛：《說文》：蟲行也。從虫睘聲。（卷四十五）

1505. 淤泥：《說文》從水尼聲。（卷四十五）（卷四十七）

1506. 爟然：《說文》云爟，灼也。從火崔聲。（卷四十五）

1507. 踦踽：《說文》云踦，一足，從足奇聲。（卷四十五）

1508. 頑很：《說文》：不聽從也。從彳艮聲。（卷四十五）

1509. 宴坐：《說文》從宀晏聲。（卷四十五）

1510. 錠燎：《說文》：錠，鐙也。從金定聲。（卷四十五）

1511. 錠燎：《說文》：周垣也。從土寮聲也。（卷四十五）

1512. 讟聞：《說文》從言黨聲也。（卷四十五）

1513. 迀遠：《說文》從辵亏聲。（卷四十五）（卷八十七）

1514. 聚踧：《說文》從足叔聲也。（卷四十五）（卷八十九）（卷九十五）

1515. 讖什：《說文》：讖，驗也。從言韱聲。（卷八十三）（卷四十六）（卷八十四）（卷八十九）（卷九十五）

1516. 俾其：《說文》：益也。從人卑聲也。（卷四十七）

1517. 晞坐：《說文》：乾也。從日希聲也。（卷五十四）（卷四十七）（卷九十二）

1518. 鼓捊：《說文》從手孚聲也。（卷四十七）

1519. 如蛾：《說文》：從虫我聲也。（卷四十七）（卷七十二）

1520. 傎倒：《說文》作顛，從人。（卷四十七）躓躓：《說文》：跋也。從足眞聲。（卷八十七）

1521. 鄴都：《說文》魏郡縣也。從邑業聲也。（卷八十）（卷九十七）（卷七十七）（卷四十七）（卷五十）（卷七十七）

1522. 胃膽脾：《說文》穀府也，象形。（卷四十七）

1523. 瘢疵：《說文》從疒此聲也。（卷四十七）

1524. 悁自：《說文》云忿也。從心肙聲也。（卷四十七）（卷五十五）

1525. 遞更：《說文》：改也。從攴丙聲。（卷七十七）（卷四十七）（卷八十）

1526. 喉裕：《說文》從口侯聲。（卷四十七）

1527. 袪內：《說文》：從衣去聲。（卷四十七）（卷八十五）（卷九十五）

1528. 如劵：《說文》云契也，從力從夬聲。（卷四十七）

1529. 盆瓮：《說文》從皿分聲。（卷四十七）（卷五十五）

1530. 栖託：《說文》亦寄也。從言乇聲。（卷四十七）

1531. 岸崩：《說文》：從山朋聲。（卷四十七）崩隤：《說文》：山壞也。形聲字也。（卷六十）

1532. 撰焉：《說文》從二尸（弓）作弜（巽），音訓與上同。（卷四十九）

1533. 覃恩：《說文》：長味也。從旱鹹省聲也。《說文》從囟從心，會意字也。（卷四十九）

1534. 閱眾：《說文》：多也。從采，從橫目字是眾意，會意字也。（卷四十九）

1535. 圖牒：《說文》云牒，札也，從片枼聲。（卷四十九）（卷八十五）（卷九十二）（卷九十七）

1536. 方屆：《說文》云極也。從尸由（㞢）聲。（卷四十九）（卷八十二）（卷八十三）

1537. 忼慨：《說文》云忼，慨也。從心亢聲。（卷四十九）（卷七十五）（卷七十七）

1538. 悝然：《說文》云悝，怯也。從心從匡聲也。（卷四十九）（卷八十二）

1539. 歐陽紇：《說文》云紇，絲下也。（卷四十九）

1540. 駘足：《說文》從馬台聲也。（卷四十九）（卷八十三）

1541. 犁轅：《說文》：耕也。從牛㸫，古文利子（字）聲也。《說文》：轅，輈也。從車袁聲也。（卷五十）（卷五十三）（卷六十八）（卷八十七）

1542. 伏瘵：《說文》亦病也。從广祭聲。（卷五十）（卷八十八）

1543. 調鼎：《說文》：鼎者，三足兩耳，和五味之寶器也。（卷五十）

1544. 是禎：《說文》：禎，祥也。從示貞聲也。（卷五十）（卷八十六）（卷九十八）

1545. 榛梗：《說文》：從木秦聲。（卷五十）（卷七十五）（卷七十八）

1546. 捻諦：《說文》從言帝聲也。（卷五十）

1547. 塵濁：《說文》從水蜀聲。（卷五十一）

1548. 謓也：《說文》：謓，恚也。從言眞聲。（卷五十一）

1549. 慧愷：《說文》：康也。從心豈聲。（卷五十一）（卷八十四）

1550. 又泯：《說文》從水民聲。（卷五十一）（卷八十五）（卷九十五）

1551. 羝羊：《說文》從羊氐聲。（卷五十一）（卷五十七）

1552. 騁駬：《說文》訓同。從馬日聲也。（卷五十一）

1553. 襄麓：《說文》從林鹿聲。（卷五十一）（卷九十二）

1554. 侔造化：《說文》齊等也。從人牟聲。（卷九十五）（卷五十一）

1555. 檥方：《說文》從木義聲。（卷五十一）（卷八十一）

1556. 克湮：《說文》：沒也。從水垔聲。（卷五十一）（卷八十）（卷八十八）（卷九十二）（卷九十八）

1557. 紕荃：《說文》從艸全聲。（卷五十一）

1558. 崇墉：《說文》：從土庸聲。（卷五十一）

1559. 趑蹶：《說文》：僵也。從足厥聲。（卷六十八）（卷五十一）（卷七十）
（卷七十九）

1560. 芽者：《說文》芽即萌芽也。從艸牙聲。（卷五十一）

1561. 用橐：《說文》從木橐聲。（卷五十一）

1562. 倨傲：《說文》亦作敖。（卷五十一）敖逸：《說文》從出從放。（卷五十
四）

1563. 悍表：《說文》：上衣也。從衣從毛。（卷五十一）（卷五十三）

1564. 詭詿：《說文》云詭，責也。從言危聲。（卷一百）（卷八十九）（卷八
十五）（卷八十）（卷六十八）（卷六十七）（卷六十六）（卷六十二）（卷
五十一）（卷六十一）（卷九十七）

1565. 摧破：《說文》：摧，折也。從手崔聲也。（卷五十一）

1566. 遣聘：《說文》：從耳甹聲。（卷五十一）

1567. 寇擾：《說文》：寇，暴也。（卷五十一）

1568. 心原：《說文》作麤也，從厂從灥。（卷五十一）

1569. 撝理：《說文》從手䎡聲也。（卷五十一）

1570. 掉舉：《說文》從與。《文字集略》作擧。（卷五十一）㧊舉：《說文》
云對舉也。從手與聲也。（卷八十一）

1571. 顛蹙：《說文》：僵也。從足厥聲。（卷五十一）（卷九十七）

1572. 一分：《說文》：從八從刀。（卷五十一）（卷五十七）

1573. 強逼：《說文》從辵畐聲。（卷五十一）

1574. 難遭：《說文》從辵從曹聲也。（卷五十一）

1575. 挺角出：《說文》：挺，拔也。從手廷聲也。（卷五十三）

1576. 牸牛：《說文》闕。（卷五十三）

1577. 適莫：《說文》亦云日且冥也。（卷五十三）

1578. 疊磴：《說文》從三日作疊，新改爲三田。（卷五十三）

1579. 鐵爪：《說文》：黑金也。從金戴聲。（卷五十三）

1580. 豌豆：《說文》作豎，古字也。從豆夗聲。（卷五十三）

1581. 跂跂：《說文》足多指也，從足支聲。（卷五十三）（卷八十六）（卷九十七）（卷九十八）

1582. 氛氳：《說文》從气分聲。（卷五十三）（卷九十六）

1583. 村陽：《說文》云小障也，從卩烏聲。（卷五十三）（卷八十九）

1584. 七榻：《說文》：從木翤聲。（卷五十三）

1585. 軀體：《說文》：體也。從身區聲。（卷五十三）

1586. 牀專：孔注尙書云專，布也。《說文》義同。從寸甫聲。（卷五十三）

1587. 爲瞑：《說文》：翕目也，從目冥聲。（卷五十三）（卷六十七）（卷七十五）（卷七十六）

1588. 污池：《說文》云洿即濁水不流也。從水夸聲也。（卷九十二）（卷五十三）（卷八十三）

1589. 訒兮：《說文》：頓也。從言刃聲。（卷八十七）（卷五十三）

1590. 筋緩：《說文》從糸爰聲也。（卷五十三）（卷六十九）

1591. 火燵：《說文》從炙字正形。（卷五十三）

1592. 壐：《說文》：西方鹹地。從古文鹵字省，象盬形也。（卷五十三）

1593. 辜磔：《說文》從辛古聲也。（卷五十三）

1594. 狎下：《說文》從犬甲聲。（卷五十四）（卷七十五）

1595. 邁善：《說文》從辵萬聲也。（卷五十四）

1596. 闔門：《說文》：闔，閉也，從門盍聲也。（卷五十四）

1597. 氈氈：《說文》並從毛，形聲字也。（卷五十四）

1598. 氍氀：《說文》並從毛，形聲字也。（卷五十四）

1599. 評譚：《說文》：告曉之孰也。從言覃聲。（卷五十四）

1600. 爲抑：《說文》：按也，從反印字也。（卷五十四）

1601. 珠璣：《說文》：並從玉，朱皆聲也。（卷五十四）

1602. 睒電：《說文》：暫視也，從目炎聲。（卷五十四）（卷七十九）

1603. 萌芽：《說文》亦草芽也，從艸明聲。（卷五十四）

1604. 諮諏：《說文》：聚謀也。從言取聲。（卷五十四）

1605. 摧摔：《說文》：持頭髮也。從手卒聲。（卷五十四）

1606. 芻牧：《說文》亦刈草也。（卷五十四）

1607. 開闔：《說文》：闔門也。從門爲聲。（卷五十四）

1608. 攜瓶：《說文》：提也。從手巂聲。（卷八十二）（卷八十一）（卷五十四）（卷六十四）

1609. 食尻：《說文》：從尸九聲。（卷五十四）（卷七十九）（卷九十二）

1610. 致餽：《說文》：餽，餉也。從食貴聲。（卷九十七）（卷五十四）（卷八十二）

1611. 饋遺：《說文》從辵貴聲。（卷五十四）（卷五十五）（卷八十五）

1612. 乳滴滴：《說文》云人及鳥生子曰乳，獸曰產。從孚從乙，乙者玄鳥也。（卷五十四）

1613. 肺俞：《說文》俞字從亼從舟從刂。（卷五十四）

1614. 狘狘鬭諍：《說文》云兩犬相齧也，從二犬。（卷五十五）

1615. 汪洋：《說文》：從水芉聲。（卷五十五）

1616. 瞏瞏：《說文》云瞏瞏，不明也。從目冢聲也。（卷五十五）（卷七十七）

1617. 慷慨：《說文》慷慨二字並從心，康皆聲。（卷五十五）（卷七十七）

1618. 絗滑：《說文》云利也。從水骨聲。（卷五十五）（卷七十二）（卷八十九）

1619. 薗屎：《說文》云屎，人小便也。（卷五十五）

1620. 悁疾：《說文》從女疾聲。（卷五十五）

1621. 陳荄：《說文》：草根也。從艸亥聲。（卷九十九）（卷九十五）（卷八十三）（卷五十五）

1622. 蜎飛：《說文》：蝗子也。從虫象聲。（卷五十七）

1623. 熛起：《說文》火飛也。從火票聲。（卷五十七）

1624. 持屍：《說文》：古文戶字也。（卷五十七）

1625. 污之：《說文》從水亏聲。（卷五十七）

1626. 鞭榜：《說文》從木旁聲也。（卷五十七）榜楚：《說文》從手旁聲。（卷七十六）

1627. 畜牲：《說文》從牛生聲。（卷五十七）（卷九十九）

1628. 世福：《說文》從示畐聲。（卷五十七）

1629. 聾瞶：《說文》從耳貴聲也。（卷五十七）

1630. 驐割：《說文》從馬乘聲。（卷五十七）

1631. 費秏：《說文》從禾毛聲。（卷五十七）

1632. 鷹逐鴿：《說文》從鳥合聲也。（卷五十七）

1633. 猘狗：《說文》：亦狂犬也，從犬折聲也。（卷五十七）

1634. 禱祀：《說文》從示巳聲。（卷五十七）

1635. 日婬：《說文》：從女㸒聲。（卷五十七）

1636. 蠆毒：《說文》從虫，萬象其形也。（卷五十七）

1637. 無慍：《說文》：怒也。從心昷聲。（卷五十七）

1638. 煒燁：《說文》從火曅聲。（卷五十七）

1639. 娶婦：《說文》從女從取聲也。（卷五十七）

1640. 水碓：《說文》從石隹聲也。（卷五十七）（卷一百）

1641. 蹎躓：《說文》：跲也。從足質聲。（卷八十七）（卷五十七）（卷六十二）（卷七十五）（卷七十七）（卷八十一）（卷八十四）（卷九十六）

1642. 遵令：《說文》從辵尊聲。（卷五十七）

1643. 蜋蜋：《說文》並從虫，良皆聲。（卷五十七）

1644. 敬諾：《說文》從言若聲。（卷五十七）

1645. 甲縮：《說文》：從臼。（卷五十七）

1646. 培土：《說文》從手音聲。（卷五十七）

1647. 悛改：《說文》：止也，從心夋聲也。（卷六十）（卷八十）（卷八十七）（卷八十九）（卷九十五）

1648. 急挐：《說文》：褊（褊）也。從心及聲也。（卷六十）

1649. 謥讀：《說文》從屮從毒，毒亦聲也。古文作蚩，從古之字從虫。（卷六十）

1650. 刧掠：《說文》從力。（卷六十）

1651. 俘虜：《說文》：軍所獲也。從人孚聲。（卷六十）（卷八十三）

1652. 海豨：《說文》：正體從豕作豨。（卷六十一）

1653. 井蛙：《說文》：正體從黽作鼃。古字也。（卷六十一）

1654. 鹻鹽：《說文》：正體從僉作鹼，埤蒼云鹻，猶鹵也。《說文》從臣作鹽，顧野王云煮海水爲鹽。（卷六十一）

1655. 蔫乾：《說文》：蔫，菸也。從草焉聲。（卷六十一）

1656. 媄妍：《說文》：慧也。安也。並從女，形聲字也。（卷六十一）

1657. 翦剪：《說文》從羽前聲。（卷六十一）（卷八十三）

1658. 冷煥：《說文》從冰。（卷六十一）

1659. 迫窄：《說文》從穴，形聲字也。（卷六十一）

1660. 衣幞：《說文》從巾菐聲。（卷六十一）

1661. 指蹴也：《說文》從足就聲也。（卷六十一）（卷七十五）

1662. 干犯：《說文》：干，從倒入從一作丅（卷六十一）

1663. 鈎紐：《說文》：鈎，曲也。（卷六十一）

1664. 貴糶：《說文》：出穀也，從翟聲。（卷六十一）

1665. 澆淳：《說文》沃也。從水堯聲。（卷九十一）（卷六十一）（卷八十）
（卷九十七）

1666. 瀺灂：《說文》：汎也，從水，形聲字。（卷六十一）

1667. 刱制：《說文》云造法刱業也。從井刅聲。（卷六十二）（卷六十三）（卷
八十七）

1668. 蹂婦：《說文》作厹，云獸足蹂地，象形字也。從厹，厹亦聲也。（卷六
十二）

1669. 從臍：《說文》云肶臍也。從肉齊聲也。（卷六十二）

1670. 迴靶：《說文》轡革也。從革巴聲。（卷八十四）（卷六十二）

1671. 鐶鈕：《說文》云鈕，印鼻也，從金丑聲。（卷六十二）（卷六十三）

1672. 妍雅：《說文》：從佳牙聲也。（卷六十二）

1673. 餻餅：《說文》從食并聲。（卷六十二）

1674. 羞赧：《說文》：羞，進獻也。從羊，從丑，丑亦聲也。（卷六十二）（卷
八十五）

1675. 逃趒：《說文》亡也。從辵兆聲。（卷六十二）（卷六十四）（卷九十二）

1676. 腋祓：《說文》云除惡祭也。從示犮聲。（卷六十二）
按，慧琳此條所引乃祓字。

1677. 鐵鉆：《說文》從金占聲。（卷六十二）

1678. 如楯：《說文》作契（楔），云攦（檵）也。（卷六十二）

1679. 鬙喉：《說文》：從骨更聲。（卷六十二）

1680. 斗枅：《說文》云從木开聲。（卷六十二）

1681. 塯洗：《說文》：從水先聲。（卷六十二）

1682. 根梢：《說文》從木肖聲也。（卷六十二）

1683. 瀘漉：《說文》浚也。一云水下皃。從水鹿聲。（卷六十二）（卷八十三）

（卷八十九）

1684. 賕以：《說文》：賕，貨也。從貝爲聲。（卷八十四）（卷六十二）（卷八十）

1685. 小毱：《說文》云蹋鞠也。從革匊聲。（卷六十二）

1686. 呻吟：《說文》：二字並從口，申今皆聲。（卷六十二）（卷八十一）（卷九十四）呻吟：《說文》：呻亦吟也。並從口。形聲字。（卷七十九）

1687. 餬口：《說文》：寄食也。從食胡聲。（卷六十二）（卷九十二）

1688. 坰野：《說文》作冂，云邑外謂之郊，郊外謂之野，野外謂之林，林外謂之冂，象遠界也。（卷六十二）

1689. 瘨狀：《說文》從广眞聲。（卷六十二）（卷六十三）瘨狂：《說文》：腹脹也。（卷六十四）

1690. 翩翻：《說文》云疾飛也。二字並從羽，扁番皆聲也。（卷六十二）按，翻，二徐作飛也，翩，二徐作疾飛也。

1691. 閹豎：《說文》：豎也。宮中閹閽閉門者也。從門奄聲。（卷八十二）（卷六十二）（卷八十一）（卷八十三）（卷八十六）

1692. 閹豎：《說文》從豆。（卷六十二）

1693. 髭鬢：《說文》云髭者，口上須也。從須此聲。（卷六十二）

1694. 赤穟：《說文》：禾采之貌也。從禾遂聲。（卷六十二）（卷九十七）

1695. 騫翥：《說文》：飛皃也。從鳥寒省聲。《說文》：飛舉也。從羽者聲。（卷六十二）（卷八十三）（卷九十）（卷九十五）

1696. 伶俜：《說文》二字並從人，粤皆聲也。（卷六十二）

1697. 聯翩：《說文》從耳，連於頰，從絲。（卷六十二）

1698. 羹臛：《說文》云肉羹也，從肉霍聲。（卷六十二）（卷六十六）（卷六十九）（卷八十一）（卷八十五）

1699. 各葺：《說文》：茨也，從艹咠聲。（卷六十二）（卷八十三）（卷九十二）

1700. 襞褺：《說文》云韏衣也。從衣辟聲。《說文》：褺，重衣也。從衣執聲。（卷六十二）（卷八十一）

1701. 浮趒：《說文》云雀行也。從走兆聲。（卷六十二）趒坑：《說文》云雀行也。從走兆聲。（卷六十三）

1702. 百釬：《說文》云臂鎧也。從金干聲。（卷六十三）

1703. 蟣蝨：《說文》云蟣者，蝨子也。從虫幾聲。（卷六十三）

1704. 瘑痒：《說文》云瘍也，從疒羊聲。（卷六十三）

1705. 鞋屢：《說文》：鞮也，從履省從婁。（卷六十三）草屨：《說文》從履省婁聲。（卷八十四）（卷九十七）

1706. 憧惶：《說文》云惶，恐也。並從心，章皇皆聲。（卷六十三）

1707. 楝葉：《說文》亦木名。從木柬聲也。（卷六十三）

1708. 毈壞：《說文》云毈，卵不孚也。從卵段聲。（卷六十三）

1709. 湧沸：《說文》從水弗聲也。（卷六十三）

1710. 茅菽：《說文》草也，從草叔聲。（卷六十三）（卷九十九）

1711. 棧之：《說文》云棧，棚也。從木戔聲。（卷六十三）（卷八十）

1712. 瞷眼：《說文》云戴目也。從日（目）間聲也。（卷六十三）

1713. 噉蒜：《說文》葷菜也，從草祘聲。（卷六十三）

1714. 畜髮：《說文》從髟皮聲。（卷六十四）

1715. 隁塞：《說文》從匸作匽。（卷六十四）

1716. 拚舞：《說文》：拊手也，從手弁聲。（卷六十四）（卷九十六）

1717. 褺被：《說文》重衣也。（卷六十四）

1718. 作鏺：桂苑珠叢、古今正字並云隹射收繳具也。《說文》義同。（卷六十四）

1719. 某摽：《說文》從木從甘。《說文》從木票聲。（卷六十四）

1720. 治補：《說文》從衣甫聲也。（卷六十四）（卷九十三）

1721. 乾痟：《說文》從乙犰聲。（卷六十四）

1722. 頜頭：《說文》：低頭也。（卷六十四）

1723. 腐爛：《說文》：爛也。從肉府聲也。（卷六十四）（卷六十六）（卷六十九）

1724. 襹裏：《說文》衣內也。（卷六十五）

1725. 綜習：《說文》從羽從白。（卷六十五）（卷八十九）

1726. 寂嗼：《說文》無人聲也。從宀尗聲。（卷六十六）（卷八十八）（卷九十三）

1727. 憙渴：《說文》云盡也。從水曷聲。（卷六十六）（卷六十八）

1728. 薪積：《說文》聚也。從禾責聲。（卷六十六）（卷八十）（卷一百）

1729. 融銷：《說文》炊氣上出也。從鬲從蟲省聲也。（卷六十六）

1730. 静慮：《說文》云審也。從青爭聲。（卷六十六）

1731. 麴糵：《說文》云牙米也，從米薛聲。（卷六十六）（卷七十一）（卷八十四）（卷九十七）

1732. 伉敵：《說文》從人亢聲。（卷六十六）（卷六十八）

1733. 繡綾：《說文》云東齊謂布帛之細者曰綾也。從糸夌聲。（卷六十六）

1734. 青瘀：《說文》云積血也。從疒於聲。（卷六十六）（卷六十九）（卷七十）（卷七十二）（卷七十六）

1735. 韞蓄：《說文》：積也，從草畜聲。（卷六十六）

1736. 鶋鴶：《說文》云二字竝從鳥，句谷皆聲也。（卷六十六）

1737. 脯腊：《說文》腊亦乾肉也。從殘肉，日以晞之。（卷六十六）（卷八十）

1738. 揄揚：《說文》云揄亦引也。揚，飛舉也。二字並從手，俞、易（易）皆聲。（卷六十七）

1739. 欲廛：《說文》云廛，一畝半，一家之居也。從广㕓聲。（卷六十七）㕓吏：《說文》從广里從八土。（卷八十）

1740. 冥闇：《說文》云閉門也。從門音聲也。（卷六十七）

1741. 寬曠：《說文》云明也。從日廣聲。（卷六十七）

1742. 摩鎣：《說文》從手麻聲。（卷六十八）

1743. 耽嗜：《說文》云樂也。從女甚聲。（卷六十八）

1744. 忌憚：《說文》二字並從心，己及皆聲也。（卷六十八）忌憚：《說文》：忌，憎惡也。（卷七十一）

1745. 萎悴：《說文》：憂也。從心從卒聲。（卷六十八）

1746. 遷貿：《說文》：易財也。從貝夗聲。（卷九十三）（卷六十八）（卷九十六）（卷一百）

1747. 麟角：《說文》從鹿粦聲。（卷六十八）（卷八十六）（卷八十八）

1748. 頷輪：《說文》：頷，頤也，從頁函聲。（卷六十八）

1749. 趁蹶：《說文》：趁，走頓也。從走眞聲。（卷六十八）

1750. 劬勞：《說文》從力句聲。（卷六十八）

1751. 倢利：《說文》：佽也，從人疌聲。（卷六十八）

1752. 被苫：《說文》從草占聲。（卷六十八）

1753. 鞅鞅：《說文》云頸粗（靼）也。從革央聲。（卷六十八）（卷九十七）

1754. 鱣魚：《說文》從魚亶聲。（卷六十八）

1755. 忼敵：《說文》從攴啻聲。（卷六十八）

1756. 畦壠：《說文》丘壠也。從土龍聲。（卷六十八）

1757. 貿少：《說文》從貝夗聲。（卷六十八）

1758. 歆饗：《說文》：神食氣也。從欠音聲。（卷六十八）

1759. 浮瓠：《說文》從瓜夸聲。（卷六十九）

1760. 有伺：《說文》從人司聲。（卷六十九）

1761. 攈多：《說文》亦拾也，從手麇聲。（卷六十九）（卷八十）

1762. 拊奏：《說文》從乎（手）付聲。（卷六十九）（卷七十六）（卷八十二）

1763. 顛仆：《說文》從頁眞聲。（卷六十九）（卷七十二）

1764. 蟻蠓：《說文》並從虫，蔑聲也。（卷六十九）

1765. 指拈：《說文》從手占聲。（卷六十九）

1766. 朽敗：《說文》作𣨛，義同。從歺丂聲。（卷六十九）

1767. 嘷叫：《說文》嘷猶咆也。從口皐聲。《說文》高聲也。（卷六十九）

1768. 煻煨：《說文》：盆中火也。二字並從火，唐畏皆聲。（卷六十九）（卷七十六）

1769. 攣急：《說文》孫（係）也。從手絲聲。（卷六十九）（卷七十八）

1770. 守阸：《說文》塞也。從阜或作隘。（卷六十九）

1771. 烈灰：《說文》：烈，火猛也。（卷七十）

1772. 吞故：《說文》：吞，咽也。（卷七十）

1773. 學泅：《說文》作汓，或從囚作泅。（卷七十）

1774. 中夭：《說文》：夭，屈也。廣雅：夭，折也。如物夭折中也。（卷七十）

1775. 腹潰：《說文》：漏也，從水貴聲。（卷七十九）（卷七十）

1776. 層巘：《說文》：層，重屋也。從尸曾聲。（卷九十二）（卷七十）

1777. 火燋：《說文》：燋，焦也。（卷七十）

1778. 倡伎（伎）：《說文》：倡，樂也。（卷七十）

1779. 儒童：《說文》：儒，柔也。（卷七十）

1780. 逞衒：《說文》云通也。從辵呈聲。（卷九十四）（卷七十一）

1781. 言詞：《說文》：詞者，意內而言外也。（卷七十一）

1782. 孳產：《說文》：產，生也。（卷七十一）

1783. 眼瞼：《說文》從目僉聲。（卷七十二）

1784. 貞實：《說文》：卜問也。從卜貝。或從鼎省聲。（卷七十三）

1785. 肉團：《說文》：象形字也。（卷七十三）

1786. 年耆：《說文》作耆，非也。（卷七十四）耆艾：《說文》：老也。從老旨聲。（卷八十二）耆耋：《說文》從老。（卷八十八）

1787. 炕燋：《說文》：炕，乾也。（卷七十四）

1788. 瘾疹：《說文》：從疒從参。（卷七十四）

1789. 惠砅：《說文》：從叀從心。（卷七十四）威惠：《說文》仁也。或作慧，非。（卷八十五）

1790. 惠砅：《說文》從石。（卷七十四）

1791. 髣髴：《說文》從髟。（卷七十四）髣髴：《說文》作仿佛，古字，時不用。（卷七十七）髣髴：《說文》並從人作仿佛。方弗並聲。（卷八十四）

1792. 蔭蓋：《說文》：草蔭地也。從艸陰聲。（卷七十四）

1793. 瘡痍：《說文》：從疒夷聲也。（卷七十四）

1794. 垂埵：《說文》從去（土）垂聲。（卷七十四）

1795. 歆此味：《說文》：歆，歠也。從欠酓聲。（卷七十四）

1796. 僄樂：《說文》：僄，輕也，從人票聲。（卷七十五）

1797. 杴駐：《說文》：形聲字也。（卷七十五）

1798. 蟇子：《說文》從虫莫聲。（卷七十五）

1799. 無有蓏：《說文》云在木曰果。（卷七十五）

1800. 受痱：《說文》：風病，從疒非聲也。（卷七十五）

1801. 矓戾：《說文》：目眵也。形聲字。（卷七十五）

1802. 蹖踏：《說文》：踐也。從足𦐇聲。（卷七十五）

1803. 多顤：《說文》云髯，頰鬚也，從須冄聲。（卷七十五）

1804. 梴直：《說文》從木延聲也。（卷七十五）

1805. 化捄：《說文》從手求聲。（卷七十五）（卷九十二）

1806. 噤齡：《說文》從口禁聲。（卷七十五）（卷八十九）（卷一百）

1807. 鵝鶩：《說文》從鳥我聲。（卷七十五）

1808. 鼾聲：《說文》云鼾，臥息聲。從鼻干聲也。（卷七十五）

1809. 彫窘：《說文》云迫也。從穴君聲也。（卷八十）（卷九十一）（卷七十五）

1810. 皺眉：《說文》：目上毛也。從目。（卷七十五）

1811. 鞭笞：《說文》亦擊也，從竹台聲也。（卷七十五）

1812. 餒飢：《說文》從食委聲。（卷七十五）（卷九十二）

1813. 饒人：《說文》從食堯聲。（卷七十五）

1814. 狎猊：《說文》從豸兒聲。（卷七十五）

1815. 瀸漏：《說文》亦漬也。從水韱聲。（卷七十五）

1816. 衰祚：《說文》：從示乍聲。（卷七十五）

1817. 唔語：《說文》從口言聲也。（卷七十五）

1818. 喊言：《說文》不載。（卷七十五）

1819. 貝子：《說文》：海介蟲也，象形字也。（卷七十六）

1820. 相扮：《說文》：握也。（卷七十六）

1821. 婉密：《說文》：順也。從女宛聲。（卷八十）（卷七十六）（卷七十九）（卷九十六）（卷九十七）（卷九十九）

1822. 水鵠：《說文》：鴻鵠也，從鳥告聲也。（卷七十六）

1823. 杷搔：《說文》從木巴聲也。（卷七十六）

1824. 所鑑：《說文》云可以取明水於月也。從金監聲。（卷七十六）（卷九十一）

1825. 拷掠：《說文》從手京聲也。（卷七十六）（卷八十四）

1826. 歡然：《說文》：悲意也，從欠嗇聲也。（卷七十七）（卷七十六）（卷七十八）

1827. 帷帳：《說文》從巾隹聲。（卷七十六）（卷九十三）

1828. 繿縷：《說文》：亦布縷也。從糸盧聲。（卷七十六）

1829. 歔欷：《說文》云歔欷，出氣也。二字並從欠，虛希皆聲。（卷八十一）
（卷七十六）（卷九十五）（卷九十九）

1830. 唬吽：《說文》云虎鳴也。從虎九聲。（卷七十六）（卷九十三）

1831. 將噬：《說文》從口筮聲。（卷七十六）（卷八十四）

1832. 銘其：《說文》從金名聲也。（卷七十六）

1833. 錙銖：《說文》云錙，六銖也。二字並從金，甾皆聲也。（卷七十六）（卷
九十四）（卷九十五）

1834. 詆訶：《說文》：詆，訶也。從言氐聲。（卷九十）（卷八十三）（卷七
十六）（卷九十六）（卷九十七）

1835. 先揲：《說文》：閱持也。從手枼聲。（卷七十六）

1836. 歔欣：《說文》二字並從欠，虛斤皆聲也。（卷七十七）

1837. 蔚映：《說文》從⁺⁺尉聲。（卷七十七）（卷八十八）（卷九十五）

1838. 昕赫：《說文》：昕，旦明。日將出也，從日斤聲。（卷七十七）

1839. 親戚：《說文》從戊從尗聲也。（卷七十七）

1840. 騷動：《說文》：擾也，從馬從蚤聲也。（卷七十七）（卷九十七）

1841. 仡然：《說文》從人乞聲。（卷七十七）

1842. 幢旄：《說文》從㧱毛，毛亦聲也。（卷七十七）

1843. 珍奇：《說文》：從玉㐱聲。（卷七十七）

1844. 珍奇：《說文》云奇，異也。從大從可。（卷七十七）

1845. 癃殘：《說文》：罷病也。從广隆聲。（卷七十七）（卷八十八）

1846. 佛顄：《說文》云顄，口上須也。從須此聲。（卷七十七）（卷八十四）
（卷九十三）

1847. 事泄：《說文》從水世聲。（卷七十七）

1848. 斷鼇：《說文》從黽敖聲也。（卷七十七）

1849. 系嫡：《說文》：孋也，從女啇聲。（卷七十七）

1850. 廣袤：《說文》云東西曰廣。南北曰袤。從衣矛聲也。（卷八十一）（卷八十三）（卷七十七）

1851. 宏敞：《說文》：屋深嚮也。從宀厷聲。（卷七十七）

1852. 輻輬：《說文》：臥車也，並從車，畐京皆聲。（卷七十七）（卷八十一）（卷九十四）

1853. 以彙：《說文》從希胃省聲。（卷七十七）（卷九十八）

1854. 炯電：《說文》：光也。從火同聲。（卷九十六）（卷七十七）

1855. 廣濟：《說文》從水齊聲。（卷七十七）（卷八十九）

1856. 遄邀：《說文》：往來數也。從辵耑聲。（卷七十七）（卷八十三）（卷八十四）遄彼：《說文》從辵耑聲。《說文》謂口氣引也。（卷九十九）

1857. 飄零：《說文》餘雨也。從雨令聲。（卷七十七）

1858. 訮笑：《說文》：爭語訮訮也。從言开聲。（卷七十八）

1859. 奔突：《說文》從犬從賣省聲。《說文》從犬穴。（卷七十八）

1860. 僂伸：《說文》：屈伸也。從人申聲。（卷七十八）（卷九十八）

1861. 杙殊：《說文》從木弋聲。（卷七十八）

1862. 佛顓：《說文》：詮也，從禾禹聲。（卷七十八）

1863. 刹秒：《說文》禾芒也。從禾少聲。（卷七十八）

1864. 敝幡：《說文》作㡀，從八從巾，象破壞衣。（卷七十八）

1865. 將齰：《說文》作齰。（卷七十八）齰斷：《說文》：齰，齧也。（卷八十二）

1866. 齦齧：《說文》：齦，亦齧也。從齒艮聲。（卷七十八）

1867. 姪佚：《說文》從人失聲。（卷七十八）

1868. 坯諭：《說文》從土，形聲字。（卷七十九）

1869. 晃昱：《說文》：從日立聲。（卷七十九）

1870. 妃妓：《說文》從女已聲。（卷七十九）

1871. 華婥：《說文》從女卓聲。（卷七十九）

1872. 掘葠臽：《說文》：小阱也，從人在臼上，象形字。（卷七十九）（卷九十八）

1873. 憃憃：《說文》：意不定也。從心童聲也。（卷七十九）

1874. 臨睨：《說文》：睼睨，邪視也。從目兒聲。（卷九十一）（卷七十九）（卷九十五）

1875. 挓挈：《說文》從毛（手）它聲。（卷七十九）

1876. 甘澱：《說文》從水殿聲。（卷七十九）

1877. 撡罪：《說文》從手巢聲。（卷七十九）

1878. 繕寫：《說文》亦補也，從糸善聲。（卷八十）（卷八十三）（卷九十三）

1879. 壃場：《說文》云治穀田也。從土易聲。（卷八十）

1880. 廣搜髦彥：《說文》：從手叟聲。（卷八十）

1881. 祖祢：《說文》云祖，始廟也。從礻且聲。（卷八十）（卷九十三）

1882. 提挈：《說文》：懸持也。從手㓞聲。（卷八十）（卷九十八）

1883. 訂正：《說文》云訂謂平議也。從言丁聲也。（卷八十）

1884. 涕泗：《說文》泗二字皆從水，四皆聲。（卷八十）（卷九十四）（卷九十五）

1885. 翼韃：《說文》：從革建聲也。（卷八十）

1886. 操柳枝：《說文》：從木丣聲。（卷八十）

1887. 扛轝：《說文》：扛，橫關對舉也。（卷八十）

1888. 羈縻：《說文》從糸麻聲也。（卷八十）

1889. 兵荐：《說文》從艹存聲也。（卷八十）（卷九十三）（卷九十七）

1890. 玄惲：《說文》從心軍聲也。（卷八十）

1891. 笙蹄：《說文》：從足虎聲。（卷八十）（卷八十三）（卷九十五）

1892. 褻軸：《說文》從衣失聲。（卷八十）

1893. 詿誤：《說文》從言圭聲。（卷八十）（卷八十四）

1894. 煩挐：《說文》從手如聲。（卷八十）

1895. 穹隘：《說文》從穴弓聲。（卷八十）（卷八十三）

1896. 勠力：《說文》從力翏聲。（卷八十）

1897. 王暕：《說文》云分別簡之。從束八分之。（卷八十）

1898. 措懷：《說文》：置也。從手昔聲。（卷八十）

1899. 暴水：《說文》從日（冃）。（卷八十）

1900. 桎梏：《說文》二字並從木，至告亦聲。（卷八十）（卷九十三）

1901. 鄤川：《說文》從邑樊聲。（卷八十）

1902. 彥悰：《說文》云悰猶樂也。從心宗聲。（卷八十）（卷八十八）

1903. 多祉：《說文》：福也。從示止聲也。（卷九十六）（卷八十五）（卷八十）（卷九十七）

1904. 涓埃：《說文》亦小流也。從水肙聲。（卷九十五）（卷八十）

1905. 泌波：《說文》從水台聲。（卷八十）

1906. 儡同：《說文》從人從畾聲。（卷八十）

1907. 授幻：《說文》：從倒予，經作幻，俗字也。（卷八十）

1908. 放習：《說文》從攴方聲。（卷八十）

1909. 郁迦：《說文》作郁字。（卷八十）

1910. 鰻魚：《說文》：鰻，魚名也。從魚曼聲也。（卷八十一）

1911. 爽塏：塏，地高燥也。（卷八十一）爽塏：《說文》：高燥也。（卷九十一）

1912. 銓次：《說文》：衡也。從金全聲也。（卷八十一）（卷九十七）

1913. 𣢀畯：《說文》從田夋聲也。（卷八十一）

1914. 建旟：《說文》從㫃與聲也。（卷八十一）（卷九十三）

1915. 檕曰：《說文》從木既聲。（卷八十一）

1916. 螟蠕：《說文》二字並從虫，需皆聲。（卷八十一）

1917. 頭鬈：《說文》從髟卷聲。（卷八十一）

1918. 剔斷：《說文》：從齒斤聲。（卷八十一）

1919. 柞條：《說文》：從木乍聲。（卷八十一）

1920. 齒憁：《說文》作惣，亦通用。（卷八十一）

1921. 螻蚓：《說文》：螻蛄也。一云轂，天螻也。從虫婁聲。《說文》云蝗螾，側行者也。從虫寅聲。（卷八十一）

1922. 濛雨：《說文》：濛，微雨也。從水蒙聲也。（卷八十一）（卷九十五）（卷九十七）

1923. 逐媚：《說文》從女省聲。（卷八十一）

1924. 篆籀（籀）：《說文》：引書也。從竹象聲。（卷八十一）（卷八十三）（卷九十一）

1925. 篆籀（籀）：《說文》讀書也，從竹榴（溜）聲。（卷八十一）

1926. 舟艫：《說文》船頭也。形聲字也。（卷八十一）（卷九十九）

1927. 启妙覺：《說文》：從戶作啓。（卷八十二）

1928. 頓顙：《說文》從頁桑聲。（卷八十二）（卷八十三）

1929. 奉賷：《說文》：會禮也。從貝㲀聲。（卷八十二）（卷八十三）（卷八十八）

1930. 握槧：《說文》牘樸（樸）也。從木斬聲。（卷八十二）（卷八十七）（卷九十）（卷九十九）

1931. 逖聽：孔注尚書云逖，遠也。《說文》義同，從辵狄聲。古文從易作逷、（卷八十二）（卷八十五）（卷九十一）

1932. 清泠：《說文》從水令聲。（卷八十二）

1933. 耆艾：《說文》：冰臺也，從草乂聲。（卷八十二）（卷八十四）

1934. 榱桷：《說文》云秦名為屋椽，周人謂之榱，齊魯謂之桷。《說文》楣也。（卷八十二）榱連：《說文》從木衰聲。（卷八十三）（卷九十七）（卷九十八）

1935. 醇醨：《說文》：薄酒也。並形聲字。（卷八十二）

1936. 赭臹：《說文》：清湛也。從水叔聲。（卷八十二）

1937. 醳醪：《說文》云汁滓酒也。形聲字。（卷八十二）醑醪：《說文》從酉翏聲。（卷九十七）

1938. 自殪：《說文》從歺壹聲也。（卷八十二）

1939. 佩觿：《說文》：從角巂聲。（卷八十三）

1940. 闐城：《說文》從門眞聲。（卷八十三）（卷八十四）

1941. 削稾：《說文》從刀肖聲。（卷八十三）

1942. 捹購：《說文》從手夋聲。（卷八十三）（卷八十四）

1943. 汍瀾：《說文》從水丸聲。《說文》從水闌聲。（卷八十三）

1944. 琳琭：《說文》從玉林聲。《說文》：從玉翏聲。（卷八十三）（卷八十五）

1945. 錯綜：《說文》從金昔聲。（卷八十三）

1946. 緱氏：《說文》從糸侯聲。（卷八十三）

1947. 珪璋：《說文》從玉圭聲。《說文》從玉章聲。（卷八十三）珪璋：《說文》從重土，瑞玉也。《說文》從玉章聲。（卷八十九）

1948. 煬帝：《說文》從火昜聲。（卷八十三）

1949. 八紘：《說文》：從糸厷聲。（卷八十三）（卷八十八）

1950. 洶湧：《說文》：洶即涌也。從水匈聲。（卷八十三）（卷九十七）（卷九十九）

1951. 颭至：《說文》翔風也。從風立聲。（卷八十三）

1952. 賮衣資：《說文》：易財也。從貝次聲。（卷八十三）無資：《說文》亦貨也。從貝次聲。（卷八十六）
　　　　按，資，二徐與慧琳卷八十六所引同，卷八十三所引「易財」乃貿字。

1953. 疲勘：《說文》亦勞也。從力貫聲。（卷八十三）

1954. 矮凍：《說文》：矮，病也。從疒委聲。《說文》：凍即冰也。從冫東聲也。（卷八十三）

1955. 鏗鏘：《說文》鏗鏘二字並從金，堅將皆聲。（卷八十九）（卷八十三）

1956. 熙融：《說文》：從火巸聲。（卷八十三）（卷八十五）

1957. 群僚：《說文》從人尞聲也。（卷八十三）（卷九十六）

1958. 秀傑：《說文》從人桀聲。（卷八十三）（卷九十二）

1959. 傾厄：《說文》：日在西方時，側。從日仄聲。（卷八十三）

1960. 鍛翩：《說文》：從金殺聲。（卷八十三）

1961. 方蟄：《說文》從虫執聲。（卷八十三）（卷八十四）

1962. 版盪：《說文》：版，判也。從片反聲。（卷八十三）（卷九十二）

1963. 峨峨：《說文》從山我聲。（卷八十三）

1964. 岌岌：《說文》從山及聲。（卷八十三）

1965. 交聒：《說文》：讙語也。從耳昏聲。（卷八十三）

1966. 成篢：《說文》從竹責聲。（卷八十三）

1967. 熾确：《說文》：從石角聲。（卷八十三）

1968. 迾道：《說文》亦遮也。從辵列聲。（卷八十三）

1969. 坡陀：《說文》從土皮聲。（卷八十三）

1970. 攦光：《說文》：從手离聲也。（卷八十三）

1971. 浹長：《說文》從石卑聲。（卷八十三）

1972. 八埏：《說文》從土延聲也。（卷八十三）（卷八十八）

1973. 踘踖：《說文》小步也。從足脊聲。（卷八十三）（卷八十五）

1974. 麈韇：《說文》從糸算聲也。（卷八十三）

1975. 訇磕：《說文》從言勻省聲。（卷八十三）

1976. 嘉猷：《說文》或爲繇也。（卷八十三）

1977. 頡頏：《說文》從頁，吉亢聲。（卷八十三）頡頏：《說文》：頡，直項也。從頁吉聲。（卷九十六）（卷八十六）（卷九十七）

1978. 浩汗：《說文》並從水，告干皆聲。（卷八十三）

1979. 蛛蝥：《說文》並從虫也。（卷八十三）蛛蝥：《說文》從虫秋聲。（卷九十五）

1980. 搢紳：《說文》從手晉聲。《說文》從糸申聲。（卷八十三）（卷八十四）（卷八十六）搢紳：《說文》從手瑨聲。《說文》從糸申聲。（卷九十七）

1981. 以檄：《說文》從木敫聲。（卷八十三）（卷九十三）

1982. 筌蹏：《說文》從竹全聲。（卷八十三）（卷八十八）

1983. 悱悱：《說文》：從心非聲也。（卷八十三）（卷九十八）

1984. 綽有：《說文》從糸卓聲。（卷八十三）

1985. 潢洿：《說文》：潢，積水池也。並從水，黃皆聲。（卷八十三）（卷九十九）

1986. 嫣汭：《說文》從女焉聲。（卷八十三）

1987. 坳塘：《說文》從土幼聲。（卷八十三）

1988. 蜉蝣：《說文》並從虫也。（卷八十三）

1989. 巳簣：《說文》並從竹也。（卷八十三）

1990. 貽彩：《說文》：從貝台聲。（卷八十三）

1991. 婕妤：《說文》婕妤並女，俱從女，疌予聲也。（卷八十三）（卷八十四）（卷八十七）

1992. 椒闥：《說文》從門韋聲也。（卷八十三）

1993. 遒樧：《說文》從木建聲。（卷八十三）

1994. 扈從：《說文》從邑戶聲。（卷八十三）（卷九十六）

1995. 縶意：《說文》從糸執聲。（卷八十三）

1996. 建郛：《說文》從邑孚聲。（卷八十三）

1997. 竀基：《說文》：正視也。從穴正見，正亦聲也。（卷八十三）

1998. 葬潼：《說文》：水。出京兆藍田谷，入灞。從水產聲。（卷八十三）

1999. 琅玕：《說文》皆從玉，良干俱聲。（卷八十三）玕琪：《說文》亦琅玕也。從玉干聲。（卷九十五）

2000. 貙豻：《說文》從豸區聲。（卷八十三）（卷九十九）

2001. 角試：《說文》：試，用也。《虞書》曰明試以功。從言式聲。（卷八十四）

2002. 啓轍：《說文》從車從徹省聲。（卷八十四）（卷九十五）（卷九十八）（卷一百）

2003. 槐庭：《說文》從木從鬼聲。（卷八十四）

2004. 諝徒：《說文》從言胥聲。（卷八十四）

2005. 入雒：《說文》從佳各聲。（卷八十四）

2006. 淡薄：《說文》從水炎聲。《說文》從草溥聲。（卷八十四）

2007. 愒所：《說文》從心曷聲。（卷八十四）（卷九十七）（卷九十九）

2008. 譸張：《說文》從言壽聲。（卷八十四）（卷九十七）

2009. 戎貉：《說文》從豸各聲。《說文》云狛，如狼也，非此義。（卷八十四）

2010. 陶鑄：《說文》從𦥑匋聲。（卷八十四）陶鑄：《說文》作匋，云瓦器也。從缶包省聲。（卷九十四）

2011. 厝懷：《說文》從厂昔聲。（卷八十四）

2012. 辛菫：《說文》從草軍聲。（卷八十四）

2013. 相鬭：《說文》云兩士相對，兵仗在後，象形字也。（卷八十四）

2014. 淄澠：《說文》二字並從水，甾䍶並聲。（卷八十四）

2015. 堪隮：《說文》從土甚聲。（卷八十四）

2016. 蕙蓀：《說文》二字並從草，惠孫並聲。（卷八十四）

2017. 閫閾：《說文》二字並從門，堂並聲。（卷八十四）

2018. 陵轢：《說文》從𨸏夌聲也。（卷八十四）

2019. 造父：《說文》從辵告聲。（卷八十四）

2020. 眄睞：《說文》字並從目，並聲。（卷八十四）

2021. 懋績：《說文》從心楙聲。（卷八十四）（卷八十六）（卷九十二）

2022. 鴞鶚：《說文》二字並從鳥，号並聲也。（卷八十四）

2023. 給賻：《說文》從貝尃聲。（卷八十四）（卷九十四）（卷九十三）

2024. 蛣蜣：《說文》二字並從虫，吉並聲。（卷八十四）

2025. 即蒐：《說文》從草見聲。（卷八十四）

2026. 孅曲：《說文》從女翟聲。（卷八十四）

2027. 宸鑒：《說文》從宀辰聲。（卷八十四）（卷八十八）（卷九十九）

2028. 九閟：《說文》從門必聲。（卷八十四）

2029. 椐梧：《說文》從木居聲。（卷八十四）

2030. 邂逅：《說文》二字並從辵，解后並聲。（卷八十四）

2031. 岳嶸：《說文》從山榮聲。（卷八十四）

2032. 姜苟兒：《說文》從女羊聲。（卷八十四）

2033. 湟濁：《說文》從水皇聲。（卷八十四）

2034. 詎容：《說文》從言巨聲也。（卷八十五）

2035. 大輅：《說文》從車各聲。（卷八十五）

2036. 亡狙：《說文》：狙，玃屬也。從犬且聲。（卷八十五）（卷八十七）（卷

九十四）（卷九十六）（卷九十八）（卷九十八）

2037. 下釣：《說文》：鈎魚也。從金勺聲。（卷八十五）

2038. 軿羅：《說文》從車幷聲。（卷八十五）

2039. 歃白馬：《說文》從欠臿聲。（卷八十五）

2040. 幾警：《說文》從絲從戍。（卷八十五）

2041. 且奭：《說文》：盛也。從大皕，皕亦聲也。（卷八十五）

2042. 輸睬：《說文》從車俞聲。（卷八十五）

2043. 鞮譯：《說文》：鞮，革履也。從革是聲。（卷八十五）（卷九十七）

2044. 恂恂：《說文》從心旬聲也。（卷八十五）（卷八十八）（卷九十四）

2045. 昏鯁：《說文》：魚骨也。（卷八十六）

2046. 謍經籍：《說文》從言音聲。（卷八十六）

2047. 靳固：《說文》從革斤聲。（卷八十六）

2048. 誾乎：《說文》從門。（卷八十六）

2049. 史儋：《說文》從人詹聲。（卷八十六）

2050. 嬴正：《說文》從女嬴省聲也。（卷八十六）（卷九十七）

2051. 導噯聾：《說文》從口憂聲。（卷八十六）

2052. 二襜：《說文》：衣蔽前也。從衣詹聲。（卷八十七）（卷八十六）（卷
　　　九十八）

2053. 黥劓：《說文》從黑京聲。亦從刀作剠。（卷八十六）黥劓：《說文》：
　　　墨刑在面也。從黑京聲也。（卷九十八）

2054. 蘗蕪：《說文》云蘗蕪二字並從草，麋皆聲也。（卷八十六）

2055. 吹欨：《說文》從欠句聲。（卷八十六）

2056. 狷誖：《說文》亂也。從言孛聲。（卷八十六）

2057. 勗哉：《說文》從力冒聲。（卷八十六）

2058. 茹毛：《說文》從草如聲。（卷八十六）（卷九十）

2059. 緣傝：《說文》從人及聲。（卷八十六）

2060. 窅冥：《說文》云窅，深目也。從穴中目。《說文》云深遠也。《說文》云窅，冥也。從穴𣆺聲。（卷八十七）

2061. 浵雷：《說文》作灪。從水薦聲。（卷八十七）

2062. 怒焉：《說文》云憂也。從心叔聲。（卷八十七）

2063. 白紈：《說文》：從糸丸聲。（卷八十七）

2064. 汧渭：《說文》二字並從水，开胃皆聲。（卷八十七）（卷八十九）

2065. 芎簒：《說文》云帝嚳射官也，夏少康滅之。從弓开聲。（卷八十七）（卷九十五）

2066. 綈衣：《說文》云綈，厚繒也。從糸弟聲也。（卷八十七）（卷九十七）

2067. 蟪蛄：《說文》二字並從虫，惠古皆聲也。（卷八十七）

2068. 噂喈：《說文》：聚語也。並從口，尊沓皆聲也。（卷八十七）

2069. 瞿然：《說文》從隹朙聲。（卷八十七）

2070. 釁兇：《說文》：分別。從㸚對爭貝也。（卷八十七）

2071. 大噱：《說文》云噱，大笑也。從口豦聲。（卷八十七）（卷九十九）

2072. 菲舛：《說文》：戻也。（卷八十七）

2073. 喑者：《說文》從口音聲。（卷八十七）

2074. 撤軔：《說文》礙車也。從車刃聲。（卷八十七）（卷八十八）（卷九十一）

2075. 馘馘：《說文》軍戰斷耳也。從首或聲。（卷八十七）

2076. 僥倖：《說文》從人堯聲。（卷八十七）

2077. 口噤：《說文》作唫，從口金聲。（卷八十七）

2078. 弒逆：《說文》從殺省式聲也。（卷八十七）

2079. 胥悅：《說文》從肉疋聲。（卷八十八）

2080. 鹽：《說文》：從監省古聲也。（卷八十八）

2081. 負屓：《說文》從戶衣聲。（卷八十八）（卷九十三）（卷九十九）

2082. 懕懕：《說文》從心厭聲。（卷八十八）

2083. 鸒鳩：《說文》並從鳥，寧夬皆聲也。（卷八十八）

2084. 松檟：《說文》從木賈聲。（卷八十八）

2085. 崢嶸：《說文》正作崝，訓與上同。二字並從山，爭榮皆聲也。（卷八十八）

2086. 末祏：《說文》從衣石聲。（卷八十八）

2087. 縢塵：《說文》云縢，緘也。從糸朕聲。（卷八十八）

2088. 斑屍：《說文》《集訓》從刀作班，義別也。（卷八十八）

2089. 弛紐：《說文》從弓從也。（卷八十八）

2090. 星潯：《說文》：旁深也。（卷八十八）

2091. 餼羊：《說文》從食氣聲。（卷八十八）（卷九十二）

2092. 瞽瞍：《說文》從目叜聲。（卷八十八）

2093. 餱糧：《說文》：乾食也。從食侯聲。（卷八十八）（卷九十二）

2094. 鸛蚊：《說文》從鳥從雚聲。（卷八十八）

2095. 甿階：《說文》：田民也。從田亡聲。（卷八十八）

2096. 輶軒：《說文》從車酋聲。（卷八十八）（卷九十九）

2097. 寮寀：《說文》從宀采聲也。（卷八十八）

2098. 茇薙：《說文》從草雉聲。（卷八十八）

2099. 紉緇：《說文》從糸刃聲。（卷八十八）

2100. 樽俎：《說文》作尊，又作鐏。《說文》從半肉在且上也。（卷八十八）

2101. 寰中：《說文》從宀睘聲。（卷八十八）

2102. 覿天：《說文》從見賣聲。（卷八十八）

2103. 鷩弁：《說文》從鳥敝聲。《說文》：弁，冕也。（卷八十八）（卷九十九）

2104. 紬以：《說文》從糸出聲。（卷八十八）

2105. 苛虐：《說文》從草可聲也。（卷八十九）（卷九十七）

2106. 憨悟：《說文》云悟，覺也。從心吾聲。（卷八十九）

2107. 嘲之：《說文》從口朝聲。（卷八十九）

2108. 齊齡：《說文》從齒令聲。（卷八十九）

2109. 跐蹈：《說文》：跐蹈，行平易也。二字並從足，昔皆聲。（卷八十九）（卷九十九）
按，蹈，二徐作長脛行也。從足昔聲。一曰跐蹈。跐，二徐作行平易也。

2110. 江湄：《說文》從水眉聲。（卷八十九）

2111. 爲侖：《說文》侖，理也。從品從亼。會意字也。（卷八十九）

2112. 詳覈：《說文》從言羊聲。（卷八十九）

2113. 棗陽：《說文》從重朿，會意字。（卷八十九）蔗棗（棗）：《說文》：羊棗（棗）也，從二束（朿）也。（卷九十）

2114. 允輯：《說文》從車咠聲。（卷八十九）

2115. 信餉：《說文》亦饟也，從食向聲。（卷八十九）（卷一百）

2116. 體羸：《說文》從骨豊聲。（卷八十九）

2117. 淪湑：《說文》浚也。從水胥聲。（卷八十九）（卷九十四）

2118. 碑文：《說文》從石卑聲。（卷八十九）

2119. 衣袷：《說文》衣無絮也。從衣合聲。（卷八十九）

2120. 縶魔文：《說文》從木敫聲。（卷九十）

2121. 蕭摹：《說文》：從草肅聲。（卷九十）

2122. 窆於：《說文》云葬下棺也。從穴乏聲。（卷九十）

2123. 慈懸：《說文》：慈，急也。從心弦聲。《說文》並作弸，古字也。（卷九十）

2124. 戎狛：《說文》從甲作戟。（卷九十）

2125. 麻襦：《說文》云襦，短衣也。從衣，形聲字。（卷九十）

2126. 嗚噎：《說文》或從欠作歇。《說文》並從口，形聲字。（卷九十）

2127. 襤褸：《說文》上從衣，下從糸，形聲字。（卷九十）

2128. 韶武：《說文》從音召聲。（卷九十）

2129. 刪定：《說文》：剟也。從刀從冊。（卷九十一）

2130. 隅隩：《說文》：陬也。《說文》云隅隩二字並從阜，形聲字。（卷九十一）

2131. 持笏：《說文》從竹勿聲。（卷九十一）

2132. 道闋：《說文》：事已，閉門也。從門癸聲也。（卷九十一）（卷九十二）（卷九十四）

2133. 須髮：《說文》：彡音衫，象毛。（卷九十一）

2134. 窀穸：《說文》：窀穸，並從穴，形聲字也。（卷九十一）

2135. 麛卵：《說文》：麛，鹿子也。從鹿弭聲。（卷九十五）（卷九十二）（卷九十七）

2136. 秸：《說文》又作稭，古文秸字也。（卷九十二）

2137. 鳧鷖：《說文》云鷖，舒鳧也，從鳥殹聲也。（卷九十二）

2138. 嘯傲：《說文》從欠作歗。（卷九十二）

2139. 饘粥：《說文》亦同糜也，從食亶聲。（卷九十二）

2140. 聲楘：《說文》云聲，音也。從耳殸聲。（卷九十二）

2141. 衡楘：《說文》從角從大行聲。（卷九十二）

2142. 遼敻：《說文》從辵寮聲。（卷九十二）

2143. 儁裳：《說文》作裳，下裙也。（卷九十二）

2144. 復靚：《說文》云召也。從見青聲也。（卷九十二）

2145. 丼絡：《說文》云八家同一丼。（卷九十二）

2146. 詡法：《說文》從言羽聲。（卷九十二）

2147. 荏苒：《說文》荏，從⁺⁺任聲。苒，從⁺⁺冉聲。（卷九十二）

2148. 漳瀅：《說文》從水章聲。（卷九十二）

2149. 髦彥：《說文》從彡厂聲。（卷九十二）

2150. 掩骼：《說文》云禽獸之骨曰骼。從骨各聲。（卷九十二）（卷九十六）
　　　（卷九十八）

2151. 緘避：《說文》從犬黑聲。（卷九十二）

2152. 歧（岐）嶷：《說文》從山支聲。支，正攴字。《說文》亦小兒有知也，
　　　從口疑聲。（卷九十二）

2153. 胭頜：《說文》亦嗌也，從口因聲。（卷九十二）

2154. 湛露：《說文》云露，潤澤也。（卷九十二）

2155. 杞梓：《說文》並從木，形聲字也。（卷九十三）

2156. 自縊：《說文》從糸益聲。（卷九十三）（卷九十七）

2157. 邳國：《說文》：從邑丕聲。（卷九十三）

2158. 凜懷：《說文》從心褱聲。（卷九十三）

2159. 邛僰：《說文》從邑工聲。《說文》棘（僰），捷（犍）爲蠻夷。從人
　　　棘聲也。（卷九十三）

2160. 帝系：《說文》云帝者，王天下之號也，從古文上字朿聲。（卷九十三）

2161. 闞迥：《說文》從門敢聲。（卷九十三）

2162. 賵贈：《說文》從貝冒聲。《說文》從貝曾聲。（卷九十三）（卷九十七）

2163. 异度：《說文》從廾巳聲。（卷九十三）（卷九十七）

2164. 咸慳：《說文》從心堅聲。（卷九十三）

2165. 西院：《說文》從阜從完聲。（卷九十三）

2166. 糒食：《說文》從米從萬聲。（卷九十三）

2167. 旱澇：《說文》從水尞聲。（卷九十三）

2168. 構甓：《說文》從瓦辟聲。（卷九十四）

2169. 猷餯：《說文》從食芺聲也。（卷九十四）

2170. 摛恩：《說文》從手离聲。（卷九十四）

2171. 紛紜：《說文》從糸分聲。（卷九十四）

2172. 可怪：《說文》：恠，異也。從心圣聲。（卷九十四）

2173. 盩座：《說文》云盩，謂引擊也。從幸攴從皿。（卷九十四）

2174. 訹勸：《說文》亦誘也。從言术聲。（卷九十四）

2175. 搰（搯）湨：《說文》從水屈聲。（卷九十四）

2176. 炎羲：《說文》從兮義聲也。（卷九十四）

2177. 衆夥：《說文》從多從果聲。（卷九十四）（卷九十七）

2178. 箸筝：《說文》云籥也，從竹令聲也。（卷九十四）

2179. 下棚：《說文》從木朋聲也。（卷九十四）

2180. 頭顱：《說文》云頒顱也。從頁盧聲。（卷九十四）

2181. 砭疾：《說文》以石刺病也，從石乏聲。（卷九十四）（卷九十九）

2182. 獺弁：《說文》云弁，冕也。（卷九十四）

2183. 惰瓞：《說文》瓞從二瓜。（卷九十四）

2184. 祭酹：《說文》云酹，餟祭也。從酉從寽聲。（卷九十四）

2185. 不揆：《說文》從手癸聲。（卷九十四）

2186. 鶡旦：《說文》云從鳥旦聲。（卷九十五）

2187. 瀛岱：《說文》云從山代聲也。（卷九十五）

2188. 服櫪：《說文》云櫪撕也。從木歷聲。（卷九十五）

2189. 琴簧：《說文》笙中簧也。從竹黃聲。（卷九十五）

2190. 老耼：《說文》：耼，耳曼也，從耳冄聲。（卷九十五）

2191. 夫訕：《說文》：謗也。從言山聲也。（卷九十五）

2192. 虩虎：《說文》：虎鳴也。從虎九聲。（卷九十五）

2193. 惇庬：《說文》作㦻，厚也。從心臺聲。（卷九十五）（卷九十七）

2194. 丘垤：《說文》蟻封也。從土至聲也。（卷九十五）（卷九十八）

2195. 蹀躞：《說文》作蟄，從足埶聲。（卷九十五）

2196. 虎鞹：《說文》云從革郭聲也。（卷九十五）

2197. 蔚羅：《說文》從冈尉聲也。（卷九十五）

2198. 聚麀：《說文》從鹿牝省。（卷九十五）

2199. 貪婪：《說文》：杜林云說卜者黨相詐驗爲婪。從女林聲。（卷九十五）

2200. 錫鸞：《說文》馬頭飾也。從金陽聲。（卷九十五）

2201. 旌旗：《說文》從㫃斤聲。（卷九十五）

2202. 清醹：《說文》從酉臺聲。（卷九十五）

2203. 倜儻：《說文》并從人，周黨皆聲也。（卷九十五）

2204. 莫莢：《說文》並從草，冥夾皆聲也。（卷九十五）

2205. 濛汜：《說文》二字並從水，巳皆聲也。（卷九十五）

2206. 世蘄：《說文》從艸斳聲。（卷九十五）

2207. 洙泗：《說文》二字並從水，朱皆聲也。（卷九十五）

2208. 愁然：《說文》從心秌聲。（卷九十五）

2209. 豚臭：《說文》正作㣧，小豕也。篆字。（卷九十五）

2210. 啁噍：《說文》：噍，從口焦聲。（卷九十五）

2211. 以詬：《說文》從言后聲。（卷九十五）

2212. 鄙俚：《說文》從人里聲。（卷九十五）

2213. 之憊：《說文》從心備聲。（卷九十五）

2214. 刓剔：《說文》劓也，從刀元聲。（卷九十五）

2215. 菲食：《說文》從艸非聲也。（卷九十五）（卷九十七）

2216. 眄衡：《說文》亦張目也。從目丂聲也。（卷九十五）

2217. 螟蛉：《說文》二字並從虫，從令聲。（卷九十五）

2218. 玕琪：《說文》作璂，從玉綦聲。（卷九十五）

2219. 欲嗛：《說文》從口兼聲也。（卷九十五）

2220. 轝櫬：《說文》云櫬，棺也，從木親聲。（卷九十六）

2221. 憮然：《說文》：愛也，一曰不動也。從心無聲也。（卷九十六）憮然：《說文》從心無聲。（卷九十九）

2222. 皦潔：《說文》玉石之白也。從白敫聲。（卷九十六）

2223. 婉孌：《說文》慕也。從女戀聲。（卷九十六）

2224. 斐暐：《說文》分別文也。從文非聲。（卷九十六）

2225. 禁錮：《說文》云錮，鑄塞也。從金固聲也。（卷九十六）

2226. 觵魅：《說文》兕牛角可以飲者。從角黃聲。（卷九十六）

2227. 硠屍：《說文》從石良聲。（卷九十六）

2228. 壇墠：《說文》云壇，祭場也。二字並從土，亶皆聲。（卷九十六）

2229. 瘡痏：《說文》疕痏也。從疒有聲。（卷九十六）（卷九十九）

2230. 擠其：《說文》排也。從手齊聲。（卷九十六）

2231. 摛機：《說文》：舒也。從手离聲。（卷九十六）（卷九十九）幽摛：《說文》：摛，舒也，或擒也。（卷九十八）（卷九十九）

2232. 浝泉：《說文》從水彪省聲。（卷九十六）

2233. 欽憓：《說文》惠，仁也，從心叀。（卷九十六）

2234. 煩首：《說文》項枕也。從頁尤聲。（卷九十六）

2235. 憵然：《說文》：大息也。從心氣聲。（卷九十六）

2236. 怒唬：《說文》從口虎聲。（卷九十六）

2237. 不韙：杜注《左傳》云韙，是也。《說文》義同，從是韋聲。（卷九十六）

2238. 流漣：《說文》從水連聲。（卷九十六）（卷九十九）

2239. 閘愚：《說文》云閘，開閉門也。從門甲聲也。（卷九十六）

2240. 狡狗：《說文》：少狗也。從犬交聲也。（卷九十六）

2241. 駉末：《說文》云駉，牧馬苑也。從馬冋聲。（卷九十六）

2242. 蓼蘇：《說文》：蓼，辛菜也。從^艹翏聲。（卷九十六）（卷九十九）

2243. 蓼蘇：《爾雅》云蘇，桂荏也。《說文》義同。從^艹穌聲。（卷九十六）

2244. 高翬：《說文》云翬，大飛也，從羽軍聲也。（卷九十六）（卷九十八）

2245. 鵬鵾：《說文》云二字並從鳥，用（朋）昆皆聲。（卷九十六）（卷九十九）

2246. 毒氣：《說文》：雲气也，象形。（卷九十六）

2247. 熯晨：《說文》云乾皃也。從火漢省聲也。（卷九十六）

2248. 畷褚：《說文》兩陌間道也。廣六尺。從田叕聲。（卷九十六）

2249. 基址：《說文》：址，基也，從土止聲。（卷九十六）

2250. 太宰嚭：《說文》從喜。（卷九十七）

2251. 琛麗：《說文》從玉深省聲。（卷九十七）

2252. 嗸嗸：《說文》從口敖，敖亦聲。（卷九十七）

2253. 檳棟：《說文》從木，東皆聲。（卷九十七）

2254. 楣楹：《說文》云並皆從木，眉盈皆聲也。（卷九十七）

2255. 涿鹿：《說文》從水豕聲。（卷九十七）

2256. 羿乃：《說文》從羽开聲。（卷九十七）

2257. 渫何：《說文》從水枼聲。（卷九十七）

2258. 潮汋：《說文》從水勺聲。（卷九十七）

2259. 秋獮：《說文》從犬璽聲。（卷九十七）

2260. 磟碌：《說文》：從石彔聲。（卷九十七）

2261. 楥楰：《說文》從木爰聲。（卷九十七）

2262. 猱猨：《說文》並從犬，柔爰皆聲。（卷九十七）（卷九十八）

2263. 盜鄶：《說文》從邑會聲。（卷九十七）

2264. 狄鞮：《說文》從革是聲也。（卷九十七）

2265. 張弛：《說文》：弓解也。（卷九十七）

2266. 擊櫜：《說文》從木櫜，櫜亦聲。（卷九十七）

2267. 蚰蟲：《說文》：蚰，蟲之總名也，從二虫也。（卷九十七）

2268. 信侅：《說文》奇侅，非常也，從人亥聲。（卷九十七）

2269. 鷹鸇：《說文》從鳥亶聲。（卷九十七）

2270. 鬲戾：《說文》：隔，障也。從𠂤鬲聲。（卷九十七）

2271. 培塿：《說文》並從土，音婁皆聲。（卷九十七）

2272. 逭服：《說文》從辵官聲也。（卷九十七）

2273. 庖犧：《說文》序云羲從兮義聲。（卷九十七）

2274. 式閭：《說文》從工弋聲。（卷九十七）

2275. 浞篡：《說文》從水足聲也。（卷九十七）

2276. 旁習：《說文》從上方聲。（卷九十七）

2277. 雙䆘：《說文》隹二枚也。從雔，又持之。（卷九十七）

2278. 絣繩：《說文》從糸并聲。（卷九十七）

2279. 桑檗：《說文》：從禾殸聲。（卷九十七）

2280. 金貂：《說文》從豸召聲。（卷九十八）

2281. 怵心：《說文》從心從朮聲。（卷九十八）

2282. 驪珠：《說文》從馬麗聲。（卷九十八）（卷九十九）

2283. 斯諺：《說文》傳言也。從言彥聲。（卷九十八）

2284. 蘼蕪：《說文》並從草，靡皆聲。（卷九十八）

2285. 媳丕：《說文》從女毘聲。（卷九十八）

2286. 皤皤：《說文》：老人白也。從白番聲也。（卷九十八）

2287. 荷葆：《說文》並從草，何條皆聲也。（卷九十八）

2288. 篠簜：《說文》：簜，可爲幹，篠，可爲矢也。並從竹，攸湯皆聲。（卷九十八）

2289. 睢眦：《說文》並從目，厓此皆聲。（卷九十八）

2290. 天喈：《說文》從口皆亦聲也。（卷九十八）

2291. 珉瑤：《說文》石之美者也。（卷九十八）

2292. 映蔚：《說文》從日央聲也。（卷九十八）

2293. 房櫳：《說文》謂房室之疏也。從木龍聲。（卷九十八）

2294. 鄲縣：《說文》從邑賀，賀亦聲。（卷九十八）

2295. 惟礎：《說文》從石楚聲。（卷九十八）

2296. 葑葵：《說文》從草封聲。（卷九十八）

2297. 潏露：《說文》從水矞聲。（卷九十八）

2298. 莫咥：《說文》從口至聲。（卷九十八）

2299. 琪璐：《說文》並從玉，其路皆聲。（卷九十八）

2300. 蓬擇：《說文》從草擇聲。（卷九十八）

2301. 共睹：《說文》：見也。（卷九十八）

2302. 春鮪：《說文》從魚有聲。（卷九十八）駔馬：《說文》從馬且聲。（卷九十八）

2303. 璣璜：《說文》從玉黃聲也。（卷九十八）

2304. 罩綱：《說文》從网童聲。（卷九十八）

2305. 無躥：《說文》從足廛，廛亦聲也。（卷九十八）

2306. 棨戟：《說文》謂傳信也。從木啓省聲也。（卷九十八）

2307. 洧水：《說文》從水有聲。（卷九十八）

2308. 孟陬：《說文》從𨸏取聲。（卷九十八）

2309. 緗縹：並從糸，相皆聲。（卷九十八）

2310. 玉棹：《說文》從木皐聲。（卷九十八）

2311. 受脈：《說文》從示作祳。（卷九十八）

2312. 巃嵸：《說文》並從山，龍從皆聲。（卷九十八）

2313. 玄枵：《說文》從木号聲。（卷九十八）

2314. 繞廇：《說文》從广留聲。考聲亦梁也。（卷九十八）

2315. 伙飛：《說文》從人次聲也。（卷九十八）

2316. 幺麼：《說文》：幺，小也。象子初生之形。麼，從幺麻聲。（卷九十八）

2317. 其鐺：《說文》亦聲也。（卷九十八）

2318. 悥曼：《說文》：曼，引也。從又冒聲。（卷九十八）

2319. 如貔：《說文》亦豹屬也。從豸匕聲。（卷九十八）

2320. 飲齕：《說文》：齕，猶齧也。從齒乞聲。（卷九十八）

2321. 必俖：《說文》從人㸚聲。（卷九十八）

2322. 遡來：《說文》亦泝字也。（卷九十八）

2323. 遐澀：《說文》從水笢聲也。（卷九十八）

2324. 清瀨：《說文》：水流沙上也。從水賴，賴亦聲也。（卷九十九）

2325. 坱鬱：《說文》從土央聲。（卷九十九）

2326. 楓櫪：《說文》：厚葉，弱枝，善搖。（卷九十九）

2327. 摳衣：《說文》從手區聲。（卷九十九）

2328. 菌榭：《說文》云從木射聲。（卷九十九）

2329. 泱咽：《說文》：從水央聲也。（卷九十九）

2330. 區畛：《說文》井田間陌也。從田㐱聲。（卷九十九）

2331. 霜鷄：《說文》從鳥叕聲。（卷九十九）

2332. 讙呶：《說文》從口奴聲。（卷九十九）

2333. 箱庾：《說文》倉無屋曰庾。從广臾聲。（卷九十九）

2334. 嘔噱：《說文》並從口，昷皆聲。（卷九十九）

2335. 而咏：《說文》亦詠字。（卷九十九）

2336. 蔽衸（衸）：《說文》衸（衸），祄也。從衣介亦聲。（卷九十九）

2337. 牲牷：《說文》並從牛，全皆聲。（卷九十九）

2338. 血脅：《說文》或作膫。（卷九十九）

2339. 蜘蛆：《說文》並從虫，即皆聲。（卷九十九）

2340. 是瘤：《說文》：腫也。從疒畱聲。（卷九十九）

2341. 螺蚳：《說文》從虫氐聲。（卷九十九）

2342. 因彰：《說文》清飾也。（卷九十九）

2343. 荼蕠：《說文》並從草，余皆聲。（卷九十九）

2344. 蓼莪：《說文》從草我聲。（卷九十九）

2345. 網罭：《說文》從冈或聲。（卷九十九）

2346. 升岵：《說文》從山古聲。（卷九十九）

2347. 並幰：《說文》從巾憲聲。（卷九十九）

2348. 蔓薁：《說文》並從草，嬰奧皆聲。（卷九十九）

2349. 列緹柱：《說文》從彳是聲。（卷九十九）

2350. 巖嶻：《說文》巖從山嶽，嶽亦聲。（卷九十九）

2351. 的皪：《說文》：玓瓅，明珠色也。或並從玉作玓瓅也。（卷九十九）

2352. 荇薐：《說文》從草淩，淩亦聲。（卷九十九）

2353. 結絹：《說文》：絹，亦結也。（卷九十九）

2354. 憯悽：《說文》：憯，痛也，從心。（卷九十九）

2355. 遰高：《說文》去也。從辵帶聲。（卷九十九）

2356. 巨犉：《說文》從牛。（卷九十九）

2357. 駿駃：《說文》馬有疾足也。從馬失聲。（卷九十九）

2358. 椅明翩：《說文》從木奇聲。（卷九十九）

2359. 承蜩：《說文》從虫周聲也。（卷九十九）

2360. 桂橑：《說文》橑，椽也。從木寮聲。（卷九十九）

2361. 舒簷：《說文》從竹怠聲。（卷九十九）

2362. 龍澳：《說文》從水奧，奧亦聲也。（卷九十九）

2363. 輻軒：《說文》從車甾，甾亦聲。（卷九十九）

2364. 氈褐：《說文》從毛亶聲。（卷一百）

2365. 天獻吉祥草：《說文》從犬膚聲。（卷一百）

2366. 輀車：《說文》喪車也。從車而聲。（卷一百）

2367. 俟來：《說文》從人矣聲也。（卷一百）

2368. 殆非：《說文》危也，從歹台聲。（卷一百）

2369. 無恙：《說文》從心羊聲。（卷一百）

2370. 莫窺：《說文》：窺，小視也。從穴規聲。（卷一百）

2371. 汪哉：《說文》言之間也。從口𢧵聲。（卷一百）

2372. 智顗：《說文》謹莊皃也。從頁豈聲。（卷一百）

2373. 險徑：《說文》步道也。從彳巠聲。（卷一百）

2374. 臼臼《聲類》《說文》亦小臼也。《說文》並象形字也。（卷十七）

2375. 牛篲：《說文》：棄除也。從廾推苹棄米，會意字也。（卷二十九）

2376. 嘗啜：《說文》：啜，亦嘗也。從口叕聲。（卷六十八）（卷九十）（卷九十四）

2377. 厄滿：《說文》圓器也所以節飲食。（卷九十七）
按，厄，二徐作科厄，木卪也。慧琳所引當為卮字。卮，二徐作圓器也，所以節飲食。

2378. 違拒：《說文》：相背也。從舛口聲也。（卷二）
按，違，二徐作離也，從辵韋聲。韋，二徐作相背也。慧琳所引乃「韋」字。

2379. 嫌害：《說文》：不平於心也。又云：嫌，疑也。從女兼聲也。（卷七）

2380. 魯樸：《說文》：木素也，從木業聲也。（卷十二）

2381. 嘷叫：《說文》：嘷，咆也。從口皋聲。（卷十五）

2382. 專弘：《說文》亦布也，從寸甫聲也。（卷十九）

2383. 宛轉：《說文》：宛，轉臥也。從夕，臥有節也。從夕從卪。（卷二十九）
按，宛，二徐作屈草自覆也。從宀夗聲。夗，二徐作轉臥也，從夕從卪。臥有卪也。慧琳所釋乃「夗」字。

2384. 忻樂：《說文》：欣，笑喜兒也。從心斤聲。（卷三十二）
按，忻，二徐作闓也，從心斤聲。欣，二徐作笑喜也。從欠斤聲。慧琳卷三十二所釋義為「欣」字，所釋構形為「忻」字。

2385. 傘蓋：《說文》從大從血。（卷三十五）
按，慧琳所釋乃盍字，二徐亦作從血大。

2386. 象廄：《說文》象，馬舍也。（卷二十九）
按，廄，二徐作馬舍也。慧琳所引乃誤將「象」字作被釋字。

2387. 鉆拔：《說文》：擢也。從手犮聲也。（卷十四）

2388. 端拱：《說文》：斂手也。從手共聲也。（卷七）

2389. 泥濘：《說文》：榮濘也。從水從寧聲。（卷九十四）（卷六十九）

2390. 標式：《說文》：法也。用也。從工弋聲也。（卷十二）

2391. 褓褓：《說文》：褓，小兒被也。並從衣，保皆聲。（卷九十七）

2392. 㦚然：《說文》：從肉從犬也。（卷十二）然舍利弗：《說文》從肉從犬。
（卷二十七）
　　按，然，二徐作從火肰聲。肰，二徐作從犬肉。慧琳所釋乃「肰」字。

2393. 橐簫：《說文》作籥，亦樂器也。從竹龠聲也。（卷四十七）（卷九十七）
　　按，簫，二徐作書僮竹笘也。龠，二徐作樂之竹管。慧琳所引乃「龠」
　　　　之釋義，「簫」之構形。

2394. 鰥寡：《說文》云目相反也。《說文》：少也。從宀。頒，分賦也。故言
　　少也。（卷八十二）
　　按，寡，二徐作少也，從宀從頒。頒，分賦也，故爲少。與慧琳所引略
　　　　同。

2395. 稍微：《說文》：隱行也。從彳散聲也。（卷二）

結　論

一、《慧琳音義》引《說文》側重形義方面，多俗體誤形，亦有較接近古本者

表1：《慧琳音義》引《說文》特點（上編部分）

慧琳構形不確		形近而訛	慧琳乃意引	二徐未見	慧琳有脫文	形近可通			據經文俗體釋形義
與古韻關係不同	與漢字構形不同					異體	構形可通	古今字	
115	33	79	197	212	84	87	20	9	203
148						116			
所引釋義可從	所引構形可從	慧琳有節引	慧琳推衍其說	慧琳有衍文	慧琳有誤引	音近而訛	義得兩通	音近可通	引《說文》音
91	97	37	51	92	22	10	40	6	12

　　以上統計了上編部分的引《說文》情況。上編部分，主要是《慧琳音義》引《說文》字頭見次一次或多次重複仍可化歸爲一次的情況，共計1497條。

　　《慧琳音義》所引《說文》俗體較多。從表1可見，二徐未見部分和慧琳據經文俗體釋形義部分數量最多，共有415例。二徐未見，即慧琳所引形體，大徐和小徐沒有收錄，這有可能都是俗體，或者是中唐時代寫本俗體，還有可能是從佛經寫本到刻本造成的刻本俗體。「二徐未見」部分與「據經文俗體釋形義」部分數量相當，二者性質應該相似，即多爲經文俗體。區別在於，前者二徐未收，後者二徐據正體收錄。

　　《慧琳音義》所引《說文》構形多不確。從表 1 可見，慧琳構形不確部分，有 148 例，其中包含與《段注》古韻部揭示的構形不同的 115 例和據漢字構形關係直接看出構形不確的 33 例。另外，形近而訛有 79 例，音近而訛有 10 例，這幾部分相加，共有 280 例。這些錯訛，應該不是慧琳時代手寫造成的，很有可能是後代傳抄刊刻造成的錯訛。如果不一一辨析，就難以讀懂《慧琳音義》。

　　《慧琳音義》引《說文》存在主觀性和隨意性。《慧琳音義》有不少意引問題。所謂意引，就是換了形異義近的詞來解釋《說文》被釋詞。這種情況，說明高麗藏本存在引文的主觀性和隨意性。《慧琳音義》還有不少衍文、推衍其說、節引、脫文情況，也說明了這一點。

　　《慧琳音義》引《說文》有不少接近《說文》古本。從表 1「所引構形可從」和「所引釋義可從」兩部分可以看出，《慧琳音義》雖然存在不少錯訛，但是依然保留不少《說文》古本，仍然對研究《說文》形義很有價值。如「所引構形可從」部分，結合《段注》古韻部，大小徐本《說文》構形有不少不準確的地方，相比之下，《慧琳音義》所引《說文》更符合《說文》構形關係，更接近古本。段玉裁曾經批評大徐不懂古韻，從這一點看，不無道理。「所引釋義可從」部分，據丁福保《說文詁林》、沈濤《說文古本考》、姚文田《說文校議》等學者的研究，可以確定《慧琳音義》所引《說文》有不少接近古本。

二、《慧琳音義》所引《說文》可能反映慧琳選擇多種不同來源的《說文》寫本

表 2：《慧琳音義》所引《說文》同字條兩次以上統計（中編部分）

引《說文》同字條有兩次	引《說文》同字條有三次	引《說文》同字條有四次	引《說文》同字條有五次	引《說文》同字條有五次以上
349	254	194	127	386
1310				

　　由上表可見，《慧琳音義》引《說文》同字條兩次以上共 1310 例，這與 1497 例同字條單次的數量差不多。說明《慧琳音義》引《說文》時有較大的隨機性和主觀性。在 1310 例中，引《說文》同字條有五次以上者有 386 例，是最多的。有的地方有三十次，如：

　　　　不眴：《說文》：目捶（搖）也。從目旬聲。（卷十九）不瞚：《說

文》瞬，目開闔數搖也。（卷三十一）瞬頃：《說文》：瞬謂開闔目
數搖也。從目舜聲。（卷三十三）（卷四十九）（卷六十八）（卷七
十二）瞬目：《說文》：從寅作瞚。（卷三十五）不瞚：《說文》云
開闔目數搖也。從目寅聲也。或作瞬，俗字也。古作䀏，《說文》
䀏旬並音縣。䀏，視皃。（卷四十一）（卷七十七）不瞬：《說文》
云瞬，目搖也，從目舜聲。（卷五十三）不瞬：《說文》云瞬，目
搖動也，從目舜聲。（卷九十四）視瞬：《說文》目動也。（卷一百）
不眴：《說文》：從目旬聲也。（卷一）不眴：《說文》：目搖也。從
目旬聲也。（卷四）曾眴：《說文》：目搖也。從目旬聲也。（卷十二）
魯眴：《說文》：目搖也。從目從旬省聲。（卷三十二）動眴：《說
文》云從目旬聲。（卷四十七）眼眴：《說文》：目搖動也。從目旬
聲也。（卷五十三）眴頃：《說文》亦曰搖也，從目旬聲。（卷七十
六）曾眴：《說文》云眴，目搖也。從目旬聲。（卷七十七）（卷七
十八）（卷九十六）不眴：《說文》：目搖也。從目從旬。（卷八十）
不旬：《說文》：目搖也。從勹從目，或作眴。（卷十一）暫瞚：《說
文》：暫，不久也。從日斬聲。《說文》作瞚，云目搖開闔也。從
目寅聲。（卷十九）瞚息：《說文》開闔目數搖也。從目寅聲。（卷
四十一）（卷九十五）不瞚：《說文》目開闔也。（卷六十九）數瞚：
《說文》：瞚，目開閉數搖也。（卷七十一）不瞚：《說文》云瞚爲
開闔目也。（卷七十九）

　　筆者按，瞚，眴，二徐作旬，目搖也，從目勻省聲，或從目旬。卷七十
六所引有脫文。卷三十二所引構形脫「省」字。構形方面，二徐作從目旬，
而慧琳諸卷多作從目旬聲，眴，《段注》在十二部，旬，亦十二部，慧琳所
引構形可從。卷五十三所引釋義乃意引。瞚、瞬、眴，皆俗體。慧琳所引構
形多據俗體爲說。

　　這種情況首先說明佛經用字某些字見次多。其次，說明《說文》在唐代
佛典音義釋義辨形的重要作用。最重要的是，這還說明《慧琳音義》在援引
《說文》釋義辨形時，極有可能選取不止一個《說文》寫本。這客觀反映了
唐代不同系統不同來源的《說文》寫本共存共行的局面。當然，並不能排除
慧琳在引用《說文》時的隨意性。

三、《慧琳音義》所引《說文》與今本異同相當，特別與小徐本系統較接近

表3：《慧琳音義》所引《說文》與今本異同比較表

異		同
見次一次或重複多次實爲一次（上編部分）	見次二次以上且不計重複（中編部分）	與今二徐本相同（下編部分）
1497	1310	2398
2807		2398
5205		

不計重複〔註1〕，《慧琳音義》引《說文》共 12048 例，去除重複，則有 5205 例。其中與今二徐本〔註2〕相異部分有 2807 例，與二徐本完全相同有 2398 例，占近半比重。說明今二徐本《說文》與《慧琳音義》所引《說文》有很大程度的一致性、繼承性。當然，二徐本《說文》在後代傳承刊刻過程中，有不少改竄。這從《慧琳音義》所引《說文》與今本相異部分可以看出。客觀反映了高麗藏本在校勘傳世本《說文》中的價值。

另外，在 2807 例與今二徐本相異部分中，有 23 例小徐本與《慧琳音義》所引《說文》相同，說明與大徐本相比，小徐本與慧琳所引《說文》有更直接的繼承性、一致性。是否反映了小徐本與《慧琳音義》所引《說文》屬於同一系統？

四、《慧琳音義》所引《說文》與《玄應音義》所引《說文》不同

《玄應音義》引用《說文》〔註3〕共計 2268 例，去除重複性引文，得 1311 例。其中《玄應音義》所引《說文》與今本《說文》完全相同有 437 例，占 33.33%，與今本《說文》不同有 874 例，占 66.67%。與今本不同又分五種情況，其中解釋意義相近有 503 例，占的量最大，其次是字形差異，有 214 例。說明《玄應音義》所引《說文》與今本《說文》差異較大，且差異不僅

〔註1〕這裡的「不計重複」和「去除重複」中的「重複」指的是《說文》同一個字條，雖然慧琳所引內容不同，仍然算一個字條。

〔註2〕這裡的「二徐本」指的是徐鉉《説文解字》（影宋本）和徐鍇《説文繫傳》（壽陽祁氏初印刻本）。如果與其中一個不同，則不歸在此處。

〔註3〕詳見拙文《〈玄應音義〉引〈說文〉考》，《中國文字研究》，2017 年，第 25 輯。

僅表現在字形上，更重要的是解釋的差異。

　　與《玄應音義》所引《說文》不同，首先，《慧琳音義》引《說文》量特別大，是《玄應音義》引《說文》的 5 倍。

　　其次，《慧琳音義》引《說文》側重與字形說解，而初唐的《玄應音義》側重與意義說解。《慧琳音義》引《說文》意義說解部分，主要表現在「所引釋義可從」「推衍其說」「意引」「義得兩通」部分，共計不足 400 條，而構形方面的說解，有 1000 多例。這與中唐時代佛典音義俗字增多有關。

　　再次，《慧琳音義》引《說文》與今本相同部分有近一半的比例，而《玄應音義》所引《說文》與今本相同部分只占三分之一。說明從中唐時代《說文》寫本到二徐時代的《說文》，中間有很大程度的一致性，可能與刻本的逐漸通行有關。初唐時代的《玄應音義》到中唐時代的《慧琳音義》，主要是寫本的形式流傳，較容易產生錯訛或者異文變異。

　　如果是不同寫本或抄本造成的，于亭老師在《玄應一切經音義研究》一書中的闡釋或許可以用來解釋這種錯訛現象。「在寫本的時代，由於個體的書寫傳遞行爲，鈔寫者／使用者的參與，往往造成文本的形貌移變，書籍文本和知識的生產，其情形遠遠不同於傳統的書籍史所描述的那些常識。與印刷時代的機械複製過程大爲不同，在寫本時代，書籍文本在流傳中，每一個鈔寫者或者使用者都可能是參與創作的一分子，在一代代的鈔寫使用中，他們根據自己的喜好，出於不同的需求，也由於知識能力的精矗，在不停地有意識或者無意識地改變書籍文本的面貌。」（于亭《玄應一切經音義研究》，中國社會科學出版社 2009 年版，頁 94）

　　如果與雕版的通行有關，中唐時代的《說文》到二徐時代的《說文》有很大程度的一致性，這種一致性是否反映了在雕版之前，經過認爲的規範和修改。因爲雕版之後，文本基本固化。就像于亭老師所論，「由於雕版印刷外傳的固形化特徵和大量複製傳播的能力，書籍的文本面貌逐漸轉向穩定劃一的狀況。雕版技術替代手鈔筆錄，實際上是由個體書寫轉向社會選擇的過程，是一個文本固化的過程，是書籍書寫流傳的社會屬性戰勝個體屬性的過程，鈔寫的隨意性和自主性最終消失，刊和校如影隨形，成爲書籍生產的兩個次第環節，作者和著作成爲有意識的主體，創作的權力和榮譽最終全歸於作者。而最終被選擇的一兩種代表性的文本，戰勝了紛紜林立的各種寫本，成爲刊校之後的定本，讀者不載能夠通過書寫而改變和塑造書籍文本的形

貌。」（于亭《玄應一切經音義研究》，中國社會科學出版社 2009 年版，頁
96～97）

　　總之，對於《慧琳音義》所引《說文》產生的文本錯訛、異文，我們只
能根據這種猜測來分析。希望隨著研究的深入，能更好的解釋這種問題。也
希望更多的學者關注這種版本－寫本差異帶來的書籍史問題。

參考文獻

重要古籍：

1. （東漢）許慎，《說文解字》，中華書局，2013。

2. （唐）釋慧琳，《一切經音義》，海山仙館叢書本，《續修四庫全書》，上海古籍出版社，2002。

3. （清）段玉裁，《說文解字注》，上海古籍出版社，1981。

4. （清）鈕樹玉，《說文解字校錄》，江蘇書局刊本。

5. （清）姚文田、嚴可均《說文校議》，姚氏咫近齋刻本。

6. （清）沈濤著，《說文古本考》十四卷 光緒甲申潘氏滂喜齋刻本。

7. （民國）丁福保，《說文解字詁林》，中華書局，1988。

研究論著：

1. 阪井健一《希麟續一切經音義反切考》，《中國文化研究會會報》，第 5 期第 1 卷，1955 年。

2. 北山由紀子《顧野王玉篇與玄應一切經音義的關係》，《開篇》Vol.26，2007 年。

3. 畢慧玉《敦煌寫本六度集經音義校補》，《敦煌學研究》，2006 年第一期。

4. 藏園老人《校本一切經音義跋》，《中國公論》第 5 卷第 6 期，1941 年。

5. 陳定民《慧琳一切經音義中的異體字》，《中法大學月刊》，第 3 卷第 1～5 期和第 4 卷第 4 期，1933～1934 年。

6. 陳垣《中國佛教史籍概論》，中華書局，1962。

7. 陳金木《正續一切經音義引論語鄭氏注之考察》，《彰化師範大學國文系

集刊》，1996 年第一期。

8. 陳五雲、梁曉虹《〈孔雀經單字〉漢字研究》，《中國文字研究》2007 年第二輯，頁 185～198。

9. 儲泰松《唐五代關中方音研究》，安徽大學出版社，2005 年版。

10. 儲泰松《〈可洪音義〉箚記》，《古漢語研究》2004 年第 2 期，頁 9～11。

11. 儲泰松，楊軍《唐代前期佛典經疏引〈切韻〉考》，《語言研究》2011 年 4 月第 31 卷第 4 期，頁 57～64。

12. 陳源源《〈妙法蓮華經釋文〉音韻研究價值初探》，《江南大學學報》人文社會科學版，2008 年 8 月第 7 卷第 4 期，頁 104～107。

13. 丁鋒《慧琳一切經音義改良玄應反切考》，《海外事情研究》，第 31 卷第 1 號，2004 年。

14. 丁鋒《慧琳改訂玄應反切聲類考》，《音史新論》，學苑出版社，2005 年。

15. 丁鋒《慧琳改訂玄應反切反映的唐代長安聲調狀況》，《漢語史學報》第六輯，2006 年。

16. 鄧福祿、韓小荊《試論〈可洪音義〉在字典編纂方面的價值》，《河北科技大學學報》社會科學版，2007 年 3 月第 7 卷第 1 期，頁 51～54。

17. 方廣錩《慧琳音義與唐代大藏經》，《藏外佛教文獻》第八輯，宗教文化出版社，2003 年。

18. 方一新《東漢六朝佛經詞語箚記》，《語言研究》2000 年第 2 期，頁 119～123。

19. 方一新《〈大方便佛報恩經〉語彙研究》，《浙江大學學報》（人文社會科學版）2001 年第 31 卷第 5 期。

20. 方一新《玄應〈一切經音義〉卷一二〈生經〉音義箚記》，《古漢語研究》2006 年第 3 期，頁 62～65。

21. 耿銘《玄應〈眾經音義〉異文研究——以高麗藏本、磧砂藏本爲基礎》（上海師範大學博士學位論文，2008）

22. 黃淬伯《慧琳一切經音義反切考韻表》，《國學論叢》2 卷 2 期，1930 年。

23. 黃淬伯《慧琳一切經音義反切聲類考》，《歷史語言研究所集刊》1 本 2 分冊，1930 年。

24. 黃淬伯《慧琳一切經音義反切考》，《歷史語言研究所專刊》之六，1931 年。

25. 韓小荊《據〈可洪音義〉解讀〈龍龕手鏡〉俗字釋例》，《語言科學》2007 年 9 月，第 6 卷第 5 期，頁 89～94。

26. 韓小荊《以〈可洪音義〉補大型字書未收俗字》，《中國文字研究》2007 年第二輯，頁 199～210。

27. 韓小荊《〈可洪音義〉研究——以文字爲中心》，浙江大學博士學位論文 2007 年。

28. 韓小荊《以〈可洪音義〉補大型字書未收俗字》，《中國文字研究》，2007 年第二輯，頁 199～210。

29. 韓小荊《〈可洪音義〉注釋失誤類析》，《西南交通大學學報》社會科學版，2007 年 2 月第 8 卷第 1 期，頁 77～81。

30. 韓小荊《慧琳〈一切經音義〉注釋疏誤類析》，《中國典籍與文化》2012 年，頁 83～86。

31. 韓小荊《〈可洪音義〉引「說文」》，長江學術 2013 年第 4 期，頁 114～120。

32. 韓小荊《〈可洪音義〉引〈字樣〉研究》，《中國文字研究》第十九輯，頁 124～134。

33. 韓小荊《試論〈可洪音義〉所引〈玉篇〉的文獻學語言學價值》，《中國典籍與文化》2015 年第 49 期，頁 55～65。

34. 黃仁瑄《玄應〈一切經音義〉中的「假借」「借字」》，《南陽師範學院學報》社會科學版，2003 年 7 月第 2 卷第 7 期。

35. 黃仁瑄《玄應〈一切經音義〉中的字意》，《河南師範大學學報》哲學社會科學版，2004 年，第 31 卷第 4 期，頁 102～106。

36. 黃仁瑄《慧琳〈一切經音義〉中的轉注字》，《古漢語研究》2005 年第 1 期，頁 88～92。

37. 黃仁瑄《慧琳〈一切經音義〉中的轉注兼會意字》，《語言研究》2005 年 6 月第 25 卷第 2 期，頁 93～98。

38. 黃仁瑄《玄應〈一切經音義〉中的近字》，《河南師範大學學報》哲學社會科學版，2006 年 9 月，第 33 卷第 5 期。

39. 黃仁瑄《玄應音系中的舌音、唇音和全濁聲母》，《語言研究》2006 年 6 月第 26 卷第 2 期，頁 27～32。

40. 黃仁瑄、轟宛忻《慧苑音系聲紐的研究》，《古漢語研究》2007 年第 3 期，頁 20～24。

41. 黃仁瑄《高麗藏本慧苑音義引〈說文〉的異文問題》，《語言研究》，2008 年 7 月，第 18 卷第 3 期，頁 122～126。

42. 黃仁瑄、轟宛忻《可洪音義引大藏經考》，《南陽師範學院學報》社會科學版，2008 年 11 月第 7 卷第 11 期，頁 28～32。

43. 黃仁瑄《高麗藏本慧苑音義引〈說文〉的衍、脫、誤問題》，《語言研究》，2009 年 10 月第 29 卷第 4 期，頁 75～80。

44. 黃仁瑄《唐五代佛典音義音系中的全濁聲母》，《語言科學》2010 年 7 月，第 9 卷第 4 期，頁 436～441。

45. 黃仁瑄《唐五代佛典音義引〈文選〉述》，《古漢語研究》，2010 年第 4 期，頁 75～96。

46. 黃仁瑄《唐五代佛典音義音系中的唇音聲母》，《語言研究》2010 年 4 月第 30 卷第 4 期，頁 97～102。

47. 黃仁瑄《可洪〈新集藏經音義隨函錄〉引許慎〈說文〉舉例》，《語言研究》2011 年 4 月第 31 卷第 2 期，頁 76～80。

48. 黃仁瑄《唐五代佛典音義音系中的牙音聲母》，《漢語學報》，2011 年第 1 期，頁 2～6。

49. 黃仁瑄《慧琳添修之〈妙法蓮花經音義〉脫字校正》。《漢語學報》2012 年第 2 期，頁 47～55。

50. 黃仁瑄《〈妙法蓮華經〉之玄應「音義」校勘舉例》，《漢語學報》2013 年第 4 期，頁 48～52。

51. 黃仁瑄《玄應〈大唐眾經音義〉校勘舉例》。《語言研究》，2013 年 4 月，第 33 卷第 2 期，頁 20～25。

52. 黃仁瑄《唐五代佛典音義引〈楚辭章句〉校勘舉例》，《長江學術》，2014 年第 3 期，頁 99～103。

53. 黃仁瑄《慧琳〈一切經音義〉校勘十例》，《語言研究》2014 年 7 月，第 34 卷第 3 期，頁 74～76。

54. 姜良芝《玄應〈一切經音義〉異文研究》（浙江大學碩士學位論文，2008）

55. 李吉東《玄應音義反切考》（山東大學博士學位論文，2006）

56. 李文珠《慧琳〈一切經音義〉俗字研究》，河南大學碩士學位論文，2007。

57. 李威《〈慧琳音義〉引〈字林〉研究》，華中科技大學碩士學位論文，2011。

58. 李福言《〈玄應音義〉引〈說文〉考》，《中國文字研究》，第二十五輯，2017 年。

59. 矗宛忻、黃仁瑄《唐五代佛典音義引〈史記〉述》，《南陽師範學院學報》社會科學版，2013 年 5 月第 12 卷第 5 期，頁 34～39。

60. 彭喜雙《慧琳〈一切經音義〉引〈爾雅〉鄭玄注質疑》，《漢語史學報》第八輯，257～265。

61. 任敏《〈慧琳音義〉引〈說文〉略考》，河北師範大學碩士學位論文，2002。

62. 石塚晴通《玄應一切經音義的西域寫本》，《敦煌研究》，1992 年第 2 期。

63. 水谷眞成《慧琳音義的語言系屬》，《佛教文化研究》，1955 年第 1 期。

64. 施俊民《〈慧琳音義〉與〈說文〉的校勘》，《辭書研究》1992 年第 6 期，頁 109～116。

65. 孫明霞《〈正續一切經音義〉引〈方言〉考》（上海師範大學碩士學位論文，2003）

66. 王力《玄應一切經音義反切考》,《武漢師專學報》1980 年第 3 期,又《語言研究》1982 年第 1 期,《龍蟲并雕齋文集》第三冊,中華書局,1982 年版。

67. 王仁俊《希麟音義引說文考》,籀鄦鉹雜著十種本。

68. 王少樵《慧琳書引說文校異》,十二卷。

69. 王少樵《玄應書引說文校異》五卷。

70. 王彩琴《〈說文〉新附考異——觀〈正續一切經音義〉後》,《許昌師專學報》社會科學版,1990 第 1 期,頁 106～110。

71. 王華權《〈一切經音義〉(麗藏本)刻本用字研究》,上海師範大學碩士學位論文,2008。

72. 王華權《〈一切經音義〉引書考論》,《長沙鐵道學院學報》哲學社會科學版,2009 年 9 月第 10 卷第 3 期,頁 81～84。

73. 王華權《〈一切經音義〉高麗藏版本再考》,《咸寧學院學報》2009 年 8 月第 29 卷第 4 期,頁 59～72。

74. 王華權《〈龍龕手鏡〉所收〈一切經音義〉用字考探》,《黃岡師範學院學報》,2010 年 2 月第 30 卷第 1 期,頁 77～80。

75. 王華權《〈一切經音義〉通假字辨析》,《唐山師範學院學報》2010 年 5 月第 32 卷第 3 期,頁 5～8。

76. 王華權《高麗藏本〈一切經音義〉所引〈詩〉異文略考》,《中南大學學報》社會科學版,2011 年 12 月第 17 卷第 6 期,頁 247～252。

77. 王華權《〈一切經音義〉文字研究》,上海師範大學博士學位論文,2012。

78. 王豔芬《慧琳〈一切經音義〉所引〈玉篇〉輯考》(溫州大學碩士學位論文,2011)

79. 王華權《高麗藏本〈一切經音義〉引〈韓詩〉考探》,《寧夏大學學報》人文社會科學版,頁 17～30。

80. 文亦武《慧琳〈一切經音義〉成書年代考實及其他》,《古籍整理研究學刊》,2000 年第 4 期,頁 18～30。

81. 吳煥瑞《慧琳一切經音義引爾雅考》,《大同學報》1976 年第 6 期。

82. 徐時儀《〈希麟音義〉引〈廣韻〉考》,《文獻》2002 年 1 月第 1 期,頁 24～35。姚永銘《〈慧琳音義〉與〈切韻〉研究》,《語言研究》2000 年第 1 期,頁 95～101。

83. 徐時儀《〈玄應音義〉研究》,上海師範大學博士學位論文,2003 年。

84. 徐時儀《玄應〈眾經音義〉所釋常用詞考》,《語言研究》2004 年 12 月第 24 卷第 4 期,頁 47～50。

85. 徐時儀《玄應〈一切經音義〉注音依據考》,《黔南民族師範學院學報》,

2005 年第 2 期，頁 5～9。

86. 徐時儀《玄應〈眾經音義〉引〈方言〉考》，《方言》2005 年第 1 期，頁 77～83。

87. 徐時儀《〈慧琳音義〉所釋方俗詞語考》，《勵耘學刊》2006 年，頁 180～191。

88. 徐時儀《金藏、麗藏、磧砂藏與永樂南藏淵源考──以〈玄應音義〉爲例》，《世界宗教研究》2006 年第 2 期，頁 18～31。

89. 徐時儀《略論〈慧琳音義〉各本的異同》，《長江學術》2008 年第 3 期，頁 152～160。

90. 徐時儀《略論〈一切經音義〉字典的編纂》，《中國文字研究》2008 年第一輯，頁 85～92。

91. 徐時儀《〈一切經音義〉與古籍整理研究》，《古籍整理研究學刊》，2009 年第 1 期，頁 12～18。

92. 徐時儀《玄應〈一切經音義〉寫卷考》，《文獻》2009 年 1 月第 1 期，頁 30～41。

93. 徐時儀《〈一切經音義〉俗字考》，《中國文字研究》2009 年第一輯，頁 107～120。

94. 徐時儀《略論〈一切經音義〉與音韻學研究》，《杭州師範大學學報》社會科學版，2009 年 11 月，第 6 期，頁 56～63。

95. 徐時儀《略論〈一切經音義〉與詞彙學研究》，《陝西師範大學學報》哲學社會科學版，2009 年 5 月第 38 卷第 3 期，頁 106～111。

96. 徐時儀，《玄應和慧琳〈一切經音義〉研究》，上海人民出版社，2009。

97. 徐時儀《華嚴經音義引切韻考》，《南陽師範學院學報》社會科學版，2010 年 10 月第 9 卷第 10 期，頁 33～35。

98. 徐時儀《略論佛經音義的校勘──兼述王國維、邵瑞彭、周祖謨和蔣禮鴻所撰〈玄應音義〉校勘》，《杭州師範大學學報》社會科學版，2011 年 5 月，第 3 期，頁 74～85。

99. 徐時儀，《一切經音義三種校本合刊》（修訂本），上海古籍出版社，2012。

100. 徐時儀《慧琳〈一切經音義〉考略》，《龜茲學研究》第五輯 424～438。

101. 徐時儀《慧琳〈一切經音義〉所釋俗字考》，《中國文字研究》第六輯，頁 143～152。

102. 徐時儀《敦煌寫卷佛經音義時俗用字初探》，《中國文字研究》第十四輯，頁 99～119。

103. 許佳《可洪〈新集藏經音義隨函錄〉引經書研究》，華中科技大學碩士學位論文，2013。

104. 解冰《慧琳〈一切經音義〉轉注、假借考》(《貴州大學學報》1992 年第 2 期，頁 58～64)

105. 姚永銘《〈一切經音義〉與詞語探源》，《中國語文》2001 年第 2 期，頁 166～168。

106. 姚紅衛《〈玄應音義〉詞彙研究》(上海師範大學博士學位論文，2014)

107. 楊思範《〈慧琳音義〉引儒家經典研究》(蘇州大學博士學位論文，2008)

108. 楊暘《玄應〈大唐眾經音義〉引〈毛詩〉考》(華中科技大學碩士學位論文，2011)

109. 俞莉嫻《〈慧苑音義〉研究》(上海師範大學碩士學位論文，2009)

110. 鄭賢章《敦煌音義寫卷若干俗字重考》，《敦煌研究》2003 年第 1 期，頁 49～51。

111. 鄭賢章《漢文佛經詞語例釋》，《語言科學》2006 年 5 月，第 5 卷第 3 期，頁 108～112。

112. 鄭賢章《以可洪〈隨函錄〉考漢語俗字若干例》，《古漢語研究》2006 年第 1 期，頁 30～34。

113. 鄭賢章《漢文佛典與〈集韻〉疑難字研究》，《語文研究》2011 年第 3 期，頁 53～57。

114. 張澍《一切經音義引說文異同》，稿本，一卷，陝西省博物館。

115. 張金泉、許建平《敦煌音義匯考》，杭州大學出版社，1996 年版。

116. 張金泉《敦煌佛經音義寫卷述要》，《敦煌研究》1997 年第 2 期，頁 112～122。

117. 張金泉《P.2901 佛經音義寫卷考》，《杭州大學學報》1998 年 1 月第 28 卷第 1 期，頁 98～102。

118. 張湧泉、李玲玲《敦煌本〈金光明最勝王經音〉研究》，《敦煌研究》2006 年第 6 期，頁 149～154。

119. 張鉉《佛經音義三種引子部書考》，浙江大學博士學位論文，2008。

120. 周法高《從玄應音義考察唐初的語音》，《學原》第 2 卷第 3 期，1948 年。

121. 周法高《玄應反切考》，《歷史語言研究所集刊》，第二十冊上冊，商務印書館，1948 年。

122. 周法高《隋唐五代宋初重紐反切研究》，第二屆國際漢學會議論文，1986 年。

123. 周祖謨《角讀玄應一切經音義後記》，《問學集》，中華書局，1966 年。

後　記

　　呈現在讀者面前的是我的一本研究佛典音義徵引文獻的專著。我最早接觸佛典音義，是我在武漢大學古籍所讀研究生的時候。記得上課時，于亭老師講文獻學史，講到敦煌佛典音義寫本鈔本問題。我對此很感興趣，後來碩士論文就做敦煌佛典音義問題了。後來對佛典音義的興趣一直保持著。其實，音義關係問題，我從徐州師大讀本科時，就有興趣。記得本科論文就寫了訓詁中的音義關係問題。博士選題時，選擇了清代學者的音義關係問題，對王念孫的《廣雅疏證》因聲求義問題進行了一定的研究。在研究《廣雅疏證》時，發現王念孫很注意吸收佛典音義研究解釋《廣雅》，於是就順藤摸瓜，寫了一篇《廣雅疏證》引《玄應音義》的文章，參加了在北海道大學舉辦的佛典音義會議。會上，梁曉虹老師、徐時儀老師給我很大鼓勵，這堅定了我繼續深入研究佛典音義的決心。我的碩士和博士導師都是萬獻初老師，他喜歡定量定性的研究語言文獻問題。這一點，我受他影響。說白了，就是窮盡文獻，描寫充分，解釋充分。這是一種比較科學的研究方式。顧炎武在研究古音的時候，就是用的這種方式。我在研究佛典音義時，爲了使研究的更加客觀全面，經常採用這種方式。我收穫很大。

　　我現在做的是對《慧琳音義》中所引《說文》問題進行窮盡研究。這裡的《慧琳音義》去除了慧琳所引的《玄應音義》等其他音義書。佛典音義是解釋漢譯佛經文字讀音意義的專門書籍。在解釋形音義時，經常引用大量當時文獻。對其重新整理，有校勘輯佚價值，也能反過來研究認識佛典音義的相關問題。清代學者就已經做了很多工作，取得了很大成績。比如任大椿的《字林考逸》，利用佛典音義輯佚失傳《字林》。還有任大椿《小學鉤沈》、孫

星衍輯的《倉頡篇》、馬國翰的《玉函山房輯佚書》、黃奭的《漢學堂叢書》、田潛《〈一切經音義〉引〈說文〉箋》、王少樵《玄應書引〈說文〉校異》、張澍《〈一切經音義〉引〈說文〉異同》等。段玉裁、王念孫經常引用佛典音義疏通、發明古訓。民國很多學者如丁福保等都有相關研究。現代學者如徐時儀、黃仁瑄、韓小荊等對佛典音義徵引文獻也有很出色的研究。對於《慧琳音義》引《說文》問題，有一些學者探討過。筆者完成書稿後，曾將前面第一編修改爲一篇小論文，去參加今年在韓國舉辦的佛典語言會議。會上黃仁瑄老師提示我說，台灣學者陳光憲 1959 年碩士論文作的就是《慧琳一切經音義引說文考》，問我有沒有參考過。我只記得大陸學者任敏 2002 年的碩士論文做過《慧琳音義引說文略考》，并沒有聽說台灣學者的研究。後來回國，就找劉水清博士查閱陳光憲此文。後來發現此文已經在 2009 年由花木蘭出版社出版了。而此書大陸市面上很難找到，只有部分高校圖書館購藏。於是找赫兆豐師弟、蔣宸兄在南京大學圖書館和溫州大學圖書館拍照查閱此書的體例和部分內容。發現此書雖與拙著同名，但體例不同，內容差別也很大。總體上看，陳著對慧琳所引《說文》主要利用二徐進行研究，筆者認爲尚未完善。還需結合《說文段注》《說文詁林》《說文古本考》《說文校議》《說文校錄》等多種《說文》研究著作。特別是《段注》，因爲慧琳所引《說文》更側重形體，很多形體說解，需要藉助上古音來證明，所以拙著在第一部分就探討了這個問題，即利用古音分析慧琳所引《說文》構形問題。另外，筆者在研究慧琳所引《說文》時，利用本校和對校相結合的方式，本校，主要是針對慧琳所引《說文》見次兩次以上者，而對校，主要針對二徐《說文》以及其他《說文》研究文獻。另外，陳著沒有展開論述慧琳所引《說文》的性質問題，筆者似乎前進了一大步，即在分析完慧琳所引《說文》後，探討了慧琳所引《說文》的文獻特徵，並且比較了《玄應音義》所引《說文》問題，最後從書籍史、文獻學角度深入探討了慧琳引《說文》的異文義訓產生原因等問題。學術乃天下公器，拙著或可補充陳著的某些不足。而陳著在慧琳所引《說文》今本未見問題上，探討的更具體些。

佛典音義徵引文獻豐富，涉及的問題很多，需要更加努力，才能庶乎近於道。學者貴求是。何謂是？本質之謂也。從「如是我聞」到「應如是觀」似乎是學者求是的路徑。當下學者多浮躁，而少沉潛之士。何謂也？竊以爲，學者當先立乎其大者，則其小者不能奪也。所謂大者，乃大道也，大志也。

非是，則近乎鄙陋。戴東原在《沈處士戴笠圖題詠序》中說，「余嘗謂學之患二：曰私，曰蔽。世之欣於祿位，從乎鄙心生者，不必掛語。若所謂事業顯當世，及文學道藝垂千古，慕而企之，從乎私己之心生者也。儒者之學，將以解蔽而已矣。解蔽，斯能盡我生；盡我生，斯欲盡夫義命之不可已；欲盡夫義命之不可已，而不吾慊志也。吾之行己，要爲引而極之當世與千古而無所增，窮居一室而無所損。」所謂「解蔽」者，即求是之謂也。勉之！所謂「私」，即爲己阿世干祿求利也。「轅固對公孫弘曰：公孫子，務正學以直言，無曲學以阿世。」勉之！

　　拙著是江西省哲學社會科學 2016 年項目（16YY17）成果，也是江西師範大學 2017 年青年英才培育計劃成果。

　　拙著的出版，要感謝梁曉虹老師、徐時儀老師、龍國富老師、鄭妞老師、董婧宸老師、李廣寬兄、赫兆豐師弟、蔣宸兄、劉水清博士、譚勤兄等的鼓勵與指正。

　　拙著的出版，還要感謝花木蘭出版社的楊嘉樂老師、高小娟老師以及負責的編輯們！

　　拙著寫成時，女兒李如之已經快兩歲了。見我伏案寫作，經常莫名的問：「爸爸你在幹什麼？」。我說我在寫論文，她說：「我也想寫論文！」。呵呵。有時候，她糾纏著我，讓我陪她玩。這個時候，不得不放下思路，離開電腦，陪她玩起來。後來就經常趁她睡覺時，看書寫作。積沙成塔，慢慢也積累成章成書了。於是想，學術貴積微，其是之謂乎。噫，此亦一解也！此亦一樂也！

李福言

於南昌小經韻樓

2018 年 11 月 20 日